Anette Dowideit

**Endstation Altenheim**

Anette Dowideit

# Endstation Altenheim

Alltag und Missstände in der deutschen Pflege

**REDLINE** | VERLAG

**Bibliografische Information der Deutschen Nationalbibliothek:**
Die Deutsche Nationalbibliothek verzeichnet diese Publikation in der Deutschen National-
bibliografie; detaillierte bibliografische Daten sind im Internet über **http://d-nb.de** abrufbar.

**Für Fragen und Anregungen:**
dowideit@redline-verlag.de

1. Auflage 2012
© 2012 by Redline Verlag, ein Imprint der Münchner Verlagsgruppe GmbH
Nymphenburger Straße 86
D-80636 München
Tel.: 089 651285-0
Fax: 089 652096

Redaktion: Ulrike Kroneck, Melle-Buer
Umschlagabbildung: iStockphoto.com
Satz: Grafikstudio Foerster, Belgern
Druck: CPI, Ebner & Spiegel, Ulm
Printed in Germany

ISBN Print 978-3-86881-344-9
ISBN E-Book (PDF) 978-3-86414-281-9

Weitere Informationen zum Verlag finden sie unter

**www.redline-verlag.de**

Beachten Sie auch unsere weiteren Imprints unter
www.muenchner-verlagsgruppe.de

# Inhalt

# Vorwort

Haben Sie schon einmal in einem Altenheim zu Mittag gegessen? Falls ja, werden Sie sich vielleicht gefragt haben, warum der Nudellauflauf so grau aussieht, warum die Salami grünlich schimmert und weshalb der Pudding so wässrig schmeckt. Es muss doch möglich sein, schmackhafteres Essen auf den Tisch zu bringen, werden Sie gedacht haben.

Ist es aber nicht.

Zumindest nicht in den meisten deutschen Pflegeheimen. Zum Beispiel Pudding: Es gibt Pflegeheimketten, die kochen ihren Pudding mit Wasser anstatt mit Milch – aus rein wirtschaftlichem Kalkül. Eine Einrichtung, die zwei Mal pro Woche ihren Bewohnern den Wasserpudding zum Nachtisch vorsetzt, spart dadurch pro Woche zwölf Euro. Das klingt nach einem verschwindend kleinen Betrag, rechnet sich aber, wenn man es über alle Häuser einer Kette hinweg betrachtet: Bei 50 Einrichtungen kommt ein Betreiber allein durch den Wasserpudding auf rund 30.000 Euro Einsparungen pro Jahr.

Warum tun Heimbetreiber so etwas? Sie machen es nicht aus böser Absicht, sondern – und das ist das eigentlich Erschreckende – weil sie nicht anders können. Pro Heimbewohner gestehen die Kostenträger der Pflegeheime, also die Kassenvertreter und die Sozialämter der Kommunen, den Heimbetreibern in vielen deutschen Regionen im Schnitt fünf Euro zu. Diese Summe muss ausreichen, um einen alten Menschen einen ganzen Tag lang zu ernähren: Frühstück, Mittagessen, Kaffee und Kuchen, Abendessen, plus Getränke. Der Grund wiederum, warum die Summe so lächerlich gering ist: Im deutschen Sozialsystem ist einfach kein Geld da für die Alten.

Im Jahr 2011 förderte die Bundesrepublik Deutschland Solarenergie mit sieben Milliarden Euro. Fast fünf Milliarden flossen ins Elterngeld, 500 Millionen in die steuerliche Vergünstigung von Hotelübernachtungen. Die Summe des Geldes, das wir Deutsche pro Jahr für die Versorgung unserer Alten und Pflegebedürftigen ausgeben, wirkt im Vergleich dazu winzig. Es sind knapp 22 Milliarden Euro.

Wie klein dieser Betrag tatsächlich ist, versteht aber man erst, wenn man ihn gemeinsam mit diesen Zahlen liest: Etwa eine Viertelmillion Menschen werden in deutschen Altenpflegeheimen mit Psychopharmaka ruhiggestellt – weil kein Geld für genügend Pfleger da ist, um sie angemessen zu versorgen. Mehr als 10.000 Menschen, so viele, wie die Bewohner einer Kleinstadt, werden tagtäglich mit Gurten an ihre Betten oder Rollstühle gefesselt, ohne dass sie dem zugestimmt haben. Und fast 40.000 Heimbewohner müssen Hunger oder Durst leiden. Weil die Heime kaum Pfleger haben, die ihnen Essen anreichen könnten.

22 Milliarden Euro für die Alten. Dieses Geld muss reichen, um fast zweieinhalb Millionen Menschen zu versorgen, die so stark pflegebedürftig sind, dass sie auf Leistungen aus der Pflegeversicherung angewiesen sind. Jeder 36. Deutsche ist betroffen. Das kann nicht funktionieren. Denn rein rechnerisch sind damit für jeden Pflegebedürftigen gerade einmal rund 820 Euro pro Jahr da. Ein Wohnplatz in einem Pflegeheim für einen Bewohner in Pflegestufe 3 kostet die Kassen aber schon im Monat 1.510 Euro. Natürlich, zum Glück für die Kassen, ist nicht jeder Pflegebedürftige in diese hohe Pflegestufe eingeteilt. Und es lebt überhaupt nur etwa jeder dritte Pflegebedürftige in einem Heim. Wer zu Hause wohnt und von Angehörigen versorgt wird, entlastet das System.

Dabei haben wir in Deutschland eigentlich wenige Pflegebedürftige – jedenfalls gemessen daran, was uns in wenigen Jahren erwartet. Für das Jahr 2050 erwarten die Statistiker bis zu 4,7 Millionen Pflegefälle. Zunächst einmal ist das eine gute Nachricht, bedeutet es doch, dass wir länger leben. Bessere Medikamente, ausgefeilte Behandlungsmöglichkeiten und die moderne Notfallmedizin machen möglich, dass heute viele Menschen schwere Krankheiten überleben – Schlaganfälle, Krebsleiden, Herz-Kreislauf-Erkrankungen –, an denen sie noch vor einer Generation gestorben wären. Was jedoch für die Gesellschaft eine Errungenschaft ist, bedeutet für die Volkswirtschaft eine Katastrophe. Denn der Anteil der »multimorbiden« Alten an der Bevölkerung, also derjenigen mit einer Vielzahl von Krankheiten, steigt unaufhaltsam – während die Zahl der Deutschen insgesamt schrumpft: 2050 wird es laut Statistischem Bundesamt nur noch 69 Millionen Bundesbürger statt der derzeitigen 81 Millionen geben. Dann wäre jeder 15. Deutsche ein Pflegefall.

Wie sollen sie alle versorgt werden? Stichhaltige Lösungsansätze aus der Politik gibt es dazu bisher nicht. Spätestens 2050 wird das derzeitige Finanzierungsmodell der Pflegeversicherung nicht mehr funktionieren. Das dürfte wohl schon heute jedem Politiker klar sein. Zwar weisen Politiker und Krankenkassenvertreter bei kritischen Nachfragen gebetsmühlenartig darauf hin, dass die Pflegeversicherung lediglich als Teilkaskoversicherung angelegt ist – die Deutschen sollten nicht in der Illusion leben, dass die Versicherung sie im Pflegefall voll auffängt, sondern rechtzeitig selbst sparen, um im Ernstfall gut abgesichert zu sein. Wer im Heim lebt oder von einem ambulanten Pflegedienst versorgt wird, muss im Schnitt zwei Drittel der Kosten selbst tragen.

Doch die sprunghaft steigende Zahl der Alten und Kranken drückt auch noch auf andere Weise auf die Bilanz der deutschen Sozialsysteme. Zum einen, weil ein Pflegebedürftiger weit überdurchschnittlich viele Leistungen von der Krankenversicherung in Anspruch nimmt, für Arztbesuche und Medikamente zum Beispiel. Zum anderen, weil immer mehr Alte nicht genug Geld zusammengespart haben, um selbst ihren Heimplatz zahlen zu können. Sie müssen von der Sozialhilfe aufgefangen werden – und diese Kosten zahlt wiederum der Steuerzahler.

Auf die Deutschen rollt damit eine Kostenlawine zu, wie es sie in der Geschichte der Bundesrepublik noch nicht gegeben hat. Die Lage ist so bedrohlich, dass sie sogar schon den Internationalen Währungsfonds (IWF) auf den Plan rief. Dessen Experten warnten im Frühjahr 2012 eindringlich, die Bundesrepublik und ihre sozialen Sicherungssysteme seien nicht ausreichend auf die steigende Lebenserwartung eingestellt. Bis zum Jahr 2050 drohe den Renten-, Gesundheits- und Pflegekassen des Landes eine Finanzierungslücke von bis zu zwei Billionen Euro.

Um die Dringlichkeit der Lage wissen auch Deutschlands Politiker. Bei der Bundestagswahl 2013 wird die Pflege deshalb wohl wieder einmal zu einem der bestimmenden Wahlkampfthemen avancieren – wie schon so oft zuvor. Zuletzt hatte sich die Koalition aus Union und FDP auf die Fahnen geschrieben, während ihrer Amtszeit das marode System auf gesunde Füße stellen zu wollen. Vizekanzler Philipp Rösler hatte, damals noch als Bundesgesundheitsminister, vollmundig angekündigt, das Jahr 2011 werde das »Jahr der Pflege«. Umgesetzt wurde von den Plänen nur wenig. Die angekündigte »große Pflegereform« hat nichts weiter ergeben, als dass Röslers Amtsnachfolger Daniel Bahr (FDP) ein Gesetz erarbeiten ließ, in dem kaum noch etwas übrig geblieben ist von den vielversprechenden Ankündigungen aus dem Koalitionsvertrag. Im Gesetz steht weder eine neue, überarbeitete Definition dessen, wer pflegebedürftig ist und demnach Geld aus dem Topf erhält – obwohl die Facetten dieses Themas seit Jahren auf Bundesebene wieder und wieder gewälzt werden –, noch enthält das Gesetzeswerk eine langfristige Lösung für die finanziellen Probleme des Systems. Auch die verpflichtende private Zusatzversicherung hat es in dieser Regierungsperiode wieder nicht geschafft. Das große Thema Pflegereform wurde wieder einmal im Koalitionshickhack zerrieben; kleingeredet in der immer gleichen Debatte um Lohnnebenkosten und Standortvorteile, bis die drängende Problematik, die dahintersteht, immer unschärfer wird und weiter in den Hintergrund rückt. Und selbst Pflegeexperten innerhalb der Bundesregierung haben wenig Hoffnung, dass dies in der nächsten Wahlperiode anders sein wird.

Der politische Stillstand hat damit zu tun, dass Alter und Pflegebedürftigkeit letztendlich noch immer Tabuthemen sind. Sterben wollen wir alle nicht. Und wenn es doch unvermeidbar ist, dann doch bitte bis ins hohe Alter topfit und keinesfalls pflegebedürftig oder gar geistig verwirrt. Dass die Realität radikal anders aussieht – etwa jeder Sechste über 80-Jährige ist demenzkrank, bei den über 90-Jährigen bereits jeder Dritte –, verdrängen die allermeisten erfolgreich. Mindestens so lange, bis der eigene Vater, die Mutter oder Tante zum Pflegefall wird. Kein Wunder, dass die Bereitschaft im Volk weit größer ist, Steuergelder für den Neubau von Kindergärten zu verwenden oder Arbeitsplätze defizitärer Branchen durch Subventionen zu unterstützen, als die Bereitschaft, einen größeren Teil des Arbeitseinkommens als bisher in die Pflegeversicherung einzuzahlen.

Die Zustände im deutschen Altenpflegesystem sind jedoch heute schon, mit der vergleichsweise kleinen Zahl von nur 2,34 Millionen Pflegebedürftigen, desolat, zuweilen sogar erschreckend. Wenn in den Medien über Pflegeskandale berichtet wird, geht es meist um Einzelfälle: Heimbewohner, die von Pflegern misshandelt werden, mit Schlägen traktiert, vielleicht sogar daran sterben. Im Zentrum der Kritik – und in der juristischen Verantwortung – steht dann meist überfordertes Pflegepersonal, das sich nicht mehr anders zu helfen wusste. Manchmal muss auch einmal ein Heimleiter, der seinen Mitarbeitern zu viel abverlangte, den Hut nehmen.

Tatsächlich sind solche Skandale jedoch keineswegs Einzelfälle, und sie entstehen in der Regel nicht wegen des Versagens einzelner Pflegekräfte. Sie sind im System angelegt. Denn die Pflegeindustrie, die pro Jahr rund 30 Milliarden Euro umsetzt und stärker wächst als jeder andere Bereich innerhalb der Gesundheitsbranche, will Geld verdienen. Sie besteht aus vielen Anbietern, vom winzigen ambulanten Pflegeservice bis zur bundesweiten Altenheimkette, vom katholischen Betreiber bis zum Privatanbieter in der Hand von Finanzinvestoren. Doch alle haben ein gemeinsames Ziel: Gewinnmaximierung. Eine privatwirtschaftliche Pflegekette muss Gewinne abwerfen, weil ihre Investoren dies fordern, und eine kirchliche Einrichtung braucht Überschüsse, um davon ihre wohltätigen Einrichtungen finanzieren zu können, von der Drogenberatung über die Kleiderkammer und die Schwangerenkonfliktberatung bis zur Suppenküche.

Grundsätzlich ist das auch legitim. Wer keine Gewinne erwirtschaftet, hat keinen Anreiz, ein Pflegeheim zu betreiben. Ohne den Privatsektor, der momentan knapp 40 Prozent aller deutschen Pflegeheime betreibt, Tendenz steigend, gäbe es eine drastische Unterversorgung an Heimplätzen. Wie groß der Mangel früher einmal war, zeigt die Entwicklung der vergangenen zehn Jahre. In dieser Zeit ist die Zahl der stationären Wohneinrichtungen für Pflegebedürftige um 18 Prozent auf 11.600 Einrichtungen gestiegen, die Zahl der ambulanten Dienste um 14 Prozent. Doch selbst heute ist der Bedarf an stationären Pflegeplätzen längst nicht gedeckt. Allein innerhalb der nächsten acht Jahre werden bundesweit 2.000 zusätzliche Pflegeheime benötigt, schätzt die Unternehmensberatung Ernst & Young. Eine enorme Summe. Zusätzlich werden in den nächsten Jahren massive Investitionen notwendig sein, um solche Heime zu modernisieren, die schon seit Jahrzehnten bewohnt werden und mittlerweile baufällig geworden sind. Etwa jede dritte Einrichtung ist laut der Befragung der Heimbetreiber sanierungsbedürftig. Das Geld dafür soll von sogenannten institutionellen Investoren kommen, also Banken, Versicherungen und Fondsgesellschaften, und letztendlich von Privatleuten, bei denen diese das Geld einsammeln.

Das Problem: Anders als bei Autobauern oder Zahnpastaproduzenten ist der Käufer in der Pflegebranche nicht der Privatkunde, der durch immer bessere Angebote dazu verführt werden kann, stetig mehr Geld für die Dienstleistungen auszugeben. Stattdessen stehen auf der Zahlerseite das klamme System der sozialen Pflege- und der Krankenversicherung und die ebenso gebeutelten Sozialämter der Kommunen. Auf dem Markt kann keine freie Preisbildung stattfinden, bei der automatisch die beste Leistung zur größten Nachfrage führt. Stattdessen bestimmen Kommunen und Pflegekassen in ihren Verhandlungen mit den Heimbetreibern und den ambulanten Pflegediensten, wie viel Geld welcher Anbieter von Pflegedienstleistungen aus den öffentlichen Kassen bekommt. Da diese jedoch chronisch leer sind, sind die Verhandlungsführer der öffentlichen Hand bei den sogenannten Pflegesatzverhandlungen dankbar für solche Anbieter, die Pflegebetten so günstig wie möglich zur Verfügung stellen können. Das führt immer häufiger dazu, dass bei den Qualitätskontrollen eben jener Betreiber schon mal ein Auge zugedrückt wird.

Die Heimbetreiber und Pflegedienste müssen kreativ sein, um unter diesen Bedingungen rentabel arbeiten zu können. Leider bleibt dabei so manches Mal der Pflegebedürftige auf der Strecke.

Der Rohstoff, aus dem Altenheimbetreiber und ambulante Pflegedienste ihre Gewinne generieren, sind Menschen. Einerseits die Pflegebedürftigen in den Heimen, andererseits die angestellten Altenpfleger. Beiden kann es schlecht ergehen, wenn sie an die falsche Einrichtung geraten. Die einen werden stundenlang in ihrem Urin liegengelassen oder liegen sich wund, weil die Pfleger keine Zeit für sie haben. Die anderen müssen über die Gänge hetzen, um ihrer Aufgabe auch nur halbwegs gerecht werden zu können und sind nach nur wenigen Dienstjahren völlig resigniert und ausgebrannt. Heute arbeiten bundesweit rund 900.000 Pfleger in Heimen und in der ambulanten Pflege. Altenpfleger stehen im öffentlichen Ansehen ganz unten. In den Beliebtheitsumfragen der großen Meinungsforschungsinstitute landet der Beruf in der Regel auf einem der letzten Plätze. Doch nicht nur das Ansehen ist schlecht, sondern auch die Bezahlung. Eine im Altenheim angestellte Fachkraft kommt laut Tarifvertrag auf rund 1.800 Euro brutto im Monat. Im ambulanten Pflegedienst sind die Löhne oft weit geringer. Natürlich macht die schlechte Bezahlung den Beruf unattraktiv – mit der Folge, dass in Zukunft ein massiver Fachkräftemangel droht.

Doch die Löhne sind bei Weitem nicht das einzige Problem der Berufsgruppe. Kaputter Rücken, Depressionen, chronische Kopfschmerzen und andere Krankheitsbilder sind unter Altenpflegern laut Krankenkassenstatistiken weit stärker verbreitet als in den meisten anderen Berufen. Dies wiederum ist nach Aussage von Pflegeforschern eine Folge der stetigen Überforderung. Die Personaldecke ist häufig sehr dünn gestrickt. Die Krankenstände und die Fluktuation sind gleichzeitig so hoch, dass die meisten Pfleger ständig mehr arbeiten müssen, als in ihrem Arbeitsvertrag steht. Eine Überforderung ist programmiert – die sich auf dem Rücken der Pflegebedürftigen entlädt.

Zur »gefährlichen Pflege«, bei der aus Personalmangel die Unversehrtheit der Pflegebedürftigen nicht mehr gewährleistet werden kann, scheint es besonders häufig dann zu kommen, wenn die Gewinnerwartungen der Investoren zu groß sind und langfristige Planungen im Pflegebetrieb eine untergeordnete Rolle spielen. Kein Wunder, dass angesichts solcher Missstände im Pflegesystem viele Menschen Angst vor dem haben, was sie erwarten könnte. Zwei Drittel der Deutschen fürchten sich davor, im Alter gepflegt werden zu müssen. Bei den über 60-jährigen Befragten sagten dies sogar fast

80 Prozent. Je höher das Einkommen, ergab die Studie des Marktforschungsinstituts Allensbach, desto geringer sei, so die wenig überraschende Erkenntnis, die Angst, im Alter zum Pflegefall zu werden.

Dass das deutsche Pflegesystem derart anfällig für Pflegeskandale ist, liegt zum großen Teil an grundlegenden Konstruktionsfehlern. Darunter ist das bislang dreistufige System der Pflegestufen – Stufe 1 ist die niedrigste, 3 die höchste –, in dem es kaum Anreize für Heime und Pflegedienste gibt, die Senioren so lange wie möglich in ihrer Selbstständigkeit zu unterstützen oder diese wieder herzustellen; das lückenhafte System der Qualitätskontrolle, bei dem sich Prüfer vom Medizinischen Dienst der Krankenversicherung (MDK) und der staatlichen Heimaufsichten vor Kontrollbesuchen oft noch immer anmelden – und das diesen Aufsichtsorganen keinerlei Kontrolle über die behandelnden Ärzte erlaubt; und nicht zuletzt die strengen Datenschutzbestimmungen von Heimaufsichten und Pflegekassen, die dazu führen, dass Öffentlichkeit, Angehörige und sogar die Heimbewohner selbst nur in Ausnahmefällen davon erfahren, wenn in der eigenen Seniorenresidenz schwerste Pflegemängeln festgestellt werden.

Muss man also tatsächlich Angst vor der eigenen Pflegebedürftigkeit haben? Kann man Mutter oder Vater guten Gewissens in eine stationäre Pflegeeinrichtung einziehen lassen – oder von einem ambulanten Pflegedienst betreuen lassen? Dieses Buch fühlt den Problemen des Pflegesystems auf den Zahn – und versucht all jene, die sich im Dickicht des deutschen Pflegedschungels zurechtfinden müssen, hellhörig zu machen für Fallstricke und Gefahren, die auf dem Weg lauern. In der Hoffnung, dass sich gute Pflege gegen solche, die nur abzocken will, auf lange Sicht durchsetzen kann.

# Teil I:  Endstation Altenheim

# 1. Einmal Pflegefall und zurück

## Akt 1: Panik

Der Rollstuhl ruckelt über das Kopfsteinpflaster, mit dem der Weg zwischen Empfangsgebäude und Wohnhaus gepflastert ist. Während ich auf das mehrstöckige Wohnhaus zurolle, steigt Panik in mir auf. Ich will hier raus, ich gehöre hier nicht hin, denke ich. Und frage mich unwillkürlich, ob es nur mir so geht, oder ob alle Neuankömmlinge in einem Altenpflegeheim exakt dasselbe durchleben – auch die »echten« Pflegebedürftigen. Vor fünf Minuten, halb acht am Morgen, hat mich der Pflegedienstleiter des katholischen Pflegeheims in der Kölner Südstadt in Empfang genommen und mit mir durchgesprochen, welche »Einschränkungen« ich für den heutigen Tag haben werde: Ich werde vortäuschen, halbseitig gelähmt zu sein, mein linkes Bein und den Arm nicht bewegen zu können – und sitze daher im Rollstuhl. Außerdem habe ich Sprachstörungen. Außer Ja und Nein werde ich nichts sagen können. Für einen jungen Menschen, der einen Schlaganfall erlitten hat, könnten solche Folgen durchaus typisch sein, erklärt der Pflegedienstleiter.

An der Tür zum Wohngebäude bleibt der Rollstuhl an einer Schwelle hängen, ich rutsche. »Hups, Entschuldigung«, sagt Mustafa E. und lächelt. Mustafa ist Auszubildender im Seniorenzentrum Herz Jesu und ist den Großteil des Tages über abgestellt, um mich an meinem »ersten Tag« im Pflegeheim zu begleiten. Eigentlich hatte ich darum gebeten, keine Vorzugsbehandlung zu bekommen, sondern die Langeweile erleben zu können, die ein Heimbewohner empfinden muss, wenn er mit dem Rollstuhl abgestellt und sich danach selbst überlassen wird. Mustafa versichert aber, es sei durchaus nicht außergewöhnlich, dass sich ein Auszubildender für einen Neuankömmling so intensiv Zeit nehmen könne – zumindest in diesem Pflegeheim. Wir nehmen den Fahrstuhl, der uns in den Wohnbereich »Agnes« bringen soll. Die Türe schließt sich, öffnet sich wieder, schließt sich nach einer gefühlten Ewigkeit wieder. »Der geht schön langsam, damit niemand in der Tür eingeklemmt wird«, sagt Mustafa lächelnd.

Wie lebt es sich in deutschen Altenheimen? Gibt es tatsächlich viel zu wenige Pfleger in den Einrichtungen – und bekommt ein Pflegebedürftiger überhaupt mit, wenn auf einer Station eine Fachkraft fehlt? Zeitungen, Fernsehsendungen und Fachmagazine sind voll mit Aufsätzen und Meinungsartikeln zu diesen Fragen. Doch wissen die Autoren tatsächlich, wovon sie sprechen?

Wie sich ein Pflegebedürftiger tatsächlich fühlt, kann man, selbst als Angehöriger, nur schwer ergründen. Fragt man alte Menschen, die in stationären Altenpflegeeinrichtungen leben, wie sie sich fühlen, reicht das Spektrum der Antworten in der Regel von »Die Pfleger sind alle sehr bemüht« bis hin zu »Ich bin todunglücklich, weil ich mich abgeschoben fühle und mein Zuhause verloren habe«. Aussagen über die tatsächliche Qualität einer Einrichtung lassen sich aus den Gesprächen meistens nicht ableiten, fehlt es den Senioren doch in der Regel an der Vergleichbarkeit. Kaum ein Heimbewohner wechselt im Laufe seiner »Heimkarriere« das letzte neue Zuhause.

Um dieses Buch glaubwürdig schreiben zu können, war es mir deshalb sehr wichtig, die Erfahrung selbst zu machen: Wie fühlt man sich als Pflegefall im Altenheim? In Köln bekam ich die Möglichkeit, mich einen Tag lang pflegen zu lassen: im Seniorenzentrum Herz Jesu der Franziska Schervier Altenhilfe. Beim dortigen Projekt »Schattenmann/Schattenfrau« schlüpft der Teilnehmer für ein paar Stunden in die Rolle eines Pflegebedürftigen. Bisher war die Teilnahme zukünftigen Pflegern vorbehalten, die durch den Perspektivwechsel testen wollten, ob der Beruf Altenpfleger tatsächlich das Richtige für sie sei. Heimleiter Wolfgang Dyck ließ sich überreden, zum ersten Mal eine Journalistin zum Selbstversuch in die Einrichtung zu lassen.

Oben auf der Station sind zwei Pfleger gerade dabei, das Frühstück anzurichten. Geschirr klappert, die ersten Bewohner sind mit ihren Rollatoren auf dem Weg in den Gemeinschaftsraum. »Wir machen jetzt aber erstmal die Grundpflege«, sagt Mustafa. Er schiebt meinen Rollstuhl ins Gemeinschaftsbadezimmer der Station, in dem die Bewohner in einer großen blauen Badewanne, die mit einer Hebeapparatur ausgestattet ist, ab und an ein Bad nehmen können. Er schiebt meinen Rollstuhl vor das Waschbecken und sagt, er müsse nur schnell Handtücher, Waschlappen und Zahnbürste holen, gleich sei er wieder da. Ich warte. Mustafa hat mich mit Blickrichtung aufs Waschbecken abgestellt, den großen Raum hinter mir kann ich nicht überblicken. Das macht mich nervös. Ich würde mich gern umdrehen, kann aber aus eigener Kraft den Rollstuhl nicht drehen. Schließlich darf ich nur eine Hand benutzen.

Mustafa kommt wieder und erklärt, er werde mir das Gesicht waschen und die Zähne putzen. Beim Zähneputzen beginne ich, mit meiner beweglichen Hand zu putzen, lasse mir dann aber helfen. Mustafa reibt kräftig mit der Zahnbürste über meine Kauflächen. ›Nicht so fest drücken beim Putzen!‹, denke ich, bei meinem empfindlichen Zahnschmelz! Sagen kann ich nichts, schließlich habe ich eine Sprachstörung, und mit Ja und Nein komme ich hier nicht weit. Ich schiebe den Gedanken weg, wie oft sich wohl ein echter Heimbewohner mit solch kleinen Dingen arrangiert, die ihn stören – weil es ihm zu aufwendig, zu kompliziert oder sogar unmöglich ist, sich mitzuteilen.

»Müssen Sie jetzt zur Toilette?«, fragt der Pflegeschüler. Ich nicke. Er sagt: »Dann hebe ich Sie drauf.« Auf meinen erschrockenen Gesichtsausdruck hin sagt er, es sei mir unmöglich, mich allein vom Rollstuhl auf den Toilettensitz zu hieven, wäre ich tatsächlich halbseitig gelähmt. Also hänge ich mich mit meinem funktionierenden Arm um seinen Hals und stütze mich mit dem gesunden Bein ab, während er mir Hose und Unterhose herunterzieht. Mustafa scheint selbst peinlich berührt. »Ich gucke weg, keine Angst, ich gucke nicht«, wiederholt er immer wieder, während er den Kopf nach hinten dreht. Dann setzt er mich ab, gibt mir eine rote Klingelschnur in die Hand und sagt, ich solle daran ziehen, sobald ich fertig sei. Sofort, nachdem er den Raum verlassen hat, kommt das nächste Problem auf mich zu. Der Toilettenpapierhalter ist auf der linken Seite der Toilette befestigt. Während ich versuche, mit dem rechten Arm nach dem Papier zu angeln, komme ich aus dem Gleichgewicht. Wäre ich tatsächlich gelähmt, läge ich wohl jetzt auf dem Boden. Allein abputzen geht also nicht. Ich ziehe die Klingel.

Mustafa kommt zurück und kündigt an, dass jetzt die Intimpflege an der Reihe sei. Ich schüttle so heftig mit dem Kopf, wie ich kann. Mustafa ist ratlos. Dann fragt er, ob es in Ordnung sei, wenn er eine weibliche Kollegin holen würde, die diese Prozedur übernehmen könne. Ich zucke mit den Schultern. Die junge Kollegin, die er nun hereinschickt, streift sich routiniert die Einmalhandschuhe über. Dann mustert sie mich irritiert und fragt, ob ich als Schattenfrau zu Besuch bin. Als ich bejahe, lächelt sie erleichtert.

Die Schattenmann-Aktion, hatte mir der Heimleiter in einem Vorgespräch erklärt, solle dazu dienen, die eigene Rolle als Pfleger zu reflektieren. Sie solle auch dafür sorgen, dass die Pfleger die Bewohner nicht auf ihre Defizite reduzieren, sondern als Persönlichkeiten wahrnehmen. Dyck, ein Diplom-Theologe, entwickelte das Projekt in seiner vorherigen Wirkungsstätte in Moers. Er wirkte auch in einer Kommission mit, die von 2003 bis 2005 ethische Grundsätze für die Altenpflege formulierte und in einer vom Bundesfamilienministerium verbreiteten »Pflege-Charta« zusammenfasste. Zum Inhalt dieser Erklärung gehört etwa das Recht auf Wahrung und Schutz der Intimsphäre: Pflegekräfte sollen nicht ins Zimmer kommen, ohne anzuklopfen; Pfleger, die Heimbewohner duschen und dabei nackt sehen, sollten möglichst selten wechseln. Auch das Recht auf Erleben der eigenen Kultur und Ausübung der eigenen Religion ist in der Charta festgehalten. So sollen Heimbewohner nicht, wie dies offenbar in einigen Einrichtungen geschieht, ungefragt zum Gottesdienst gefahren werden. Das Schattenmann-Projekt entstand, um den Pflegern zu zeigen, warum diese Richtlinien für die Heimbewohner so extrem wichtig sind.

Mittlerweile knurrt mein Magen. Doch bevor ich essen kann, muss ich den Rest der »Grundpflege« über mich ergehen lassen: Mustafa zieht den Waschlappen durch mein Gesicht, bürstet meine Haare, macht mir einen praktischen Pferdeschwanz. Im Schlafanzug und ungewaschen am Frühstückstisch lümmeln, so wie ich es am Wochenende mache – und ich es fürs Alter eigentlich für jeden Tag geplant habe – geht hier wohl aus organisatorischen Gründen nicht.

## Akt 2: Stille

Mustafa fährt mich in den Frühstücksraum. Von den 15 Bewohnern der Station sitzen bisher erst zwei im Gemeinschaftsraum und kauen wortlos an ihren Brötchen. Ich lächle sie vorsichtig an. Mustafa sagt: »Das ist eine neue Bewohnerin. Sie schaut, ob es ihr hier gefällt.« Eine der Bewohnerinnen mustert mich, scheint aber nicht besonders erstaunt, dass eine junge Frau mit im Frühstücksraum sitzt. Ich frage mich, ob das daran liegt, dass die Bewohner alle paar Wochen eine »Schattenfrau« zu Besuch haben – oder ob das Schauspiel einfach ihr Fassungsvermögen am frühen Morgen übersteigt.

Auch im weiteren Verlauf des Tages wird nicht eindeutig klar werden, ob die anderen Bewohner der Station, oder zumindest manche von ihnen, über meinen Einsatz aufgeklärt sind, oder ob es vielleicht sogar zum Konzept gehört, vorzugeben, ich sei tatsächlich eine Schlaganfallpatientin, die auf Pflege angewiesen ist. Ich fühle mich deswegen schuldig gegenüber den alten Leuten – ihnen etwas vorzuspielen, vielleicht ihr Mitleid zu erzeugen, fühlt sich heuchlerisch an. Mich plagt auch mein Gewissen, weil ich die knappe Zeit der Pfleger verschwende. Auf dem Weg zur Station hatten wir eine Küchenkraft getroffen, die leicht gereizt sagte, sie seien heute unterbesetzt – wenn Mustafa ein Frühstück für mich haben wolle, müsse er selbst in die Küche laufen und es holen. Heute ist ein denkbar schlechter Tag für einen Einsatz wie meinen: Die Mitarbeiter im öffentlichen Nahverkehr streiken seit dem frühen Morgen, viele Pfleger erzählen, dass sie riesige Probleme hatten, pünktlich zum Dienst zu erscheinen, andere kommen zu spät.

Die ganze Zeit denke ich, Mustafa solle ruhig wieder an seine gewohnte Arbeit zurückgehen. Schließlich will ich das echte Leben im Altenheim erleben – den stundenlangen Leerlauf, die viele Zeit zum Nachgrübeln. Der Pflegeschüler hatte aber vorher erklärt, am ersten Tag im Heim bekomme jeder besondere Zuwendung. Mir soll heute also das gesamte Haus gezeigt werden.

Ich solle mir etwas zum Frühstück wünschen, sagt Mustafa. Er reicht mir einen Zettel, auf dem ich aufschreiben soll, was ich essen und trinken möchte. »So machen wir das bei den Leuten, die nicht sprechen können«, sagt er. Ich schreibe auf: Brötchen mit Käse, Kaffee mit Milch. Mustafa bringt mir ein Kännchen dünnen Kaffee, verschwindet anschließend in der Heimküche. In der Mitte des Tischs, an dem ich bisher allein sitze, steht ein Serviettenhalter. Die Servietten sind für mich allerdings unerreichbar. Ich muss warten.

Fünf Minuten vergehen. Im Raum ist es völlig still, niemand spricht. Man hört nur das Klappern des Geschirrs. Ein anderer Pfleger räumt anscheinend etwas auf – was mich irritiert, da ich mit dem Rücken zum Gang sitze, in dem der Geschirrwagen steht, und nicht sehen kann, was vorgeht. Mir fällt auf, dass ich mit der »gelähmten« Seite dem Tisch zugewandt sitze. Ich versuche, den Rollstuhl so schräg zu manövrieren, dass ich mit meinem funktionsfähigen Arm und Bein die Tischplatte besser erreichen kann. Mit einer Hand klappt das aber nur schlecht.

Mustafa kommt mit Brötchen, Butter und Käse zurück. Er muss mir das Brötchen halten, damit ich es schmieren kann. Bei jedem Handgriff denke ich »Danke«, sagen kann ich es ja nicht, bisher bestimmt schon 20-mal an diesem Morgen. Es nervt mich schon selbst. Ich frage mich, ob man sich das irgendwann abgewöhnt. Während ich mein Brötchen kaue, ist es im Raum noch immer unerträglich still. Eine dritte Bewohnerin kommt aus ihrem Zimmer, Mustafa sagt: »Schauen Sie, Frau R., das ist eine neue Bewohnerin. Wollen Sie sie nicht kennenlernen?« Sie reagiert nicht, geht an mir vorbei, ohne mich eines Blickes zu würdigen. Später, als sie an ihrem Platz sitzt, schaut sie mich durchdringend an, mustert mich, während ich mein Brötchen kaue. Ob es wohl auch echten Neuankömmlingen im Heim so geht? Von einem freundlichen Empfang durch die Mitbewohner kann jedenfalls keine Rede sein. Für mich sind die Stille und der Mangel an Kommunikation im Gemeinschaftsraum unerträglich – zumal ich selbst als »Bewohnerin mit Sprachstörung« meines wichtigsten Kommunikationsinstruments, der Sprache, beraubt bin und nicht wie gewohnt selbst auf die Bewohner zugehen kann. Später werde ich Mustafa und auch den Pflegedienstleiter des Heims, fragen, woran es liegt, dass niemand mit dem anderen spricht. Ähnliches habe ich auch in anderen Altenpflegeheimen beobachtet. Beide haben unterschiedliche Erklärungen. Mustafa glaubt, es liege daran, dass die feste Gruppe der Bewohner einander schon alles erzählt habe und einfach nichts Neues erlebe, über das es sich auszutauschen lohne. Der Pflegedienstleiter, Martin Bradtke, dagegen meint, es sei eine Typfrage. Es gebe eben solche Menschen, die lieber für sich blieben. Die kommunikativeren unter den Bewohnern, versichert er, fänden sich nach einer gewissen Zeit.

Seit einer halben Stunde sitze ich beim Frühstück und kaue mein Käsebrötchen. Es schmeckt pappig und trocken, doch ich will nicht zu viel dazu trinken, da ich keine Lust habe, bald schon wieder von Mustafa auf die Toilette gehoben werden zu müssen. Ich will dem Pfleger nicht zu viel Arbeit machen, und es ist mir unangenehm. Vermutlich plagen sich gerade jetzt, im selben Moment, überall auf der Welt Pflegebedürftige mit genau denselben Gedanken. Wahrscheinlich mit einer der Gründe – neben dem abnehmenden Durstgefühl im Alter –, weshalb so viele Pflegeheimbewohner unter einem Flüssigkeitsdefizit leiden und bei Krankenhausaufenthalten häufig schon standardmäßig Infusionen gelegt werden. Ein alter Mensch sollte laut Expertenempfehlung 1,5 Liter am Tag trinken. Jemandem, der für jeden Toilettengang um Hilfe klingeln muss oder sogar Hilfe braucht, um ein Glas zu heben, muss das unvorstellbar viel erscheinen.

Während ich im Frühstücksraum sitze, bleibt mir nichts anderes zu tun, als aus dem Fenster zu schauen. Im Rollstuhl wird es langsam unbequem, mein Po tut weh, weil ich seit über einer Stunde in derselben Position sitze. Ich verbiete mir, die anderen Bewohner zu sehr beim Essen zu beobachten, will nicht unhöflich sein.

Vielleicht geht es den anderen Frauen ja genauso? Vielleicht lassen sie mich absichtlich in Ruhe, weil sie nicht unhöflich sein wollen? Normalerweise würde ich die Zeit nutzen, meinen Laptop aufklappen oder auf dem iPhone ein paar E-Mails schreiben oder Nachrichten lesen. Doch ich habe mir vorgenommen, das Handy in der Tasche zu lassen, schließlich soll der Besuch authentisch sein. Wobei: Wer weiß, vielleicht wird die nächste Generation der Pflegeheimbewohner mit aufgeklappten Laptops oder iPads am Frühstückstisch im Altenheim sitzen – immer noch schweigend, aber wenigstens nicht mehr unbeschäftigt. Mustafa ist wieder da, er fragt, ob ich jetzt spazieren gehen möchte. Luxus! Ich nicke erleichtert mit dem Kopf. Der Pfleger fährt mich durch das Heim, zeigt mir die anderen Stationen, die hauseigene Kapelle, die Cafeteria für Besucher, den Garten.

Wir fahren mit dem Aufzug in die Demenzstation. Schon auf dem Flur riecht es unangenehm nach Urin. Mustafa, der meinen Blick bemerkt, sagt, das sei in allen Pflegeheimen so. Es lasse sich nicht vermeiden, weil hier der Anteil an Inkontinenten weit höher sei als in anderen Abteilungen. Der Speiseraum der Demenzstation ist voll, wir können uns mit dem Rollstuhl kaum den Weg bahnen. Eine Bewohnerin beschwert sich laut, ich verstehe nicht, was sie sagt. Die anderen sitzen geistesabwesend auf ihren Stühlen, manche wippen mit dem Oberkörper leicht vor und zurück. Eine gut gelaunt wirkende Pflegerin begrüßt uns, sie ist Marokkanerin wie Mustafa. Einmal in der Woche, erzählt er, kocht sie marokkanisches Essen für die Bewohner, kräftig gewürzt, anders als das normale Pflegeheimessen. Das komme bei den Bewohnern gut an. »Es geht ja viel über Gerüche und Geschmack, gerade bei Demenzkranken«, sagt er. Auf dem Flur sitzen Puppen und Stofftiere auf Sofas, eine alte Dame hält einen Plüschhasen auf dem Schoß und streichelt ihn. Mustafa erzählt, er habe schon mehrere Wochen auf dieser Station verbracht und auch schon auf Demenzstationen anderer Pflegeheime gearbeitet. Es sei ein Knochenjob.

Ein männlicher Bewohner, sagt er, habe ihn beim Toilettengang aufgefordert, seinen Penis anzufassen, was ihn als unerfahrenen Auszubildenden völlig schockiert habe – andere Pfleger hätten ihm später erzählt, dass solche sexuelle Belästigung gar nicht so ungewöhnlich sei. Es gebe häufiger männliche Bewohner, die vor den Pflegern oder anderen Bewohnern masturbieren würden. Er erzählt auch von einer Frau, die regelmäßig ihre Exkremente im Zimmer verteilte, bis in die Schubladen hinein. »Wenn man morgens zum Dienst kommt und erst mal das ganze Zimmer sauber putzen muss, macht das keinen großen Spaß«, sagt er.

Wir verlassen die Demenzstation, denn es ist Zeit für den Gymnastikkurs auf meiner Station. Rund 15 Bewohner sitzen schon im Stuhlkreis, dazu zwei Mitarbeiter des »psychosozialen Dienstes«

(PSD), die einmal pro Woche mit einem Einkaufswagen voller bunter Gummibälle, Schwimmschlangen und anderer Gymnastikutensilien ihre Runde durch die Stationen drehen. Mustafa stellt mich im Kreis ab, viel zu nah am nächsten Bewohner, wie ich finde, und verabschiedet sich dann in die Frühstückspause. »Ich bin in einer Stunde wieder da!«, sagt er und winkt mir zum Abschied freundlich zu. Ich versuche ein Lächeln in die Runde, es wird ein schiefes Grinsen. Der Kursleiter, eingeweiht ins Schattenmann-Projekt, lächelt mir aufmunternd zu, die Bewohner nehmen keine besondere Notiz von mir. Es werden bunte Gummihanteln an die Stuhlrunde verteilt, »Erdnüsschen« nennt sie der Kursleiter. Jeder bekommt zwei Stück, ich, da ich meine linke Hand nicht bewegen kann, nur eine. Schon wieder eine unangenehme Situation, in der ich das Gefühl habe, aufzufallen. Während des gesamten Kurses muss ich alle Übungen, die die anderen mit beiden Händen und Beinen machen, mit lediglich einer Seite vollführen, und brauche dazu zusätzliche Anleitung vom Kursleiter. Die Teilnehmer sollen die Hanteln drücken, um die Handgelenke zu trainieren, sollen sie in Kreisbewegungen über dem Kopf heben, dabei möglichst gerade sitzen – Training vor allem für die Rücken- und Schultermuskulatur. Dann gibt es ein paar Übungen mit einem Noppenball, am Schluss dürfen alle ihre Bälle zurück in den Korb werfen, eine sportliche Herausforderung für die Teilnehmer. Zum Abschluss verteilt der Kursleiter Gläser und schenkt Sprudelwasser aus. Mehrere der Senioren winken ab: »Ich hab keinen Durst«. Der Kursleiter lässt sich aber nicht abwimmeln: »Ach bitte, tun Sie mir den Gefallen!«

## Akt 3: Abgründe

Endlich ist Mustafa wieder da. In einer halben Stunde ist es bereits Zeit fürs Mittagessen – schon wieder Essen. Vorher kann er mich aber immerhin noch eine Runde durch den vor dem Seniorenstift gelegenen Park fahren. Während er mich schiebt, erzählt er, warum er Altenpfleger geworden ist. Er habe sich immer sehr gut mit seiner Oma verstanden und viel von ihr gelernt, sagt er. Außerdem sei er selbst einmal krank gewesen und auf Pflege angewiesen, seither wisse er, was Schmerzen seien. Er erzählt auch von seiner Pflegeschule und davon, wie es den anderen Schülern dort ergehe. Eine Mitschülerin, sagt er, müsse in ihrem Ausbildungsbetrieb, einem Caritas-Heim, manchmal vier Wochen am Stück durcharbeiten, mit nur einem einzigen freien Tag zwischen den Schichten. Andere seien von Beginn der Ausbildung an wie examinierte Altenpfleger eingesetzt worden, mit zehn oder mehr Patienten, die sie jeden morgen waschen und anziehen müssten, ohne Anleitung.

Ich zeige Mustafa, dass ich zurück möchte. Die mitleidigen, teils skeptischen Blicke der Spaziergänger sind mir unangenehm. Stattdessen fährt er mich nun auf die Etage innerhalb der Anlage, in der die »betreuten Wohnungen« liegen. Rund ein Dutzend kleiner Wohneinheiten, in denen die Bewohner ihr eigenes Reich haben. Pflegedienstleistungen bekommen sie keine, sie sind hier normale Mieter, die lediglich einen Aufpreis zahlen, um im Notfall versorgt zu sein und das kulturelle Programm des Heims nutzen zu können – einmal pro Woche werden etwa Filme gezeigt, im letzten Jahr zum Beispiel »Chocolat« mit Johnny Depp, oft aber auch Revuefilme aus den Fünfzigerjahren.

Wir klingeln bei Frau A. Sie ist 90 Jahre alt, doch man sieht es ihr nicht an. Frau A. kann sich selbst noch gut versorgen, einkaufen und kochen, sogar ihren Dachgarten auf der kleinen Dachterrasse pflegt sie selbst. »Auch, wenn Sie es nicht erwartet hätten, ich bin zu 70 Prozent behindert«, sagt sie. Jeden Morgen müsse ein ambulanter Pflegedienst in ihre Wohnung kommen und helfen, ihr die Kompressionsstrümpfe anzuziehen. Frau A. ist vor ein paar Jahren hier eingezogen, um weniger einsam zu sein. Eigene Kinder hat sie nicht, nur einen mittlerweile erwachsenen Pflegesohn, der aber mit seiner Familie weit entfernt wohnt. Allerdings, sagt Frau A., habe sie sich mehr erhofft vom betreuten Wohnen. »Ich wohne zwar mit den anderen Mietern Tür an Tür, aber das heißt nicht, dass wir unbedingt auf einer Wellenlänge liegen«, sagt sie bedauernd. Gemeinsame Unternehmungen gebe es so gut wie nicht. »Ich würde gern öfter mal spazieren gehen, aber ich finde hier niemanden, der Interesse hat.«

Insgesamt hat sie sich das Leben hier viel abwechslungsreicher vorgestellt. Vieles scheitere an ganz kleinen, praktischen Dingen. »Nehmen Sie zum Beispiel die Straßenbahn«, sagt sie. »Wir wohnen nicht so weit entfernt von der Haltestelle, man könnte also an andere Orte in der Stadt fahren und sie sich ansehen. Aber die Straßenbahn hat hohe Stufen, die kann ich mit dem Rollator unmöglich überwinden.« Also lasse sie es ganz bleiben.

Wir verabschieden uns von Frau A., das Mittagessen wartet auf Station Agnes. Der Rollstuhl rumpelt wieder in den Aufzug. Im Speiseraum steht schon der Wagen mit dem Mittagessen: Nudelauflauf mit Thunfisch oder Leberkäse stehen zur Wahl. Ich zeige auf den Thunfischauflauf. An meinem Tisch sitzen nun zwei Bewohner, die beim Frühstück noch nicht da waren, eine Frau und ein Mann. Der Mann hat ein riesiges Lätzchen umgelegt, es sieht entwürdigend aus, finde ich. Mustafa fragt: »Möchten Sie auch einen Kleiderschutz?« Ich schüttle entschieden den Kopf. Wieder schweigen alle. Die Frau, die mir gegenüber sitzt, hat einen schleimigen Husten. Weil niemand spricht, klingt es umso lauter. Mir wird schlecht. Ich zwinge mich, den Auflauf trotzdem weiter zu essen. Die anderen Bewohner kauen ungerührt weiter. Ist das eine Frage des Alters? Gewöhnt man sich an so etwas?

Während wir essen, werden wir ständig unterbrochen. Dauernd kommt ein Pfleger oder ein anderer Mitarbeiter des Heims an den Tisch, fragt die Bewohner, wie es ihnen heute gehe, ob es ihnen schmecke, ob sie noch etwas bräuchten. Mich würde das auf Dauer nerven, denke ich, es hat eher etwas von Restaurant als von einem

Zuhause – aber vielleicht freuen sich die anderen Bewohner ja darüber.

Nach dem Mittagessen bringt mich Mustafa aufs Zimmer, es ist Zeit für den Mittagsschlaf. Ich soll ein Doppelzimmer beziehen, in dem zurzeit beide Betten frei sind. Weil niemand hier wohnt, sieht es aus wie in einem Krankenhauszimmer. Draußen scheint die Sonne, ich schaue sehnsüchtig aus dem Fenster. Schlafen kann ich nicht. Schließlich klingele ich nach Mustafa und bitte ihn, meine »Entlassung« vorzubereiten. Als ich an der Tür des Heims aus dem Rollstuhl steige, fühlen meine Beine und mein linker Arm sich steif an. Mit dem Gefühl, noch einmal entkommen zu sein, trete ich erleichtert hinaus in die Sonne. Sicher, das Personal im Seniorenstift war sehr bemüht, wahrscheinlich sind dort die Arbeitsbedingungen um einiges besser als in vielen anderen Altenpflegeeinrichtungen. Ständig auf Hilfe angewiesen zu sein, ist trotzdem furchtbar.

# 2. Der Status quo in deutschen Seniorenheimen

Frankfurt am Main, im März 2010. Polizeibeamte und Mitarbeiter der Staatsanwaltschaft durchsuchen die Büros eines Altenpflegeheims im Norden der Stadt. Sie beschlagnahmen Ordner um Ordner, in denen der Alltag des Heims dokumentiert ist. Wenige Tage zuvor hat der Medizinische Dienst der Krankenversicherung (MDK) das 127-Betten-Haus nahe der Autobahn überraschend kontrolliert – und dabei Erschreckendes zutage gefördert. Im internen MDK-Bericht liest man von bettlägerigen Patienten, die stundenlang in ihren Ausscheidungen liegen gelassen wurden, von falsch gegebenen Insulininjektionen, verdreckten Betten, unterernährten Bewohnern und Patienten mit unversorgten Operationswunden. Alles zahlende Kunden des Heims.

Eine Angehörige erzählt damals der Lokalzeitung, ihre Mutter habe eine Windel tragen müssen, und das, obwohl sie durchaus in der Lage gewesen sei, zur Toilette zu gehen. Hätte es nur genügend Personal gegeben, um sie die paar Schritte ins Badezimmer zu begleiten. Die Tochter einer anderen Bewohnerin reicht wenig später Klage ein, weil die Pfleger das entzündete Bein ihrer Mutter nicht behandelt haben sollen. Die staatliche Heimaufsicht verhängt als Reaktion auf die Missstände einen Aufnahmestopp für neue Bewohner. Das Heim schrammt knapp an der Zwangsschließung vorbei.

Das Altenpflegeheim gehört zu einer privaten Unternehmensgruppe, die bundesweit rund 60 Pflegeheime betreibt. Darin leben mehr als 8.000 Menschen. Die Firma erzielt einen Jahresumsatz von rund

200 Millionen Euro, ist im Besitz von Finanzinvestoren, es ist wahrscheinlich die Altenpflegekette mit der aggressivsten Wachstumsgeschichte im Land. Pro Jahr werden nach Unternehmensangaben fünf bis acht neue Heime eröffnet.

Es ist ein Unternehmen, in dessen Einrichtungen in den vergangenen Jahren immer wieder Missstände bekannt wurden. Glaubt man ehemaligen Pflegern und Managern der Firma, könnte das unter anderem daran gelegen haben, dass das Unternehmen in den betroffenen Einrichtungen systematisch zu wenige Mitarbeiter beschäftigte. Das berichten frühere Angestellte der Firma, abgesichert per eidesstattlicher Versicherung. »Das Heim, in dem ich gearbeitet habe, hatte auf jeder Station eine Pflegefachkraft zu wenig«, sagt Markus Anzbach, examinierter Altenpfleger und bis zum vergangenen Sommer angestellt in einem Seniorenheim der Kette. Anzbach heißt, wie alle persönlich Betroffenen und deren Angehörigen in diesem Buch, in Wirklichkeit anders. Die Situation habe über Monate hinweg bestanden, es habe keine Bestrebungen gegeben, dies zu ändern. »Stattdessen sollten die Pfleger durch Überstunden die zusätzliche Arbeit bewältigen«, sagt Anzbach, der daraufhin die Kündigung einreichte.

Auch Pfleger aus anderen Einrichtungen des Konzerns in unterschiedlichen Städten berichten, dass sie während des Dienstes im Laufschritt über die Gänge hetzten, oft die Pausen ausfallen ließen und trotzdem jeden Abend mit dem schlechten Gefühl nach Hause gingen, die Bewohner nur mit dem Nötigsten versorgt zu haben. »Auf meiner Station blieb so wenig Zeit, dass wir die Bewohner morgens alle komplett ausgezogen, mit dem Rollstuhl unter die Dusche geschoben und von Kopf bis Fuß kurz abgebraust haben«, erzählt die Pflegerin Ines Weber. »Die alten Leute wussten überhaupt nicht, wie ihnen geschah.« Anzbach sagt, er und seine Kollegen hätten im Frühjahr 2011 mehrere Wochen lang mit nur zwei ausgebildeten Altenpflegern eine Station mit 35 zum Teil schwer Pflegebedürftigen versorgen müssen. Mit einer Hand hätten sie den Bewohnern das Essen in den Mund geschoben und währenddessen mit der anderen die Dokumentation ausgefüllt.

Dass ein Heim weniger Pflegekräfte beschäftigt als Kassen und Bewohner bezahlen, ist offenbar kein Einzelfall. Vor allem leichte, kaum auffällige Unterschreitungen sind gang und gäbe. Wie viele Pfleger in einem Heim arbeiten müssen, richtet sich nach der Zahl der Pflegebedürftigen und der Pflegestufe, in die diese eingeteilt sind. In den meisten Bundesländern muss die Hälfte des Personals aus examinierten Fachkräften bestehen. Diese Quote wird jedoch häufig nicht erfüllt. Nach Angaben der hessischen Heimaufsicht etwa, einer Behörde, die dem Landessozialministerium unterstellt ist, kommen in diesem Bundesland »leichte Unterschreitungen« der Fachkraftquote in jedem vierten Heim vor.

## Jedes fünfte Pflegeheim betrügt

Diese Zahlen dürften auch bundesweit einigermaßen repräsentativ sein. Recherchen und Befragungen bei Heimaufsichten in verschiedenen Bundesländern, auf landesweiter, regionaler und kommunaler Ebene ergeben, dass im Schnitt jedes fünfte Altenpflegeheim in Deutschland seine Bewohner und die Pflegekassen betrügt, indem es weniger Altenpfleger beschäftigt als nötig wären und die eingesparten Löhne als Gewinne einstreicht.

Die Spitzen der Sozialverbände und führende Pflegeexperten im Bundestag urteilen, dass die Verantwortung unter anderem bei den Kontrollgremien – MDK und Heimaufsichten – zu suchen sei. Die derzeitigen Kontrollen seien insgesamt zu lasch. »Wo tatsächlich gefährliche Pflege stattfindet, muss durch die Aufsichten entschlossen gehandelt werden. Dann darf auch eine Schließung einer wiederholt auffälligen Einrichtung kein Tabu sein«, sagt etwa die Präsidentin des Sozialverbands VdK, Ulrike Mascher. Jens Spahn, der gesundheitspolitische Sprecher der CDU/CSU-Bundestagsfraktion, sagt, die Aufsicht sei nicht grundsätzlich zu nachsichtig, »sie setzt aber nicht selten die falschen Schwerpunkte«. Die für Gesundheit und Soziales in der SPD-Bundestagsfraktion zuständige Abgeordnete Elke Ferner fordert, es dürfe nicht »als Kavaliersdelikt« abgetan werden, wenn Heime absichtlich zu wenige Pflegekräfte anstellten. »Wir können nur an die Heimaufsicht auf Landesebene appellieren, dass sie die gesetzlichen Möglichkeiten für Strafen ausschöpft.«

Wie groß die Mängel im Pflegesystem sind, zeigen auch Daten des Spitzenverbandes des Medizinischen Dienstes der Krankenversicherung (MDS). Nach Auskunft des MDS stellen die Prüfer bundesweit bei unangemeldeten Kontrollen in etwa jedem dritten Heim »Ernährungsprobleme« bei den Bewohnern fest, darunter Unterernährung oder Dehydrierung. In bis zu einem Viertel der Heime werden demnach Wunden nicht optimal versorgt. Dabei kosten viele Heimplätze mehr als 4.000 Euro im Monat.

Das Bundesgesundheitsministerium mahnt ebenfalls strenge Kontrollen an: »Missstände sind in jedem Einzelfall schlimm und bedauerlich. Dahinter stehen immer menschliche Schicksale. Ich gehe davon aus, dass die zuständigen Länder mit ihren Aufsichten Missständen nachgehen«, sagt Staatssekretär Thomas Ilka. Wichtig sei, dass in den Einrichtungen Transparenz und hohe Qualitätsstandards herrschten. Genau dies bezweifeln Branchenexperten. Kritik am derzeitigen Stand der Qualitätskontrollen in Heimen kommt auch vom CDU-Bundestagsabgeordneten und Pflegeexperten Willi Zylajew. Er moniert, dass in Deutschland zur Abschreckung kein zentrales Register existiert, das erfasst, welcher Heimbetreiber wie oft auffällig geworden ist.

Dass es so viele Verstöße gegen die Mindeststandards beim Personal gibt, hängt mit den systemimmanenten Mechanismen des Markts für Altenpflege zusammen. Die Preise können sich nicht abhängig von

Angebot und Nachfrage frei bilden. Stattdessen legen die Pflegekassen fest, wie viel an die Betreiber gezahlt wird. Deshalb können diese ihre Gewinne nur dann spürbar steigern, wenn sie die Kosten drücken.

## »Die Liste ist doch nur für die Pflegekasse«

Bei der Firma, deren Frankfurter Heim 2010 fast geschlossen wurde, scheint der Kostendruck besonders groß zu sein – was dieses Unternehmen zu einem Beispiel dafür macht, unter welchen Bedingungen private Altenheimketten arbeiten und was im System schieflaufen kann, wenn Gewinnmaximierung über alles gestellt wird. Ines Weber staunte nicht schlecht, als sie eines Morgens bei Dienstbeginn einen Aushang am Schwarzen Brett ihres Altenheims bemerkte. Da hing die Teilnehmerliste einer Fortbildung mit dem Vermerk: »Diese Mitarbeiter haben erfolgreich teilgenommen«. Auf der Liste stand auch der Name der Altenpflegerin Weber. Und das, obwohl sie von der Existenz dieser Fortbildung gerade zum ersten Mal las. »Ich habe dann gleich die Pflegedienstleitung darauf angesprochen und die Antwort erhalten: ›Die Liste ist doch nur für die Pflegekasse‹.«

Die Firmenzentrale des Unternehmens liegt im Gewerbegebiet einer deutschen Kleinstadt, ein unauffälliges Bürogebäude neben einer Autovermietung. Am Eingang prangt das freundliche Unternehmenslogo. Der Besuch der Firmenzentrale wird nicht gestattet. Die Firma sagt ein vereinbartes Interview mit einem ihrer beiden Geschäftsführer kurzfristig ab. Stattdessen lässt sie als Antwort auf einen umfangreichen Fragenkatalog von einem Anwaltsbüro schriftlich mitteilen, alle in den Recherchen erhobenen Vorwürfe würden »mit Entschiedenheit zurückgewiesen«. Die Aussagen der ehemaligen Pfleger, es habe in ihren Einrichtungen weniger Personal gegeben als mit den Pflegekassen vereinbart, bestreite die Firma, heißt es in dem Schreiben. »Unzutreffend ist auch die Behauptung, dass es in einer (nicht genannten) Pflegeeinrichtung unserer Mandantschaft auf jeder Station eine Vollzeitkraft zu wenig gegeben haben soll, und dies auch noch über Monate hinweg.« Seitens des MDK lägen keinerlei Beanstandungen über zu niedrige Personalausstattung vor, betont sie. Den Vorwurf getürkter Fortbildungslisten kommentiert das Unternehmen nicht. Keinesfalls, schreiben die Anwälte, sei die Geschäftsführung für eine etwaige Unterschreitung von Personalschlüsseln verantwortlich, indem sie Heimleitungen dazu angehalten oder durch Budget-Vorgaben gezwungen hätte, weniger Pfleger einzustellen, als mit den Pflegekassen vereinbart ist.

Ein hochrangiger Ex-Manager der Firma, der bis vor wenigen Monaten dort beschäftigt war, ist dagegen der Meinung, dass genau dies zu seiner Zeit der Fall gewesen sei. Die zu niedrigen Personalstände seien eine Folge der Gewinnanforderungen der Geschäftsführung gewesen. »Die einzelnen Häuser können den Gewinnerwartungen nur genügen, indem sie jeweils knapp unter den mit den Pflegekassen verhandelten Personalschlüsseln bleiben«, glaubt der Manager, der direkt der Geschäftsführung unterstellt war. Zwar bekomme ein einzelner Heimleiter kein Gewinnziel vorgegeben, jedoch werde in regelmäßigen Verhandlungen mit der Führungsebene das Budget festgelegt, mit dem das Heim im nächsten Jahr arbeiten müsse – und dies sei oft so knapp kalkuliert, dass der Heimleiter nicht anders könne, als mit zu wenig Pflegern zu arbeiten.

Der Kostendruck gehöre längst zur Normalität im deutschen Altenpflegesystem. Das wiederum führe dazu, dass sich alle Seiten mit kleineren Missständen arrangiert haben. Das sagt Nikolaos Tavridis, der mit seiner Beratungsfirma Axion Consult seit mehr als zehn Jahren im Geschäft ist und sich in der Branche auskennt wie wenige andere. Tavridis war vor einigen Jahren auch einmal Finanzchef eben dieses Unternehmens. »Die Prüfbehörden drücken oft ein Auge zu, wenn es um leichte Unterschreitungen der Personalschlüssel geht. Ihnen ist es sogar ganz recht, wenn große privatwirtschaftliche Betreiber mit kleinen Budgets arbeiten.« Denn dann könne die Pflegekasse in den nächsten Verhandlungen mit anderen, kleineren Trägern in der gleichen Region argumentieren: Wenn diese Kette mit so niedrigen Sätzen auskommt, wieso schafft ihr das dann nicht auch?

Die AOK bestätigt, bei »leichten Unterschreitungen« der Fachkraftquote, also wenn ein Heimbetreiber anstatt der geforderten 50 Prozent nur 48 Prozent examinierte Pfleger beschäftige, seien die Heime meist rechtlich nicht zu belangen. In solchen Fällen würde, wenn überhaupt, nur eine Rückzahlung der zu Unrecht erhaltenen Pflegekassenzuschüsse fällig. Nur in wenigen Fällen verhängt die Heimaufsicht ein Bußgeld.

Die Öffentlichkeit und die Bewohner des betroffenen Heims erfahren von alldem nichts. Die in der SPD-Bundestagsfraktion für Gesundheit und Soziales zuständige Abgeordnete Elke Ferner sagt, es sei ein Problem, dass eine solche Praxis als »Kavaliersdelikt« abgetan werde. »Wir können nur an die Heimaufsicht auf Landesebene appellieren, dass sie die gesetzlichen Möglichkeiten für Strafen ausschöpft, damit solche Methoden unattraktiver werden.« Auch der CDU-Bundestagsabgeordnete Zylajew fordert: »Schwarze Schafe in der Altenpflegebranche müssen entschiedener als bisher gebrandmarkt werden.« Er plädiert auch für stärkere Kontrollen. »Fünf unangemeldete Kontrollbesuche pro Jahr wären sinnvoll, davon eine im Nacht- und eine im Wochenenddienst.« Bei ihren Besuchen in den Heimen müssten die Kontrolleure auch darauf achten, ob tatsächlich alle Altenpfleger, die auf den Dienstplänen angegeben sind, im Haus im Einsatz seien. Natürlich argumentieren die Manager der Pflegebranche dagegen, noch mehr Kontrollen seien viel zu teuer, und das Geld, das sie für diesen Verwaltungsaufwand ausgeben müssten, könne doch sinnvoller in die Pflege gesteckt werden.

In der Politik, meint Tavridis, verschlössen die meisten Verantwortlichen daher die Augen vor kleineren Gesetzesverstößen absichtlich. »Sonst müsste die logische, aber unbequeme Konsequenz sein, dass die Beiträge für die Pflegeversicherung steigen, um eine gute Pflegequalität zu gewährleisten. Und das will natürlich kein Politiker verantworten.« Durch den demografischen Wandel, der in den kommenden Jahrzehnten die Zahl pflegebedürftiger Alter anwachsen lassen wird, potenziert sich dieses Problem. Pflegerin Ines Weber schildert, wie in ihrem Heim versucht worden sei, den zu niedrigen Personalstand gegenüber der Heimaufsicht zu verschleiern, indem den Prüfern fehlerhafte Dienstpläne vorgelegt worden sein sollen. »Eine Pflegerin, die erst seit zwei Tagen aus der Einrichtung in Chemnitz als Aushilfe zu uns gekommen war, stand schon für die letzten Wochen im Dienstplan.« Der Pflegekonzern kommentiert, solche Vorgänge seien der Geschäftsführung »nicht bekannt«. Mit anderen Worten: Wenn Dienstpläne gefälscht wurden, dann ohne Wissen der Geschäftsführung.

Auf dem Markt für Altenpflege tummeln sich viele privatwirtschaftliche Anbieter, die Gewinne erzielen wollen. Grundsätzlich ist das auch gut. Denn ohne die privaten Betreibergesellschaften gäbe es in Deutschland viel zu wenige Betten, um die große Nachfrage nach Pflegeplätzen zu bedienen.

## Finanzinvestoren im Pflegesektor

Der Unterschied zwischen dieser speziellen Pflegekette, die in Frankfurt auffällig wurde, und den meisten Konkurrenten sind die Eigner, die hinter der Gesellschaft stehen. Das Unternehmen gehörte seit seiner Gründung einer Reihe verschiedener Finanzinvestoren, sogenannten Private Equity-Fonds. Diese verdienen ihr Geld damit, im Auftrag von Geldanlegern Firmen zu kaufen und diese nach ein paar Jahren gewinnbringend weiterzuveräußern. Sie sind bekannt dafür, dass sie die gekauften Firmen zum Teil mit Bankkrediten bezahlen. Die Zinsen für diese Kredite müssen jedoch die gekauften Firmen erwirtschaften. Dazu kommen die Gehälter für Berater: Juristen,

Wirtschaftsprüfer und Consultants. Auch die Gehälter der Private-Equity-Manager müssen in diesem Geschäftsmodell irgendwo erwirtschaftet werden. Am Ende soll die Bilanz der Firma im Portfolio des Private Equity-Fonds so gut aussehen, dass die Investoren bei einem Weiterverkauf noch einen kräftigen Gewinn erzielen können. Drei bis fünf Prozent mehr als die durchschnittliche Rendite am Aktienmarkt will eine der beiden Beteiligungsfirmen, die momentan an der Heimkette beteiligt sind, jährlich auf seine Investments erwirtschaften. Zumindest gab dies vor ein paar Jahren ein Sprecher dieser Beteiligungsfirma in einem Interview pauschal als Zielvorgabe aus.

Bezahlt wird alles vom deutschen Sozialsystem, und von den Bewohnern. Der Pflegekonzern selbst erklärt, seine Gewinne erziele das Unternehmen keinesfalls durch Personalunterdeckung oder fehlerhafte Abrechnung gegenüber den Kassen. Die Kostenvorteile resultierten vielmehr daraus, dass man für die über 50 Heime zentral für die Bereiche Verpflegung, Hygiene und Reinigung oder Energie einkaufen und verhandeln könne und dass in der Verwaltung zentrale IT-Systeme eingesetzt werden könnten. Das klingt plausibel. Bloß: Die meisten unabhängigen Branchenexperten sind sich einig, dass all dies noch nicht reichen kann, um solch hohe Gewinne zu erzielen, wie private Beteiligungsgesellschaften sie fordern. Eine Nachsteuerrendite, die sich auf seriöse Weise erwirtschaften ließe, sagt etwa Branchenberater Tavridis, liege »irgendwo zwischen sechs und acht Prozent«. Und seine Einschätzung unter mehreren Pflegeexperten ist noch die höchste.

Nach der ersten Veröffentlichung in der *Welt am Sonntag* zu diesem Thema meldeten sich bei der Redaktion mehrere Dutzend Mitarbeiter der Heimkette auf allen Hierarchieebenen, außerdem externe Unternehmensberater, die mit der Firma seit Jahren Kontakt haben und selbst ehemalige Manager, die den Bericht übereinstimmend bestätigten. Ein hochrangiger Manager aus der Pflegebranche berichtet, er habe vor wenigen Jahren den Posten als Geschäftsführer des Unternehmens angeboten bekommen und ohne Zögern abgelehnt. »Die Imageprobleme dieser Firma in den Griff zu bekommen, wäre ein enormer Kraftakt.«

## Versorgung nur durch unbezahlte Überstunden möglich

Das Personal in mehreren Häusern der Kette soll laut Ex-Mitarbeitern, die dies in eidesstattlichen Erklärungen versichert haben, in der jüngeren Vergangenheit zuweilen so knapp gewesen sein, dass die Versorgung nur mit Überstunden sichergestellt werden konnte. »Zu meiner Zeit gingen die Heimleiter gegen Ende des Jahres zu den Pflegern und boten ihnen an, die Hälfte ihrer Überstunden auszubezahlen, wenn sie die andere Hälfte verfallen ließen«, sagt eine ehemalige Qualitätsprüferin des Konzerns. Das Unternehmen bestreitet dies und schreibt, betriebsinterne Vorgaben zum gezielten Aufbau von Überstunden gebe es nicht. Geleistete Überstunden würden grundsätzlich bezahlt oder mit Freizeit ausgeglichen. Pfleger berichten allerdings, es habe ihrer Erfahrung nach praktisch keine Möglichkeiten gegeben, Überstunden abzubauen. Im Gegenteil: Selbst wer im Urlaub gewesen sei oder krank, sei oft zum Dienst telefoniert worden. »Ich hatte mir einmal einen Nagel in den Fuß getreten, konnte kaum noch auftreten und wurde drei Tage krankgeschrieben«, sagt eine Pflegehelferin, »da klingelte morgens um fünf Uhr das Telefon. Die Pflegedienstleiterin setzte mich unter Druck, damit ich trotzdem arbeiten käme.«

Anzbach berichtet, in seinem Heim sei auch gespart worden, indem Zeitverträge nicht verlängert wurden. Die Heimleitung habe Neueinstellungen so weit wie möglich nach hinten verschoben. »Wenn wir uns über den Personalmangel beschwerten, argumentierte die Heimleitung immer, sie habe ja Zeitungsannoncen geschaltet, es habe sich bloß niemand gemeldet.« Auch das habe aber System, meint er. »Im Schnitt wird einer Fachkraft in unserer Stadt ein Gehalt von 1.900 Euro brutto plus Zuschläge gezahlt. Unsere Einrichtung zahlte aber nur 1.800 Euro brutto, plus Zuschläge. Da suche ich mir als begehrte Fachkraft natürlich lieber einen anderen Arbeitgeber aus.« Die Geschäftsführung lässt diplomatisch entgegnen, der Vorwurf unterdurchschnittlicher Bezahlung könne nicht aufrechterhalten werden, wenn man sämtliche Arbeits- und Vergütungskonditionen sachgerecht betrachte.

In der Branche seien Verzögerungsstrategien bei Einstellungen gängig, sagt Adelheid von Stösser. Sie leitet den bundesweit aktiven »Pflege-Selbsthilfeverband«, der sich für menschenwürdige Lebens- und Arbeitsbedingungen in Heimen einsetzt. »Nicht nur bei großen privaten Trägern wird häufig auf diese Weise am Personalstand getrickst, auch anderswo. Gegenüber den Pflegekassen kann die Heimleitung somit den Nachweis erbringen, dass sie schließlich über Stellenausschreibungen versucht hat, mehr Pfleger einzustellen.« Auch das überlastete Personal werde so vertröstet.

Es ist nicht so, dass Heimbetreiber in Deutschland tun und lassen können, was sie wollen. Aufsichtsbehörden gibt es genügend. Neben der staatlichen Heimaufsicht und den Medizinischen Diensten der Krankenversicherung (MDK) kontrolliert etwa auch das Gesundheitsamt. Das Problem ist: Während die großen Heimbetreiber bundesweit agieren, sind die Prüfbehörden regional, bestenfalls landesweit organisiert. Ein deutschlandweites Register darüber, welcher Betreiber wie oft gegen Regelungen verstoßen hat, existiert nicht. Systematische Verstöße lassen sich so kaum feststellen.

Zwar erstellt der MDK alle drei Jahre eine Statistik, in der steht, wie viele Heime auf welche Weise auffällig wurden. Die Daten werden jedoch aus Datenschutzgründen anonymisiert erhoben und bringen somit keinerlei Erkenntnisgewinn über die Qualität einzelner Betreiber. Das Bundesgesundheitsministerium, oberste zuständige Behörde für die Qualität der Altenpflege in Deutschland, sieht hier keinen Mangel. Unter dem liberalen Gesundheitsminister Daniel Bahr teilt das Ministerium auf Anfrage mit, ein weiteres Register müsse »erst unter Beweis stellen, dass der zusätzliche Aufwand gerechtfertigt ist und zusätzlichen Nutzen für Pflegebedürftige und ihre Angehörigen bringt« und müsse »angesichts der knappen finanziellen und personellen Ressourcen sehr genau bedacht« sein. Auch gebe bereits das Anfang 2010 erarbeitete Pflegenotensystem hinreichend Aufschluss über die Qualität einer Einrichtung.

Die Aussagekraft dieser im Internet veröffentlichten Pflegenoten ist indes dürftig. Über Beanstandungen der Prüfbehörden geben sie kaum Aufschluss. Das zeigt etwa das Beispiel eines Heims der fraglichen Kette in einem kleinen Ort in Niedersachsen. Die Einrichtung schmückte sich 2011 mit der Prüfnote 1,1, wurde aber gleichzeitig von der dortigen Heimaufsicht wegen »Defiziten in der adäquaten Personaleinsatzplanung« engmaschig überwacht. Zu solch guten Noten kann es dennoch kommen, weil Heime in der MDK-Bewertung auch Punkte für schöne Aufenthaltsräume oder Gärten sammeln können und diese genauso stark gewichtet werden wie etwa die Wundversorgung.

Die fehlende bundesweite Aufsicht ermöglicht es Betreibern wie diesem, Negativschlagzeilen als bedauerliche Einzelfälle erklären zu können. In Frankfurt etwa setzte die Geschäftsleitung einen neuen Heimleiter ein und konnte so die Schließung abwenden. Im jüngsten MDK-Bericht über das Heim vom Februar 2011 schreiben die Prüfer lobend, dass sich die Zustände deutlich verbessert hätten. Die Staatsanwaltschaft ermittelte noch Monate später in einem anhängigen Verfahren, bei dem die Tochter einer mittlerweile verstorbenen Bewohnerin geklagt hatte, die sich laut dem Vorwurf in der Einrichtung wund gelegen hatte. Das Hauptverfahren gegen Heimleitung und Pflegedienstleitung wurde eingestellt. Die Vorwürfe ließen sich nicht belegen, hieß es bei der Staatsanwaltschaft.

## Aufsichtsbehörden können nur wenig ausrichten

Die meisten vergleichbaren Fälle gingen so oder ähnlich aus, sagt eine Frankfurter Staatsanwaltssprecherin. »Es ist ziemlich schwierig, den juristischen Beweis anzustellen, dass eine Geschäftsführung eine Gewinnvorgabe gibt und sich als unmittelbare Folge daraus eine Bewohnerin wund gelegen hat.« Theoretisch möglich sei dies, erklärt der Hamburger Rechtsanwalt Ronald Richter, der sich auf Pflegerecht spezialisiert hat. In der Regel bilde jedoch die einzelne Pflegekraft den Schwerpunkt der Ermittlung, nicht die Manager an der Unternehmensspitze. Die Folge ist, dass sich nur in Ausnahmefällen Pflegekräfte wagen, sich bei Missständen in ihren Einrichtungen an die Öffentlichkeit oder die Heimaufsicht zu wenden. Schließlich sind sie selbst es, denen im Zweifelsfall die juristische Verantwortung zugeschoben wird.

Und selbst für den Fall, dass doch einmal Fälle unterbesetzter Heime zu öffentlichen Skandalen eskalieren, können die Aufsichtsbehörden nur wenig ausrichten. Oder wollen es nicht. Beim MDK heißt es auf Nachfrage, die Schließung eines Seniorenstifts beziehungsweise die Vertragskündigung durch die Pflegekassen versuche man nach Möglichkeit zu vermeiden – gerade bei großen Häusern. Schließlich sei es nur schwer möglich, von heute auf morgen neue Plätze für 100 Heimbewohner zu finden. Auch sei die psychische und körperliche Belastung eines Umzugs für die alten Menschen nicht zu unterschätzen, das Heim sei schließlich ihr Zuhause.

Sogar, wenn tatsächlich einmal ein Heim zwangsgeschlossen wird, ändert sich nichts. Dann geht der Betrieb oft unter einem neuen Namen weiter. Im Fall eines zu dieser Kette gehörenden Heims in Mainz vor ein paar Jahren etwa kündigten die Pflegekassen nach dem Bekanntwerden der Missstände den Vertrag. Heute gibt es das Heim immer noch, nur heißt der Betreiber nun anders – gehört aber immer noch zum gleichen Konzern. Dass so etwas möglich ist, liege am gesetzlich garantierten Zulassungsanspruch, der den Pflegekassen kaum die Möglichkeit lasse, Betreibern einen Versorgungsvertrag auszuschlagen, erklärt AOK-Experte Schkölziger. »Das ist eine Lücke in unserem Pflegesystem und äußerst problematisch.«

Pflegerin Ines Weber arbeitet heute bei einem ambulanten Dienst. »Noch ein Pflegeheim konnte ich mir nicht mehr geben nach dieser Erfahrung«, sagt sie. Ihr Kollege Markus Anzbach ist derzeit auf der Suche nach einer neuen Arbeit in einer Seniorenresidenz, allerdings am liebsten bei einem kirchlichen Träger, sagt er. »Ein privater Betreiber als Arbeitgeber kommt bei mir erst mal nicht mehr infrage.«

## »Unverantwortlich, Pflegebedürftige zu verunsichern«

Die Firma reagierte auf die Veröffentlichung eines ausführlichen Artikels über die Heimkette in der *Welt am Sonntag* mit einer Stellungnahme ihres Geschäftsführers. Allerdings nicht in der Zeitung selbst, sondern in einem Anlegermagazin, das Investoren in Pflegeheime lesen. Darin formulierte der Manager: »Es ist unverantwortlich, dass Pflegebedürftige und Angehörige bei diesem so wichtigen Thema unnötig verunsichert werden. Der demografische Wandel ist eine große gesellschaftliche Herausforderung. Dieser Herausforderung stellen sich private Anbieter wie wir mit zentralisierten Strukturen, die es uns ermöglichen, anerkannt hohe Pflegeleistungen und Lebensqualität der Bewohner bei hoher Wirtschaftlichkeit in Bereichen wie Einkauf, Verwaltung und EDV zu gewährleisten.«

Auch im Rest der Branche löste die Berichterstattung eine Welle von Reaktionen aus: angefangen bei Mitarbeitern von Pflegeheimen, die berichteten, in ihrer täglichen Arbeit ganz ähnliche Erfahrungen zu machen, über Heimbetreiber, die darauf hinwiesen, dass bei Weitem nicht überall Derartiges an der Tagesordnung sei – bis hin zu Managern und Beratern, die erzählten, mit dem Unternehmen selbst in der Vergangenheit zusammengearbeitet zu haben und daher den Bericht bestätigen zu können. Selbst aus den Reihen der Finanzinvestoren, die hinter privatwirtschaftlichen Pflegekonzernen stehen, gab es Anrufe und E-Mails. Gemeinsamer Tenor: Die Berichterstattung habe einen Denkanstoß gegeben. »Wir stellen auf Branchentreffen fest, dass man sich als Investor mittlerweile nicht mehr sicher ist, ob das schnelle Wachstum einer Pflegekette tatsächlich so erstrebenswert ist«, berichtete ein Manager, der in der Branche ein »Umdenken hin zu mehr Nachhaltigkeit« beobachtet haben will.

Der Geschäftsführer, der das Unternehmen noch vor Kurzem so vehement verteidigte, ist heute, wenige Monate später, nicht mehr Chef der umstrittenen Kette. Nach nur rund zwei Jahren an der Unternehmensspitze hat er seinen Job an den Nagel gehängt. Warum, kommentiert das Unternehmen auf Anfrage nicht.

## Auf dem Weg in die Republik der Alten

Wenn Sie heute um die 50 Jahre alt sind, liegt die Wahrscheinlichkeit bei ungefähr zwei zu eins, dass Sie gegen Ende Ihres Lebens zum Pflegefall werden – sofern Sie ein hohes Alter erreichen. Damit werden Sie dann noch nicht einmal zu einer Minderheit gehören: 4,7 Millionen Pflegebedürftige wird es 2050 nach Schätzung des Deutschen Instituts für Wirtschaftsforschung im Land geben, und das bei insgesamt 73,6 Millionen Bundesbürgern. Jeder 15. Deutsche wäre damit ein Pflegefall.

Anders ausgedrückt: Die Pflege boomt. Fast nirgendwo sonst wächst die Kundenzahl derart eindrucksvoll, es herrscht Goldgräberstimmung. Schon heute verbringen 717.000 Deutsche ihren Lebensabend in einer stationären Altenpflegeeinrichtung. Sie werden von einer mächtigen, weit verzweigten Industrie versorgt: Altenheime erzielen den Löwenanteil des Umsatzes auf dem deutschen Pflegesektor, 21 Milliarden Euro Umsatz jährlich laut einer Veröffentlichung des Rheinisch-Westfälischen Instituts für Wirtschaftsforschung (RWI) in Essen. Alle ambulanten Dienste zusammengenommen verkaufen dagegen jährlich nur Dienstleistungen für neun Milliarden Euro. Dass Heime so viel mehr Geld einnehmen als ambulante Dienste, liegt unter anderem daran, dass in den Heimen häufiger die »schweren Fälle« untergebracht sind, also die in Pflegestufe 3 eingeteilten. Für diese Bewohner gibt es für die Heime höhere Pflegekassenzuschüsse.

Zwar wirkt die Bundesregierung immer wieder darauf hin, künftig mehr Menschen im häuslichen Umfeld versorgen zu lassen – in der jüngsten Pflegereform zum Beispiel, indem sie die häusliche Pflege finanziell stärker unterstützen will. Trotzdem wird die Zahl der Altenheimbewohner innerhalb der nächsten 30 Jahre dramatisch steigen: Im Jahr 2020 werden Schätzungen zufolge bundesweit 1,05 Millionen Menschen in stationären Pflegeeinrichtungen leben. Noch einmal 30 Jahre später werden es demnach schon 1,62 Millionen Heimbewohner sein. Einfach deshalb, weil die Zahl der Alten im Land so drastisch wächst.

Die Qualität der Altenheime ist leider allzu oft schlecht. Das hängt nicht zuletzt mit der stark steigenden Nachfrage zusammen. Um all die Alten unterzubringen, muss die deutsche Heimlandschaft schnell wachsen. Schnelles Wachstum, bei dem die Heime wie Pilze aus dem Boden schießen, bedeutet aber allzu oft, dass die Betreiber Zugeständnisse an die hochwertige Versorgung der Bewohner machen: Wenn Heime zu schnell wachsen, geht es in vielen Fällen drunter und drüber – weil sich die Pfleger-Teams noch nicht eingespielt haben, noch nicht genügend qualifiziertes Fachpersonal gefunden und engagiert wurde und Bewohner und Pfleger nicht genügend Zeit hatten, sich kennenzulernen. Solch schnelles Wachstum gibt es vor allem bei privatwirtschaftlichen Heimketten.

Das heißt aber nicht, dass grundsätzlich Pflegeskandale bei privaten Heimbetreibern häufiger vorkommen. Einige unabhängige Beobachter glauben sogar, dass bei kirchlichen und anderen freigemeinnützigen Betreibern weniger genau kontrolliert werde als bei privatwirtschaftlichen, was dort wiederum Tricksereien und andere Missstände begünstige. Im Sommer 2012 etwa machte eine saarländische Einrichtung der Arbeiterwohlfahrt (awo) bundesweit Negativschlagzeilen: In einem Heim in Elversberg sollen ein Intensivpfleger und ein Altenpfleger über Monate hinweg Patienten misshandelt, gedemütigt und schikaniert haben – während Heimleitung und Pflegedienstleitung weggeschaut haben sollen. Zwei Bewohner sollen laut Medienberichten deshalb sogar gestorben sein.

Die Statistik zeigt allerdings, dass die privaten Heimketten unter größerem finanziellen Druck stehen. Laut der 2011 veröffentlichten Pflegeheimstudie einer Unternehmensberatung fiel dort in den vergangenen Jahren die durchschnittliche Belegungsquote immer weiter ab: Von 1999 bis 2009 sank sie von 87,4 Prozent auf 83,9 Prozent. Bei den freigemeinnützigen Trägern dagegen stieg die Quote in derselben Zeit von 89,4 auf 91,4 Prozent.

Aus Sicht des Kunden und des Staates ist es wichtig und wünschenswert, dass sich privatwirtschaftliche Unternehmen auf dem Markt der Pflegeheimbetreiber tummeln. Nicht nur sorgen sie für gesunde Konkurrenz – es wäre wenig wünschenswert, gäbe es nur kirchliche Betreiber, die sich keinem Qualitäts- oder Kostenvergleich unterziehen müssten. Auch gibt es dank der Investitionen privater Geldgeber heute in Deutschland einen hohen Versorgungsgrad mit Heimplätzen. Mit anderen Worten: Jeder, der einen Heimplatz benötigt, kann in seiner nahen Umgebung – bei Pflegeheimen gelten per Daumenregel 20 Kilometer im Umkreis der letzten Wohnung als »nah« – relativ problemlos einen Heimplatz finden. Doch mit der steigenden Zahl an Alten und damit an Pflegebedürftigen wird das immer schwieriger. Bis 2030 wird die Zahl der Heimbewohner um fast 50

Prozent gegenüber heute steigen, eine kaum zu bewältigende Anzahl. Die Immobilienberatungsfirma CBRE schätzt, dass Deutschlands Privatinvestoren Gelder in Höhe von 6,4 Milliarden Euro fließen lassen müssten, um neue Heime zu bauen oder alte zu sanieren.

## Investieren in Altenheime? Nein, danke.

Im Grunde genommen sind Altenheime eine dankbare, sichere
Geldanlage, sollte man meinen: Alte gibt es immer, pflegebedürftig
werden sie sowieso, und das Geld für ihre Versorgung zahlt der Staat.
Die Geldgeber müssten den Firmen, die Heime planen und bauen,
die Tür einrennen. Zu diesem Schluss kam zumindest eine vor wenigen Monaten veröffentlichte Studie der Deutschen Bank. Demnach werden sich Pflegeimmobilien in den kommenden Jahren angesichts der starken Nachfrage als Immobilienanlage etablieren, die
sowohl für Privatleute als auch für institutionelle Investoren interessant ist.

Tatsächlich ist bislang aber das Gegenteil der Fall. »Wir haben große Probleme, institutionelle Anleger für unsere Fonds zu finden«,
erzählt der Fondsmanager einer der großen Immobiliengesellschaf-
ten, die in Deutschland Altenheime bauen. Für den neuesten Alten-
heimfonds habe er kräftig die Werbetrommel rühren müssen, bis
sich schließlich genug institutionelle Geldgeber, etwa Versicherungen, hätten überreden lassen. Zwei Gesellschaften seien kurzfristig
noch abgesprungen. Der Grund für die Zurückhaltung der Geldgeber ist, neben den vergleichsweise niedrigen Renditen, die man erzielen kann, wenn man das Geschäft seriös betreibt, die gesetzliche
Planungsunsicherheit. Die Landesregierungen machen es den Geld-
gebern schwer. Derzeit planen mehrere Bundesländer sogenannte
Heimbauverordnungen oder haben sie bereits verabschiedet. Darin steht, so zum Beispiel im Fall Baden-Württembergs, dass es in
Pflegeheimen künftig nur noch Einzelzimmer geben darf und nicht

mehr wie bisher auch Doppelzimmer. Die Heimbauer und die Betreiber stellt das jedoch für große finanzielle Probleme. Ein neu gebauter Heimplatz, rechnet der Fondsmanager vor, koste im Schnitt 75.000 Euro. Das macht bei einem Heim mit 100 Betten eine Investition von 7,5 Millionen Euro. »Angenommen, das Heim habe 60 Einzelzimmer und 20 Doppelzimmer, also 40 Betten in Doppelzimmern. Stellen Sie sich vor, es darf plötzlich nur noch Einzelzimmer geben. Das würde konkret bedeuten, dass man 20 Betten nicht mehr belegen darf – also ein Fünftel seiner gesamten Einnahmen verliert.«

Denn auch für bereits bestehende Immobilien sollen in einigen Bundesländern diese neuen Regelungen gelten – nach gewissen Übergangsfristen. Für viele Investoren bedeutet das aber, dass sie den erhofften Gewinn auf ihr eingesetztes Kapital abschreiben müssen. Natürlich versuchen die Betreiber der Immobilienfonds, mit Engelszungen auf die verantwortlichen Politiker auf Landesebene einzureden, um eben solche Unsicherheiten in der Planung zu vermeiden – Lobbying eben – meistens aber ohne Erfolg.

Was heißt das für die Betroffenen? Der Welle der Pflegebedürftigen, die auf das Land zurollt, droht, überspitzt gesagt, die Verelendung in der eigenen Wohnung. Viele könnten bei der Suche nach einem Heimplatz leer ausgehen, wenn sich nicht in den nächsten Jahren schnellstmöglich Geldgeber finden, die bereit sind, in neue »Pflegeimmobilien«, wie es im Branchenjargon heißt, zu investieren. Vor allem macht dies aber eines deutlich: Heimbetreiber, Regierung und Kassen bilden ein schicksalhaft aufeinander angewiesenes Dreieck. Für die Aufsichtsbehörden heißt das, dass sie ihre Handelspartner – also die Heimketten – nicht zu sehr mit harten Auflagen und strengen Kontrollen verschrecken dürfen.

# 3.  Wenn der Pflegekonzern selbst pflegebedürftig wird

Wenn schon das Investieren in neue Altenheim-Bauten riskant ist, so müsste doch zumindest das Betreiben von Altenheimen ein gutes Geschäft sein: Die Kundschaft wächst stetig, die Einnahmen kommen zum großen Teil aus den Pflegekassen und von Sozialämtern und sind somit sehr verlässlich, die Qualitätskontrollen überschaubar. Dennoch sagt ein Immobilieninvestor, der sich auf dem Markt sehr gut auskennt: »Unter den 20 größten privaten Pflegeheimbetreibern gibt es sicher sieben oder acht, in die ich kein Geld investieren würde.« Eine ähnliche Aussage trifft das Essener Wirtschaftsforschungsinstitut RWI in seinem »Pflegeheim Rating Report«: Demnach besteht derzeit bei 14 Prozent aller Altenheime, also etwa jeder siebten Einrichtung, erhöhte Insolvenzgefahr.

Die Gründe sind vielfältig. Da gibt es zum einen diejenigen Heimketten, die zu wenig flexibel sind und sich nur schlecht auf neue Anforderungen einstellen können. Das lässt sich am Beispiel Demenz gut erklären. Verschiedene Fallstudien der vergangenen Jahre zeigen, dass sich Demenzkranke besser in kleinen Gruppen mit vielleicht fünf Bewohnern – familienähnlichen Strukturen – weit besser versorgen lassen als auf großen Pflegeheimstationen mit 20 Bewohnern. Für die Heime bedeutet das jedoch: Wollen sie auf die steigende Zahl an Demenzkranken angemessen reagieren, müssen sie hohe Summen in den Umbau stecken. Das kann jedoch nicht jeder Betreiber leisten. Dazu kommt, dass bei Weitem nicht in jeder Heimkette das Fachwissen vorhanden ist, um demenzgerechte Stationen aufzubauen. »Insgesamt sind viele Heimbetreiber viel zu unorganisiert und zu schlecht gemanagt, um wirklich zukunftsfähig zu sein«, sagt der Investor.

Ein Heimbetreiber kann allerdings auch in die Schlagzeilen geraten, wenn den Eignern auch noch ganz andere Dinge wichtig sind als das Wohl der Pflegebedürftigen. Das zeigt das folgende Beispiel.

## Wenn der Gründer zu viel will

Normalerweise, wenn eine Firma ihre Geschäftsbilanzen der Presse vorstellt, sitzt auf dem Podium der Vorstandschef und beantwortet die Fragen, daneben ist der Finanzvorstand platziert. Nicht so bei den Marseille-Kliniken, als sie im Herbst 2011 im gediegenen und teuren Hotel »Frankfurter Hof« ihren letzten Jahresabschluss präsentierten. Am Kopfende des Konferenztisches im holzgetäfelten Raum saßen damals ein Herr Thanheiser und ein Herr Sielemann. Der eine, erst seit Juli 2011 im Unternehmen, ist innerhalb kürzester Zeit zum »Alleinvorstand« aufgestiegen – gezwungenermaßen, weil niemand anderes mehr da war. Der andere trägt den Titel »Generalbevollmächtigter«.

Alleinvorstand Thanheiser wirkt nervös, als er die Journalistenfragen beantwortet. Zwischen den Antworten kneift er den Mund zu einem schmalen Strich zusammen. »Man darf nicht vergessen«, sagt er, »wir sind ein Sozialkonzern, der rund 8.000 Pflegebedürftige betreut und fast 5.000 Mitarbeiter beschäftigt.« Es klingt wie: Gebt uns noch eine Chance, wir werden doch gebraucht! Der Druck, der an diesem Tag auf den beiden Herren lastet, muss enorm sein. Ihre Aufgabe ist, die Öffentlichkeit davon zu überzeugen, dass der krisengeschüttelte Altenpflege-Konzern Marseille-Kliniken in eine sichere Zukunft steuert – eine Herausforderung. Die Banken haben in den Monaten zuvor ihre Geschäfte mit dem Unternehmen, das im Geschäftsjahr 2010/2011 rund 190 Millionen Euro Umsatz erwirtschaftete, dras-

tisch zurückgefahren. 2010 kündigten vier Institute – Commerz-
bank, HypoVereinsbank, Postbank und WestLB – Dispo-Kredite in
Höhe von jeweils rund fünf Millionen Euro. Neuen Spielraum ver-
schaffte der Firma damals eine einjährige Anleihe über 15 Millionen
Euro. Anfang Dezember 2011, also wenige Wochen nach der Pressekonferenz im »Frankfurter Hof« lief diese jedoch aus. Mittlerweile
ist die finanzielle Zukunft des Unternehmens zwar gesichert. Damals
jedoch, beim Pressetermin in Frankfurt, gab es für Thanheiser und
Sielemann noch Grund zur Nervosität: Hätte es keine Geldgeber für
eine neue Anleihe gegeben, hätte der börsennotierte Aktienkonzern
vielleicht seine letzten eigenen Immobilien versilbern müssen – oder
die bereits beliehenen weiter mit Schulden belasten müssen.

Eigentlich müsste es den Marseille-Kliniken finanziell sehr gut gehen. Altenpflege gilt als einer der größten Wachstumsmärkte, und
die Marseille-Kliniken sind ein wichtiger Spieler am Markt: Fast 60
Heime gehören zur Kette. Auch die Belegungszahlen, die das Unternehmen selbst als zu niedrig bezeichnet hatte, waren zuletzt wieder
gestiegen.

Die Firma und ihr Gründer produzieren jedoch stetig Negativschlagzeilen. Im Sommer 2010 wurde Ulrich Marseille wegen Bestechung
zu einem Jahr Haft auf Bewährung verurteilt, woraufhin er den Vor-
standsvorsitz abgab, um Schaden von der Firma abzuwenden. Auch
die Unternehmensgeschichte ist keine gewöhnliche. Ulrich Marseille, der 60 Prozent der Aktien hält, taucht seit Jahren in den Schlagzeilen auf. Mal baut er mit seiner Cessna auf einem Hamburger Flug-
hafen eine Bruchlandung. Mal, im Jahr 2002, kandidiert er für Ronald
Schills »Partei Rechtsstaatlicher Offensive«. Und auch im Aufsichtsrat mischen Prominente mit, deren Spezialgebiet nicht gerade die Altenpflege ist. Aufsichtsratschef ist seit Ende September letzten Jahres
Thomas Middelhoff, der zuvor schon fast zwei Jahre lang als einfa-
ches Mitglied im Kontrollgremium mitarbeitete. Middelhoff selbst
hat eine bewegte Vergangenheit. Er war Chef von Bertelsmann, da-

nach Europa-Boss des Finanzinvestors Investcorp und leitete schließlich den Handels- und Touristikkonzern Arcandor, der kurze Zeit
nach seiner Herrschaft samt Karstadt und Quelle in eine der größten
Insolvenzen der deutschen Wirtschaftsgeschichte rutschte. Stellver-
tretender Aufsichtsratsvorsitzender der Marseille-Kliniken und nach
eigenem Bekunden ein »Buddy« Marseilles ist der frühere »Bild«-
Chef Hans-Hermann Tiedje. Er hat heute eine Medienberatung,
WMP Eurocom, und diese unterhält zu den Marseille-Kliniken Geschäftsbeziehungen. Laut aktuellem Marseille-Geschäftsbericht berät WMP Eurocom den Konzern für eine monatliche Pauschale von
25.000 Euro zum »gesamten Spektrum der Public Affairs«.

Immer wieder dreht sich im Unternehmen das Personalkarussell. Im
Oktober 2011 setzten die Marseille-Kliniken, die offiziell in Berlin
beheimatet sind, aber von Hamburg aus verwaltet werden, ihren Finanzvorstand Thomas Klaue vor die Tür. In einem Aufwasch wurde gleich auch noch Stefan Herzberg abgemahnt; der erst seit wenigen Wochen amtierende Vorstandschef reagierte wenige Tage später
mit seinem Rücktritt. Klaue und Herzberg sollen sich mit dem Mehrheitsaktionär überworfen haben, während sie den aktuellen Geschäftsbericht erstellten. Sie sollen darauf bestanden haben, für einzelne Punkte der Rechnungslegung, die ihnen fragwürdig erschienen,
einen externen Gutachter einzuschalten – und sich geweigert haben,
ohne eine solche unabhängige Prüfung ihre Unterschriften unter den
Bericht zu setzen. In einer gemeinsamen Pressemitteilung schrieben
Klaue und Herzberg, es habe mit dem Aufsichtsrat Differenzen über
Fragen der guten Unternehmensführung gegeben. Die Marseille-Kliniken demgegenüber begründen sowohl die Abberufung Klaues als
auch die Abmahnung Herzbergs mit »groben Pflichtverletzungen«.

Schillernd ist noch die höflichste Umschreibung, die man über Ulrich Marseille liest. Und auch die sicherste. Der Mehrheitsaktionär
klagt nicht nur gern gegen geschasste Manager, sondern auch gegen
Medien, die über ihn berichten. Ein ehemaliger Konzernmanager

sagt, zu seiner Zeit habe das Unternehmen mehrere Dutzend Prozesse parallel geführt. Genug, um mehrere Anwaltsbüros gleichzeitig in Lohn und Brot zu halten, darunter die Kanzlei von Marseilles Ehefrau Estella-Maria Marseille, die ebenfalls im Aufsichtsrat sitzt. Ihre Kanzlei stellte laut Geschäftsbericht zuletzt für Beratungsleistungen 655.000 Euro in Rechnung. Alles Geld, das sicher sinnvoller in die Qualität der Pflege hätte gesteckt werden können.

Dasselbe gilt für viele der 41 Punkte, die im Geschäftsbericht unter dem Titel »Beziehungen zu nahestehenden Personen und Unternehmen« aufgelistet sind. Darin findet sich eine Aufzählung von Geschäften der AG und ihrer Tochterfirmen mit der Familie Marseille und anderen Aufsichtsratsmitgliedern – darunter auch die Beratungszahlungen an die Kanzlei von Frau Marseille und Tiedjes Beratungsfirma. Zum Beispiel verpflichtet sich laut der Aufzählung eine Tochterfirma der Marseille-Kliniken, pro Jahr bis zu 450 Flugstunden eines »Luftfahrzeuges« abzunehmen, das einer Firma von Ulrich Marseille gehört – für 242.000 Euro im abgelaufenen Geschäftsjahr. Da klingelt es bei manchen, die Marseilles Aufsichtsratschef Middelhoff einst bei KarstadtQuelle/Arcandor erlebt haben: Middelhoff war für seine extrem hohen Dienstreisekosten bekannt. Unter anderem deshalb, weil er fast ausschließlich im gemieteten Privatjet reiste, kamen in einem Jahr bei Arcandor rund 800.000 Euro zusammen.

Insgesamt gaben die Marseille-Kliniken im vergangenen Jahr 6,1 Millionen Euro für Geschäftsbeziehungen zu »Nahestehenden« aus. Im Vorjahr waren es sogar knapp 25 Millionen Euro und damit ein Zehntel des damaligen gesamten Firmenumsatzes. Burkhard Götz, Vorsitzender der in die Marseille-Kliniken investierten Nürnberger Beteiligungsgesellschaft Nabag, kommentierte: »Man könnte meinen, dass Hauptzweck der Marseille AG ist, diese Beziehungen zu nahestehenden Personen zu führen.«

# 4. Aufgeblasener Fachkräftemangel

Es sind Geschichten, die im Altenpflegesektor immer wiederzukehren scheinen: Der Altenheimkonzern, der seine Investoren und Manager gut versorgt, während die Personaldecke auf Kante genäht ist. Doch wie kann es überhaupt dazu kommen, dass in derart vielen Altenpflegeheimen eine Unterversorgung mit Pflegekräften herrscht? Sind Heimbetreiber und Pflegekassen schuld, die sich zu wenige Angestellte leisten können oder wollen? Oder liegt es einfach daran, dass schlicht zu wenige qualifizierte, examinierte Altenpfleger verfügbar sind?

Die Zahlen klingen dramatisch: Mehr als 150.000 Alten- und Krankenpfleger werden im Jahr 2025 in Deutschland fehlen, lautet die jüngste Modellberechnung des Statistischen Bundesamts. Schon heute gibt es laut der Prognose der Statistiker aus Wiesbaden in Altenheimen, ambulanten Pflegediensten und Krankenhäusern rund 34.000 Vollzeitkräfte zu wenig – Pflegenotstand.

Noch schwärzer klingt die Zukunft des Berufsstandes, wenn man die Statistik liest, die der Interessenverband bpa (Bundesverband privater Anbieter sozialer Dienste) für seine Argumentationen nutzt. Demnach werden in Deutschland momentan händeringend 30.000 Pfleger allein für die Altenpflege gesucht, und innerhalb der nächsten zehn Jahre wird der Bedarf auf 220.000 anwachsen. Der Fachkräftemangel führe dazu, dass schon heute ganze Abteilungen in Pflegeheimen geschlossen werden müssten, sagte bpa-Präsident Bernd Meurer bei der Vorstellung der Zahlen im August 2011.

Der tatsächliche Fachkräftemangel in der Altenpflege dürfte jedoch
weit geringer sein. Denn die Schätzung des Statistischen Bundesamtes, die bereits für das Jahr 2010 eine Lücke von rund 34.000 Fachkräften auswies, lässt wichtige Daten außer Acht. Das bestätigte die
Behörde auf Anfrage. »Unsere Prognose basiert auf der Annahme,
dass jeder Pflegebedürftige komplett von Fachkräften versorgt würde. Dass es tatsächlich per Gesetz nur jeder Zweite sein muss, ist
nicht berücksichtigt«, teilt die Behörde mit. In den meisten Bundesländern müssen laut gesetzlicher Vorgabe 50 Prozent der Pfleger in
Heimen examinierte Altenpfleger mit dreijähriger Ausbildung sein.
Auch die Zahl, die der Branchenverband bpa verbreitet, gilt unter
Gesundheitsökonomen als angreifbar. Sie beruht, wie der bpa bestätigt, auf einer Mitgliederbefragung, deren Ergebnisse auf ganz
Deutschland hochgerechnet wurden.

Die heute existierende Lücke dürfte somit wohl um einige Tausend
Fachkräfte kleiner sein als von den Forschern berechnet. Wenn
es denn überhaupt schon eine gebe, urteilen unabhängige Branchenexperten. »Deutschlandweit beobachten wir bisher noch keinen flächendeckenden Fachkräftemangel«, sagt etwa Dennis Ost-
wald, Geschäftsführer des Wirtschaftsforschungsinstituts WifOR in
Darmstadt. Ein Fachkräftemangel sei derzeit zwar in strukturschwa-
chen Regionen wie Mecklenburg-Vorpommern zu beobachten, sagt
der Ökonom, der derzeit an einer Studie zu regionalen Unterschie-
den auf dem Arbeitsmarkt für Gesundheitsberufe forscht. In anderen Bundesländern dagegen bestehe derzeit eher ein Über- als ein
Unterangebot mit Pflegefachkräften. »In Baden-Württemberg etwa kommen auf rund 41.000 Pfleger rund 1.800 als offen gemeldete
Stellen. Angesichts dieses kleinen Anteils schon von einem Mangel
zu sprechen, wäre sicher nicht angebracht.«

Aus der Studie des Statistischen Bundesamtes geht auch hervor, dass
derzeit sogar ein Überangebot von mehr als 70.000 Pflegekräften besteht, wenn man alle verfügbaren Arbeitnehmer mit einrechnet, also

auch un- und angelernte Altenpfleger. Die Ergebnisse unterscheiden sich drastisch – je nachdem, wen der jeweilige Statistiker als »Altenpfleger« definiert. Das kann wiederum davon abhängen, welche Ziele der Auftraggeber verfolgt. Der Interessenverband bpa und der Arbeitgeberverband Pflege, das Tariforgan der großen privatwirtschaftlichen Heimbetreiber, dürften sich über Statistiken freuen, die eine möglichst hohe Lücke ausweisen. Beweist doch der viel beschworene Fachkräftemangel, dass es kaum möglich ist, genügend ausgebildete Altenpfleger einzustellen und so die angemessene Versorgung der Bewohner sicherzustellen. Vor dem Hintergrund, dass statistisch gesehen etwa jedes fünfte Altenpflegeheim in Deutschland im Verdacht steht, seine Bewohner und die Krankenkassen zu betrügen, indem es weniger ausgebildete Altenpfleger beschäftigt als die gesetzlich vorgeschriebenen 50 Prozent, haben diese Zahlenspiele besondere Relevanz.

Denn wo Pflegenotstand herrscht, so die Argumentation der Verbände, trifft den Heimbetreiber keine Schuld, wenn bei der Kontrolle durch die staatliche Aufsicht eine zu niedrige Fachkraftquote auffällt.

Doch wie genau kommt es in der Praxis dazu, dass die Zahlen mehrerer Studien schon für heute einen derart drastischen, bundesweit flächendeckenden Mangel an Pflegepersonal belegen – je nachdem, von welchem Auftraggeber die Studien gezahlt wurden? Aufschluss gibt ein Gespräch mit einem leitenden Ökonom eines renommierten Wirtschaftsforschungsinstituts, der erklärt, wie solche Gutachten zustande kommen. »Es ist nicht so, dass die Auftraggeber wie Verbände zu uns kommen und von vorneherein vorgeben wollen, dass die Zahlen möglichst dramatisch ausfallen sollen«, sagt der Wirtschaftswissenschaftler, »aber es ist so, dass einige von ihnen im Verlauf der Studien versuchen, sie zu ihren Gunsten zu beeinflussen.« Er erklärt, dass im Laufe einer solchen Forschungsarbeit in der Regel mehrere Sitzungen mit den Auftraggebern stattfänden, in denen man gemeinsam die entscheidenden Annahmen festlege. »Da merken Sie dann schon, wo die Interessen liegen und ob der Auftraggeber versucht, eine Studie zu seinen Gunsten zu beeinflussen.« Ansatzpunkte für eine solche Einflussnahme seien die Schätzwerte – angewendet auf den konkreten Fall macht es zum Beispiel einen spürbaren Unterschied, ob man annimmt, dass die jährliche Zahl der Aussteiger aus dem Altenpflegeberuf ein Prozent betrage oder drei Prozent oder wie hoch die Zahl der über 80-Jährigen im Jahr 2050 genau sein dürfte. »Wenn der Auftraggeber einer Studie bei jeder Annahme den höchsten Schätzwert möchte, hat das ein Geschmäckle«, sagt der Wirtschaftsforscher. Seine Aufgabe und die seiner Kollegen bestehe dann darin, herauszufiltern, ob die Angaben von Verbänden – die ja oftmals die Quelle für die Informationen sind, mit denen die Forschungsinstitute arbeiten, interessengetrieben seien oder praxisnah. Natürlich mache dies das eine Institut und der eine Wissenschaftler genauer, das andere Institut und seine Mitarbeiter weniger.

Perfekt, sagt der Wirtschaftsforscher, werde der Effekt möglichst dramatischer Studienergebnisse dann, wenn in den Medien eine solche einmal veröffentlichte Zahl immer weiter reproduziert wird und nicht mehr hinterfragt werde. Für ein Gutachten an einem der großen, öffentlichen Wirtschaftsforschungsinstitute bezahlten die Auftraggeber, je nach Aufwand, 8.000 bis 10.000 Euro. Bei einer privaten Unternehmensberatung lägen die Kosten bei bis zu 50.000 Euro. »Dafür haben Sie dort den Vorteil, dass im Gegensatz zu den öffentlichen Instituten ein Ergebnis, das dem Auftraggeber nicht gefällt, einfach in der Schublade verschwinden kann.«

## Wie die privaten Heimbetreiber die Lage selbst sehen

Den Vorwurf, der Fachkräftemangel werde zuweilen künstlich aufgeblasen und von Heimbetreibern zur Rechtfertigung bei Rechtsverstößen genutzt, will die Branchenvertretung der privaten Heimbetreiber nicht auf sich sitzen lassen. Oberstes Sprachrohr der Branche ist der Arbeitgeberverband Pflege. Deren Präsident Thomas Greiner sagt im Interview, er kenne kein Heim, das nicht händeringend auf der Suche nach Fachkräften sei.

*Herr Greiner, Sie beklagen einen hohen Fachkräftemangel. Wie groß ist er tatsächlich? Die Schätzungen, mit denen Sie und andere Verbände arbeiten, gehen weit auseinander.*

Einige Schätzungen beziehen Pflegekräfte in Krankenhäusern oder auch Pflegehilfskräfte in die Zahlen mit ein. Uns in der Altenpflege fehlen aber keine Pflegehilfskräfte. Sehr wohl dagegen examinierte Pfleger mit einer dreijährigen Ausbildung. Ein von uns in Auftrag gegebenes Gutachten beim Forschungsinstitut RWI zeigt, dass bis 2020 rund 75.000 Pflegefachkräfte gebraucht werden. Plus, wenn Sie diejenigen herausrechnen, die in den nächsten neun Jahren aus dem Beruf herausgehen, noch einmal 67.000.

*Warum bilden dann Ihre Mitglieder, die privaten Heimbetreiber, nicht einfach mehr aus?*

In der Pflegebranche werden derzeit fast 50.000 Menschen ausgebildet. Wir sind aber auch für die Einführung einer bundesweiten Ausbildungsumlage, wie sie bereits von manchen Bundesländern mit Erfolg eingeführt wurde. Das muss die Politik regeln. Sie muss auch die Weiterbildungsgesetze vereinfachen. Es gibt in vielen Heimen Pflegehilfskräfte, die schon sechs oder acht Jahre da sind und über viel Know-how verfügen. Es wäre zu schaffen, diese in sechs oder zwölf Monaten zu Fachkräften zu schulen.

*Neue Forschungsergebnisse zeigen, dass es heute nicht in jeder Region Fachkräftemangel gibt. Kann es sein, dass manche*

*Ihrer Mitglieder ihn als Ausrede missbrauchen, um sich für zu wenig Fachpersonal zu rechtfertigen?*

Nein. Ich kenne kein Heim und keinen ambulanten Dienst, der nicht auf der Suche nach Fachkräften ist. In der Stadt München fällt der Mangel höher aus als in Mecklenburg-Vorpommern, auf dem flachen Land. Aber wir hören von unseren Mitgliedern, dass sich die Heime vielerorts gegenseitig die Altenpfleger abwerben, weil sie sonst die gesetzlich vorgegebenen Fachkraftquoten, in den meisten Bundesländern 50 Prozent, nicht erfüllen könnten. Unser Lösungsvorschlag ist, die gesetzlich vorgeschriebene Fachkraftquote auf 40 Prozent zu senken. Die positiven Erfahrungen aus Mecklenburg-Vorpommern zeigen, dass weniger examinierte Kräfte nicht zwangsläufig eine schlechtere Qualität bedeuten.

*Wenn der Mangel so groß ist, warum verzichten Ihre Mitglieder nicht auf einen Teil ihrer Rendite und zahlen höhere Löhne?*

Es gibt Betreiber, zum Beispiel in Süddeutschland, die zahlen Löhne auf öffentlichem Tarif-Niveau und müssen trotzdem noch die Fachkräfte mit Kopfprämien von 3.000 Euro suchen. Mit der Bezahlung allein hat es also nichts zu tun, ob man als Arbeitgeber attraktiv für einen qualifizierten Mitarbeiter ist.

*Womit denn?*

Mit attraktiven Arbeitszeitregelungen oder einem guten Klima im Haus beispielsweise. Unsere Bewohner versuchen wir übrigens, durch Pflegequalität zu überzeugen. Die regelmäßigen Untersuchungen des Medizinischen Dienstes der Krankenversicherung zeigen, dass private Heimbetreiber im Schnitt die gleiche Qualität bieten wie gemeinnützige oder kommunale.

*Der Unterschied ist aber die Renditeerwartung. Recherchen zu einem Mitglied Ihres Verbandes haben ergeben, dass zu hohe Gewinnanforderungen – und dadurch zu wenige Pfleger im Heim – der Versorgung der Heimbewohner stark schaden können.*

Die Anzahl der Pflegemitarbeiter pro Bewohner legen die Bundesländer fest. Sie darf nicht unterschritten werden. Mit einer guten Dienstleistung Geld zu verdienen, ist grundsätzlich legitim. Ohne private Anbieter könnten wir heute in Deutschland keine flächendeckende Versorgung garantieren. Wir müssen bedenken, in den nächsten zwanzig Jahren verdoppelt sich die Anzahl der alten, pflegebedürftigen Menschen. Dazu braucht es Angebote an Pflege und Betreuung. Auch gemeinnützige Anbieter denken heute viel kostenbewusster als früher. Die privatwirtschaftlichen Betreiber zahlen aber sicher ihren Mitarbeitern im Bereich Reinigung und Küche weniger. Meine Erfahrung sagt: Eine Rendite von fünf bis sechs Prozent nach Steuern ist ein anspruchsvolles Ziel, das auf seriöse Weise erreichbar ist.

*Die Bundesregierung plant offenbar als Teil ihrer Reform, dass künftig ein größerer Teil der Menschen zu Hause versorgt wird. Fürchten die privaten Heimbetreiber um ihr Geschäft?*

Das befürchte ich nicht. Zudem werden mehr als 60 Prozent der ambulanten Pflegedienste privatwirtschaftlich geführt. Die Zahl der Pflegebedürftigen wird demografisch bedingt so stark wachsen, dass wir trotz der Stärkung der ambulanten Pflege von einem steigenden Bedarf an stationären Pflegeleistungen ausgehen. Es gibt noch immer Städte mit 5.000 bis 10.000 Einwohnern, die keine einzige Einrichtung haben und Pflegebedürftige in andere Städte ziehen müssen. Und: Die Nachfrage nach stationärer Versorgung wird weiter steigen, weil wir schon heute, besonders in Großstädten, einen hohen Anteil an Single-Haushalten haben.

Die Position des Heimverbandes lässt sich in etwa so zusammenfassen: Die Qualität, die wir bieten, ist gut. Und an der Tatsache, dass wir zu wenig Fachpersonal beschäftigen, sind nicht wir schuld – sondern die gesetzlichen Vorgaben sind zu hoch. Anders ausgedrückt: Mit dem wenigen Geld, das die Kassen bereit sind zu zahlen, ist der hohe Standard, der den Bürgern vonseiten der Politik versprochen wird, nicht zu machen. Der Alltag in deutschen Pflegeheimen ist für viele alte Menschen und ihre Angehörigen ernüchternd.

# 5. Sündenbock Altenpfleger

Liest man in der Zeitung von Pflegeskandalen, dann stehen im Zentrum der Kritik fast immer die Altenpfleger. Scheinbar überfordert, oft schlecht ausgebildet, vielfach unmotiviert und ohne Einfühlungsvermögen für die Patienten. Dabei können die überlasteten Pfleger in aller Regel am allerwenigsten dafür, wenn die Alten schlecht versorgt werden. Stattdessen werden sie von vielen Arbeitgebern systematisch ausgebeutet, werden krank und häufig nach nur wenigen Jahren arbeitsunfähig.

Doch warum kommt es dazu? Eine erste Vorstellung davon, was es heißt, Altenpfleger zu sein, gibt der Erfahrungsbericht einer ehemaligen Pflegehelferin in einer Wohngemeinschaft für Demenzkranke, der in der Branchenpublikation »Der Pflegebrief« veröffentlicht wurde:

> »Ich bin eine von denen, die einerseits so dringend gesucht werden, andererseits auf bunten Werbeflyern und heiteren Internetauftritten Kompetenz widerspiegeln. Die Wahrheit ist: Ich hatte keine Ahnung von alten Menschen, geschweige denn von Menschen mit Demenz. Zudem beschritt ich den Weg in die Altenpflege eher unfreiwillig. Meine eigentlichen Qualifikationen wurden damals von der Agentur für Arbeit einfach ignoriert. Hätte ich das Jobangebot der Pflegestation aber abgelehnt, wären mir meine Leistungen kurzerhand gestrichen worden. Als alleinerziehende Mutter nahm Ich also kurzerhand die Herausforderung an. Damit begannen die intensivsten Berufsjahre meines Lebens. Jahre, die mich zutiefst prägten, mich an meine Grenzen führten und schließlich darüber hinaus. Keineswegs, weil die Arbeit so schwer war!

Auch nicht, weil ich die Altenpflege verurteile! Und schon gar nicht deshalb, weil ich mit alten Menschen ein Problem hätte. Meine Last war eine ganz andere: Ich war nicht mehr fähig, die permanenten Verstöße gegen ethische und moralische Grundsätze zu bekämpfen. (…) Fortbildungen, die natürlich angeboten wurden, hatten selten mit dem Thema ›Demenz‹ zu tun. Darum investierte ich meinen sauer verdienten Mindestlohn in teure Literatur und außerbetriebliche Fortbildungen. Es war trotzdem schwer, neue Maßstäbe zu setzen und dabei die Examinierten einzubinden. (…)

Bedarfsmedikationen wie Pipamperon waren frei zugänglich und wurden flaschenweise verbraucht. Leider katapultierte mich mein Interesse an den Bewohnern nicht zu der angesehensten Kollegin, sondern zum spitzen Stein im Schuh vieler Mitarbeiter. Manchmal verstand ich das sogar. Auch ich war oft genug mit Situationen überfordert. (…) Es wäre leichter gewesen, mich unterzuordnen, meinen Job zu machen und fertig. Aber diese Arbeit ist kein gewöhnlicher Job. Sie verlangt einem alles ab, was man zu geben bereit ist. (…) Die dünne Personaldecke war immer Thema, ist es noch und wird es bleiben, weil kaum eine Branche so unattraktiv ist wie die Altenpflege.«

Altenpflege, resümiert die Pflegehelferin, die nach zwei Jahren das Handtuch warf, sei eine Branche, in der nur Gewinn zähle. Der Mensch, egal ob Bewohner oder Pflegekraft, sei sehr kostenintensiv und dann am angenehmsten, wenn sich an ihm Geld einsparen ließe.

Altenpfleger ist für viele Menschen einer der unattraktivsten Berufe, den sie sich vorstellen können. Arbeit im Schichtdienst, mal früh morgens, mal spät nachts. Die ständige körperliche Nähe zu gebrechlichen Menschen, Leid und Krankheit. Sich beim vielen Heben und Bücken den Rücken kaputt machen. Sich von Alzheimer-Patienten beschimpfen lassen. Und auch von den Angehörigen, weil sie denken, die Pflegerin sei schuld, dass so wenige Leistungen bezahlt werden. Das alles für ein Einstiegsgehalt von gerade einmal 1.800 Euro brutto im Monat. Warum also macht überhaupt jemand diesen Job? Das lässt sich wahrscheinlich am besten beantworten, wenn man die Altenpfleger selbst fragt – und eine Ausbildungsstätte besucht.

## Einer der unbeliebtesten Jobs der Republik

Man fragt sich schon, ob Vanessa Otto sich das gut überlegt hat. Die 19-Jährige und ihre 14 weiblichen und vier männlichen Mitschüler sind in der Ausbildung zum Altenpflegehelfer im Frankfurter Hufeland-Haus. An diesem Vormittag sitzen sie im Klassenzimmer im Ausbildungszentrum, einem pragmatisch gebauten Betonklotz im Nordosten der Stadt, und diskutieren über die Philosophie, die hinter ihrem Beruf steckt. Altenpflegehelfer sind eine Art Light-Version der Altenpfleger. Die Ausbildung dauert nur ein Jahr statt drei Jahre. Dafür dürfen die Altenpflegehelfer später keine Spritzen setzen oder Verbände anlegen und können nicht zum Stationsleiter aufsteigen.

Bei aller Diskussion darüber, wie groß der Fachkräftemangel heute tatsächlich sein mag, sind sich doch alle Experten einig: In ein paar Jahren wird sich dieser Fachkräftemangel überall im Land zum Flächenbrand auswachsen. Laut Statistischem Bundesamt wird die Zahl der Pflegebedürftigen von derzeit 2,1 Millionen auf 3,4 Millionen im Jahr 2030 wachsen. Das ist ein Problem. Denn gleichzeitig gibt es kaum einen Beruf, der unter Heranwachsenden so schlecht angesehen ist wie Altenpfleger. Nur 3,4 Prozent der Schüler an Gymnasien können sich laut einer Umfrage der Universität Bremen überhaupt vorstellen, später in einem Pflegeberuf zu arbeiten. Unter den Realschülern sind es ebenfalls klägliche 5,3 Prozent.

Wahrscheinlich liegt das auch am niedrigen Einkommen und dem dadurch geringen Ansehen in der Bevölkerung. »Es gilt die Regel:

Wer wenig verdient, der wird auch als wenig qualifiziert angesehen«, sagt der Münchner Pflegeexperte Claus Fussek. Als Konsequenz, meint er, müssten die großen sozialen Dienstleister, Caritas,
Deutsches Rotes Kreuz oder Diakonie zum Beispiel, die Löhne kräftig heben, um den Beruf attraktiver zu machen. Doch wie soll das gehen angesichts der leeren Pflegekassen? Schon jetzt reichen die Zuschüsse, die ein alter Mensch für das Leben in einem Heim oder die
Versorgung durch einen ambulanten Pflegedienst von der Kasse bekommt, nur für einen Bruchteil der Gesamtkosten. Gleichzeitig ist
kaum ein Erwerbstätiger bereit, mehr als die rund zwei Prozent seines Bruttoeinkommens an die Pflegeversicherung zu zahlen. Experten warnen schon seit Jahren: Sollte sich nicht etwas Grundlegendes
ändern an der Einstellung der Beitragszahler und der Politiker, die
für die Höhe dieser Beiträge verantwortlich sind, steuert Deutschland auf ein Desaster zu. Dann werden bald Massen von Greisen viel
zu wenigen Pflegern gegenüberstehen, die sie dann versorgen sollen.

## »Wir gehören zur Unterschicht«

Vanessa Otto und ihre Mitschüler im Hufeland-Haus sind Teil einer
Minderheit. Ihnen ist das durchaus bewusst, sagen sie, ebenso wie
die Tatsache, dass ihre Arbeit mies bezahlt und darüber hinaus auch
noch schlecht angesehen ist. »Wir gehören zur Unterschicht«, sagt
einer der jungen Männer in der Diskussionsrunde im Klassenzimmer, und die anderen nicken bestätigend. Warum sie sich trotzdem
für diese Ausbildung entschieden haben? »Man lernt in diesem Beruf ziemlich viel über Respekt«, sagt Vanessa Otto und schiebt sich
die Sonnenbrille ins Haar. »Man lernt, mit dem Ende des Lebens
umzugehen. Und man bekommt ganz viel Dankbarkeit zurück.«

So viel Reflexion überrascht bei so jungen Leuten. Dankbarkeit, Respekt, diese Begriffe fallen häufig in dieser Unterrichtsstunde. Wahrscheinlich hat es damit zu tun, dass beim Blockunterricht – die Schü-

ler sind abwechselnd in der Schule und ihren Ausbildungsbetrieben, Altenstiften oder ambulanten Diensten im Umkreis von 50 Kilometern rund um Frankfurt – die Auseinandersetzung mit dem Beruf fest zum Programm gehört. In den letzten Tagen haben die Schüler Collagen gebastelt, in denen es um das Selbstbild der angehenden Altenpfleger geht. Auf bunte Pappen haben sie mit Filzstift Worte und Sätze wie »Empathie« und »Pflege ist mehr als Waschen« geschrieben, dazu Zeitungsausschnitte aufgeklebt, auf denen nette junge Pfleger mit glücklich lächelnden alten Damen »Mensch ärgere Dich nicht« spielen.

## »Die jungen Leute werden systematisch verheizt«

Der Alltag sieht allerdings oft ganz anders aus. In den Ausbildungsbetrieben gebe es teilweise viel zu wenige ausgebildete Fachkräfte, die Anleitung geben könnten, erzählt zum Beispiel einer der Schüler: »Ich muss mir fast alles selbst beibringen. Meistens ist keiner da, den ich fragen kann.« Eine andere Schülerin berichtet, dass auf ihrer Station im Altenheim morgens im Frühdienst, wenn die Bewohner aus den Betten geholt und versorgt werden müssen, oft nur drei Pflegeschülerinnen eingeteilt seien, aber keine einzige examinierte Fachkraft. Dabei sind die fertig ausgebildeten Kranken- oder Altenpfleger die einzigen, die Medikamente stellen oder zum Beispiel Spritzen setzen dürfen. Damit sei auch niemand da, der die Verantwortung übernehmen könne, wenn einem der Heimbewohner etwas passieren sollte.

»Die Leute werden schon in der Ausbildung systematisch verheizt«, urteilt Pflegeexperte Fussek. In seinem Buch *Alt und abgeschoben* zitiert er den Brief einer verzweifelten Altenpflegerin, die ihm dem Alltag im Heim, in dem sie arbeitet, schilderte:

> »Es ist nicht möglich, dass sich jemand einmal zehn Minuten ans Bett setzt, und mit den oft verzweifelten Bewohnern spricht.

Es ist nicht möglich, dass die Bewohner einmal die Woche an die frische Luft kommen, um die Sonne zu sehen. Es ist nicht möglich, dass jemandem mal einfach zehn Minuten was vorgelesen wird, oder einfach jemand da ist. Es ist nicht möglich, dass auch nur ein Mindestmaß an sozialer Zuwendung stattfindet.«

Schlecht sieht es auch mit der Interessenvertretung aus. Auf Bundesebene gibt es keine starke Lobby für die Interessen der Berufsgruppe. Zwar existieren verschiedene Altenpflegerverbände, doch im Vergleich zu den meisten anderen Berufsgruppen ist die Lobbyarbeit stark zerklüftet. In vielen Heimen gibt es auch keine Betriebsräte. Das liegt zum Teil daran, dass die Pfleger so stark gefordert, so eng im Schichtsystem eingebunden und oft einfach zu überlastet und zu müde sind, sich zu engagieren. Zudem ist gerade in solchen Einrichtungen mit zweifelhaftem Ruf – also denen, die einen Betriebsrat eigentlich am dringendsten benötigen würden – die Fluktuation der Mitarbeiter so hoch, dass es schwierig ist, Mitglieder für eine solche Interessenvertretung zu finden.

Es liegt aber zuweilen auch daran, dass sie von den Heimbetreibern nicht gewünscht, sogar behindert werden. Bei der privatwirtschaftlich betriebenen Kette Casa Reha musste sich im Jahr 2010 das Landesarbeitsgericht Berlin mit der Betriebsratsgründung in einer der Einrichtungen befassen. Der damalige Wahlvorstandsvorsitzende, Pfleger in der Einrichtung »Gartenstadt«, brachte den Fall vor Gericht, weil Casa Reha ihn und seine Kollegen bei der Gründung des Betriebsrats hätten behindern wollen, wie er sagt. Der Pfleger, der heute für einen anderen Arbeitgeber arbeitet, berichtet, die damalige Heimleitung und Pflegedienstleitung hätten heftig auf die Kandidaten eingewirkt, um diese zu überzeugen, sich nicht in das Gremium wählen zu lassen. Der Pressesprecher der Unternehmensgruppe kommentierte in einem Internetforum, in dem über den Fall diskutiert wurde, die Vorbereitungen zur Wahl seien fehlerhaft abgelaufen. Letztendlich schlossen die streitenden Parteien einen Vergleich, der vorsah, dass neu gewählt werden müsse. Ein Betriebsrat konnte schließlich gegründet werden. Das Landesarbeitsgericht teilt mit, die Einrichtung habe damals auch verpflichtet werden müssen, den großen Speisesaal für die Betriebsversammlung zur Betriebsratswahl zur Verfügung zu stellen.

All dies drückt auf die Psyche der Pflegekräfte, die sich, obwohl unschuldig an der Situation, oft selbst verantwortlich fühlen. Das wiederum führt dazu, dass Pflegekräfte weit häufiger krank sind als der Durchschnitt der Bevölkerung. Laut einer vor Kurzem veröffentlichten Studie der Techniker Krankenkasse (TK) fielen Altenpfleger im Durchschnitt 18,9 Tage krankheitsbedingt im Job aus, während es durchschnittlich bei allen Versicherten lediglich 12,3 Tage waren. »Dabei resultieren die hohen Belastungen nicht aus dem interessanten Beruf an sich, sondern aus den vielfach schwierigen Arbeitsbedingungen«, sagt Marion Menke, Professorin für den Studiengang Pflege und Expertin für die Ausbildungs- und Beschäftigungssituation von Pflegenden an der Hochschule für Gesundheit in Bochum. Was Menke damit meint, zeigt sich am Beispiel der Berufskrankheit Nummer eins bei den Altenpflegern, den Rückenbeschwerden. Sie machen nämlich mehreren Studien zufolge mehr als ein Fünftel aller Krankheitsfälle aus.

Alte Menschen zu pflegen ist körperlich anstrengend: Häufig müssen die Pfleger ihre Patienten heben, tragen oder sich zu ihnen herunterbücken. Einer Untersuchung der Berufsgenossenschaft für Gesundheitsdienst und Wohlfahrtspflege (BGW) aus dem Jahr 2004 zufolge leiden 35 Prozent aller Altenpfleger in ambulanten Diensten unter Kreuz- und Rückenschmerzen und 36 Prozent unter Nacken- und Schulterschmerzen. »Würde man dieses Heben bei Bedarf zu zweit machen, wäre die Belastung für den einzelnen Pfleger weit geringer«, sagt Professorin Menke. Doch dafür fehlen oft die Zeit und das Geld, und damit das Personal.

Zwar gibt es auf den Stationen in der Regel Geräte wie Hebehilfen, die den Pflegern die Arbeit erleichtern und den Rücken schonen sollen. In der Praxis, erzählen die Pflegeschüler, fehle aber oft einfach die Zeit, quer durch die Station zu laufen und den Apparat zu holen. Auch die baulichen Voraussetzungen in den Heimen lassen den praktischen Einsatz dieser Gerätschaften oft nicht zu. Bei einer privaten Pflegeheimkette, die in ganz Deutschland präsent ist, sollen nach Aussage eines ehemaligen Managers einige Einrichtungen in »desolatem Zustand sein«, das heißt, dass notwendige Modernisierungen teilweise nur nach Strafandrohungen durch die Aufsichtsbehörden erfolgten. Das Resultat sei unter anderem, dass die Gänge oft so lang und verwinkelt seien und die Türen so eng, dass sperrige Geräte wie Hebehilfen gar nicht hindurchpassten. »Viele alte Leute wollen auch nicht mit so einem Gerät aus dem Bett gehoben werden, weil es ihnen wehtut«, sagt Vanessa Otto. »Sollen wir sie etwa zwingen?« Auch in der Untersuchung der Berufsgenossenschaft sagten fast 40 Prozent der Befragten, aus Zeitdruck häufig auf Hebehilfen zu verzichten.

Doch nicht nur die starken körperlichen Belastungen machen Altenpflegern zu schaffen. Dazu kommen der psychische Stress durch den ständigen Schichtdienst, die mitunter auch anstrengenden Bewohner der Altenheime – und eine völlig überzogene Erwartungshaltung der Gesellschaft, vor allem der Angehörigen, an die Pfleger: Sie sollen nicht nur ihren Job korrekt machen, sondern dabei auch noch stets freundlich sein und liebevoll mit den Patienten umgehen. In einem Leserbrief an die *Zeit* im Sommer 2012 brachte die ehemalige Pflegerin M. Efinger das Dilemma gut auf den Punkt:

> »Die Aufgabe einer Pflegekraft besteht vor allem darin, ärztliche Anordnungen auszuführen und pflegebedürftige Menschen professionell bei ihren täglichen Verrichtungen zu unterstützen. (...) Wie bei jeder anderen Dienstleistung sind Sorgfalt, Freundlichkeit und Geduld dabei wichtige Qualitäts-

merkmale. Darüber hinaus einzufordern, dass Pflegebedürftige ein Recht auf persönliche Zuwendung, auf Liebe gar haben, verlangt von den Pflegenden Übermenschliches.«

Die Folge der ständigen Überlastung der Pfleger – körperlich und psychisch – ist, dass kaum ein Altenpfleger bis zum Rentenalter durchhält und viele nach nur wenigen Jahren aussteigen. Dies wiederum verschärft den Pflegemangel noch weiter.

Trotz allem gibt es aber immer wieder Quereinsteiger. Wie Yvonne Brenden, deren Biografie beispielhaft dafür steht, was viele Altenpfleger antreibt. Brenden ist 42 Jahre alt und damit eine der ältesten Schülerinnen im Altenpflegehelferkurs im Hufeland-Haus. Sie ist ausgebildete Hotelfachfrau, leitete bis vor ein paar Jahren ein Restaurant in Karben bei Frankfurt. »Der Beruf hat mir aber nichts mehr gegeben«, sagt Brenden. Eine Freundin riet ihr, wie sie beim ambulanten Pflegedienst anzufangen. »Ich dachte zuerst: Nein. Du kannst doch nicht alten Leuten den Popo abwischen.« Doch dann sei es »Liebe auf den ersten Blick« gewesen zwischen ihr und ihrem neuen Beruf. Sie gab ihren alten Job auf und arbeitete, »natürlich gegen deutliche finanzielle Einbußen«, wie sie sagt, drei Jahre als ungelernte Kraft, bevor sie die Ausbildung am Hufeland-Haus begann.

Ein paar Stockwerke unterhalb der Klasse der Altenpflegehelferschüler liegt das Klassenzimmer der Altenpflegeschüler. Also denen, die sich für die dreijährige Ausbildung entschieden haben. Auch bei ihnen geht es im Unterricht häufig darum, ob es richtig war, ausgerechnet Altenpfleger zu werden. Eine Schülerin erzählt, ihre Mutter sei Akademikerin. Sie sei richtig wütend geworden, als sie, die Tochter, ihr offenbart habe, ihr Berufswunsch sei Altenpflegerin. Auch von den Freunden sei die Unterstützung, die sie erfahren habe, nicht gerade groß gewesen. »Meine Freunde wollten anfangs nicht mehr zu mir zum Essen kommen. Sie sagten: Ich esse nichts, was du gekocht hast.« Schließlich habe sie ja vorher alte Menschen sauber gemacht, hätten die Freunde zur Begründung gesagt. Abgeschreckt habe sie das alles trotzdem nicht, so die Schülerin. Die Leute brauchen uns doch, sagen die meisten der Pflegeschüler, wenn man sie fragt, warum sie nicht einfach aufhören und sich einen Bürojob suchen. Immer wieder hört man den Satz: »Wenn wir uns nicht um die alten Leute kümmern, dann ist ja gar keiner mehr da, der es macht.«

Es scheint, als fühlten sich die Altenpfleger als Mitglieder einer kleinen, eingeschworenen Gemeinschaft, die an sich selbst höhere moralische Ansprüche stellt als der Rest der Gesellschaft – und darauf zu Recht stolz ist. Umso härter treffen sie die immer zu Wahlkampfzeiten wiederkehrenden Politikervorschläge, man könne doch schwer vermittelbare Arbeitslose zum Dienst im Altenheim einteilen. Wenn man die Schüler im Hufeland-Haus darauf anspricht, regt sich Wut in vielen Gesichtern. »So etwas tut uns weh«, sagt Yvonne Brenden. »Denn das signalisiert: Das, was ihr tut, kann nun wirklich jeder.« Und mit solchen Signalen, meint sie, motiviere man wohl kaum mehr junge Leute, in den Beruf einzusteigen.

# 6. Umgeben von Robotern – Utopien aus der Pflegebranche

Japaner mögen es gern kitschig. Kein Wunder, dass im Land von Hello Kitty, Tamagotchis und Manga-Comics selbst die Roboter Köpfe haben, die aussehen wie Teddybären. Die Rede ist von »Riba«, das ist die Abkürzung für »Robot for Interactive Body Assistance«. Unter Ribas überdimensionierten Teddybären-Plastikkopf verbirgt sich ausgefeilte Technik – und die erschreckende Vision davon, wie vielleicht schon in wenigen Jahrzehnten vereinsamte, pflegebedürftige Greise in den westlichen Industrienationen leben werden. Riba kann Patienten mit einem Körpergewicht von bis zu 80 Kilogramm vom Bett in den Rollstuhl heben oder auf die Toilette setzen. Die japanischen Forscher erklärten bei der Vorstellung des Geräts, seine Dienste ließen den Pflegern – von denen es auch in Japan viel zu wenige gibt – mehr Zeit für ihre wesentlichen Arbeiten. Auch andere Aufgaben der Kranken- und Altenpflege könnten künftig Roboter übernehmen: »Care-O-Bot«, die Erfindung des Stuttgarter Fraunhofer IPA-Instituts etwa, kann Altenheimbewohnern Getränke anbieten. Er spricht sogar, kann Alzheimerkranke zum Beispiel alle halbe Stunde mit seiner Computerstimme daran erinnern, etwas zu trinken. Das Fraunhofer-Institut entwickelte außerdem den Roboter »Alias« (Adaptable Ambient Living Assistant), den die Wissenschaftler auf der Fachmesse Altenpflege 2012 in Hannover vorstellten. Er bekämpft Langeweile und verhindert Einsamkeit. Das zumindest sagen die Forscher. Die Maschine kann auch Medikamente dosieren, das Fernsehprogramm aufsagen, auf einem eingebauten Touchscreen Spiele aufrufen, er erkennt sogar per Stimmenanalyse, wenn sein Besitzer traurig ist. Natürlich ist »Alias« keine große Hilfe, sollte der Patient einmal eine Schulter zum Anlehnen brauchen. Doch selbst dafür hält die Wissenschaft eine Lösung bereit: Für die emotionale Zuwendung gibt es »Paro«, den, ebenfalls von japanischen Forschern entwickelten, Roboter, der aussieht wie eine Plüschrobbe. Paro fiepst mit der Stimme einer kanadischen Babyrobbe – deren Geräusche die Hersteller zuvor aufgezeichnet haben –, er strampelt mit den Beinchen und sieht unverschämt süß aus. Die Maschine soll demenzkranke Heimbewohner beruhigen und beschäftigen. 4.800 Euro kostet die Robbe in Deutschland. Man kann sie allerdings auch leasen.

So bizarr solche Entwicklungen anmuten mögen, so sehr sie an düstere Utopien aus der Feder von Hollywoodregisseuren erinnern: Sie folgen einem wachsenden Bedarf. Laut einer Studie des F.A.Z.-Instituts im Auftrag der Deutschen Telekom aus dem vergangenen Jahr wünschen sich acht von zehn Befragten im Alter von über 45 Jahren, auch noch im hohen Alter zu Hause leben zu können. Gleichzeitig werden die Menschen immer einsamer, und immer weniger von ihnen können es sich leisten, sich rund um die Uhr – oder auch nur mehrmals am Tag – für mehr als Morgenwäsche und Medikamentengabe besuchen zu lassen. Rund vier Millionen Pflegebedürftige in wenigen Jahrzehnten, und viele davon ohne Angehörige, das ergibt einen riesigen Markt für Pflegetechnik. Es gibt intelligente Sessel, die den Blutdruck und den Herzrhythmus messen, es gibt Betten, die sich morgens in Sessel verwandeln. Damit der alte Mensch gar nicht mehr aufstehen muss.

Natürlich sehen auch Firmen anderer Branchen Verkaufschancen bei der wachsenden Kundengruppe der Pflegebedürftigen. Zum Beispiel die Telekom. Der deutsche Telekommunikationsriese arbeitet momentan an einem Tablet-PC für Senioren, an dem diese künftig bei der Apotheke neue Medikamente ordern können, beim Pflegedienst Essen auf Rädern bestellen und den Hausmeister rufen, wenn der Wasserhahn tropft. Außerdem kündigte der Dax-Konzern an, demnächst seine eigene Notrufzentrale für Senioren betreiben zu wollen. Die Kunden sollen, ähnlich wie beim Hausnotrufsystem, mit einem Gerät ausgestattet werden, an dem sie einen Knopf drücken können, wenn sie unterwegs sind und plötzlich Hilfe brauchen. Angesiedelt sind beide Ideen im Konzerngeschäftsfeld »Gesundheit«, dessen Chef ankündigte, in Zukunft auch »intelligente Alarmsysteme« und »telemedizinische Betreuung« anbieten zu wollen.

## »Rebranding« für die Altenpfleger

Mehr Technik, um der Masse an Pflegefällen Herr zu werden und die Kosten im Rahmen zu halten – ist das der richtige Weg? Wahrscheinlich ist es ein gangbarer Lösungsansatz, um sich auf ein Deutschland der Alten einzustellen. Es kann aber nicht der einzige sein. Trotz aller Roboter und aller computerbasierten Notrufsysteme wird der deutsche Arbeitsmarkt schon in wenigen Jahren sehr viel mehr professionelle Altenpfleger brauchen als heute. Heftig diskutiert wird in der öffentlichen Debatte deshalb dieser Tage die Frage, wie der Kraftakt zu stemmen wäre, diesen Beruf attraktiver zu gestalten. Dass dies geschehen muss, darüber sind sich alle Diskutanten einig. Strittig ist aber das Wie. Ein weit verbreiteter Vorschlag ist die – aus der Werbebranche entlehnte – Idee, dem Kind einfach einen neuen Namen zu verpassen. »Rebranding« heißt das in der Fachsprache. Anstatt Altenpfleger solle der Beruf künftig zum Beispiel »Pflege-Manager« heißen, denn englische Begriffe machen sich grundsätzlich gut. In ähnliche Richtung geht der Vorschlag, den Beruf zu akademisieren, da dies den Altenpflegern mehr öffentliche Anerkennung verschaffen könnte. Also, den angehenden Altenpflegern das, was sie heute auf einer Altenpflegeschule lernen, künftig auf einer Universität oder Fachhochschule beizubringen. Bei der Krankenpflege gibt es solche Studiengänge schon. Etwa den Studiengang »Advanced Nursing Practice« an der Medical School Hamburg, das einen Bachelor-

Abschluss zum Ziel hat, und bei dem man zum Beispiel lernt, Pflege-konzepte für Patienten zu erstellen und Forschungsmethoden in der Pflege umzusetzen. In der Altenpflege dagegen gibt es bislang vor al-lem Pflegemanager mit akademischem Berufsabschluss, also Studi-engänge für die künftigen Heimleiter. Für die Pflegenden selbst gibt es die Akademisierung noch nicht, obwohl Berufsverbände sie für durchaus sinnvoll halten.

Es wird sich auch etwas an den Arbeitsbedingungen ändern müssen, also daran, wie gern Pflegerinnen und Pfleger zur Arbeit kommen und wie lange sie im Job durchhalten. Diese sogenannten »weichen Faktoren« sehen viele Branchenkenner als wichtige Ansatzpunk-te, um den Beruf attraktiver zu gestalten. Eine 2011 veröffentlich-te Studie der Unternehmensberatung Ernst & Young nennt etwa als Möglichkeiten eine psychologische Betreuung für Pfleger, die kurz vor dem Burn-out stehen, und technische Hilfsmittel, mit denen sie ihren Rücken schonen können. Die Tatsache, dass es solche Hebe-hilfen in vielen Einrichtungen bereits gibt, sie aus Zeitmangel aber nicht angewendet werden, wird allerdings bei dieser Betrachtung verdrängt.

Natürlich müssten Altenpfleger auch besser verdienen als bisher, da-mit der Beruf attraktiver würde. Nicht nur um des besseren Lebens-standards willen, sondern vor allem, weil ein höheres Einkommen auch mehr gesellschaftliches Ansehen mit sich bringt. Umgekehrt ausgedrückt: Wer wenig verdient, gilt als gering qualifiziert, als aus-tauschbar. Erstaunlicherweise sagten in einer Umfrage kürzlich 89 Prozent aller befragten Pflegeheimbetreiber, die Bezahlung müsse verbessert werden – so, als hätten sie es als Arbeitgeber nicht selbst mit in der Hand. Manche Betreiber machen es vor. Bei kirchlichen Betreibern etwa verdienen die Arbeitskräfte häufig besser als bei privatwirtschaftlichen. Doch: Einfach nur die Löhne anheben, das reicht nicht. Jedenfalls nicht, wenn man es in so geringem Umfang tut, wie in der Vergangenheit geschehen. Das hat die Einführung des branchenweiten Mindestlohns vor rund zwei Jahren gezeigt. 8,75 Euro bekommen derzeit Pfleger im Westen Deutschlands pro Stunde mindestens, 7,75 Euro im Osten. Zum Vergleich: Im Baugewerbe beträgt der Mindestlohn selbst für Ungelernte 9,25 Euro pro Stunde. Für einen Altenpfleger, der für durchschnittlich 2.500 Euro im Monat arbeitet, hat der Mindestlohn somit rein gar nichts geändert, denn die Lohnuntergrenze ist so niedrig bemessen, dass sie schon vorher mit ihrem Einkommen darüberlagen. Der Mindestlohn beträfe im Grunde genommen nur die illegalen Arbeitskräfte aus Osteuropa, die für 1.000 Euro im Monat arbeiten. Doch gerade sie erreicht er natürlich nicht, arbeiten sie doch nach wie vor schwarz. Das Lohnthema zeigt aber, wie verquer die politische Debatte über die Pflege in Deutschland geführt wird: Hochqualifizierte Arbeitskräfte wollen wir haben, mit hohem Ansehen, am besten an der Universität ausgebildet. Bloß kosten dürfen sie bitte nichts.

Anstatt sich selbst die neuen Pfleger heranzuziehen, kann man sie natürlich auch importieren. Mit dieser Methode versucht es seit einiger Zeit der Arbeitgeberverband Pflege, also der Verband, in dem einige der größten privatwirtschaftlichen Heimbetreiber zusammengeschlossen sind. Deren Geschäftsführer Helmut Braun pflegt seit Jahren seine Verbindungen nach China, war schon mehrfach dort auf Reisen, um Möglichkeiten der Zusammenarbeit zu prüfen. Schon vor rund zwei Jahren kündigte der Verband öffentlichkeitswirksam in Berlin an, wie man sich dort die Zukunft des deutschen Pflegesystems vorstellt: Künftig sollen in China Pflegeschulen entstehen, an denen nach deutschen Standards ausgebildet wird. So sollen bürokratische Hürden in der Bundesrepublik umgangen werden, wenn die chinesischen Pfleger anschließend zum Arbeiten hierherkommen. Eine Delegation aus China war bereits in Deutschland, derzeit wird über die konkrete Umsetzung verhandelt.

Klar muss den Verantwortlichen in der Politik und an den Spitzen der Pflegewirtschaft eines sein: Entweder, man wertet die Ausbildung des Altenpflegers auf, akademisiert den Beruf und investiert in eine Imagekampagne. Oder man setzt auf billige Arbeitskräfte aus anderen Ländern. Beides zusammen wird nicht funktionieren.

# 7. So macht man einen Pflegefall – und die Pharmaindustrie verdient mit

Herr Moser macht viel zu viel Arbeit. Das haben die Pfleger von der Demenzstation im Heim in einem kleinen Ort in Brandenburg seiner Tochter, Frau Mansky, schon häufig gesagt. Anstatt zu schlafen, laufe er nachts über die Gänge, meist mit einem Urinfleck in der Hose. Er halte laute Monologe und wecke seine Zimmernachbarn. Tagsüber bedränge er häufiger die weiblichen Bewohnerinnen der Station, manchmal auch die Pflegerinnen, mit unangenehmen sexuellen Anspielungen. Herr Moser bräuchte eigentlich einen Pfleger nur für sich, der rund um die Uhr für ihn da ist, ihm die Hosen wechselt, mit ihm spazieren geht.

Seit diesem Spätsommer jedoch ist etwas anders mit Herrn Moser. Seither wechselt sein Zustand von einem Tag auf den anderen abrupt. So, als hätte jemand einen Schalter umgelegt. »Wenn wir meinen Vater besuchen, guckt er oft nur noch durch mich durch«, sagt seine Tochter. Er hängt dann apathisch in seinem Rollstuhl, die Arme schwer und leblos wie die einer Puppe, mit hängendem Unterkiefer. Die Besucher anderer Heimbewohner berichten, Herr Moser sitze dann stundenlang im Gemeinschaftsraum vor dem unberührten Teller, unfähig, den Löffel in die Hand zu nehmen. Selbst, wenn man an seinen Schultern rüttelt, kommt er nicht zu sich. Als sein Enkel, selbst Altenpfleger, den Großvater vor ein paar Monaten zum ersten Mal in diesem Zustand sah, war ihm klar: »Der Opa ist bis oben hin mit Beruhigungsmitteln vollgepumpt.« Mit ihm, dem Enkelsohn und rechtlichem Betreuer des 70-Jährigen hatte jedoch weder Arzt noch Heim die Medikation abgesprochen. Auf die Frage, was sie dem Mann gegeben habe, sagte die diensthabende Pflegerin: »Der ist nur müde. Nachts schläft er ja nicht, und irgendwann holt sich der Körper eben den Schlaf.« Vor ein paar Wochen wurden die Manskys endgültig hellhörig. Das Heim, das zu einer der größten Pflegeketten Deutschlands gehört, bat die Angehörigen, für den alten Mann eine höhere Pflegestufe zu beantragen, Stufe 3. Schließlich könne er rein gar nichts mehr allein machen, sagte eine Pflegerin.

Demenzkranke Altenheimbewohner sind die idealen Opfer. Zu schwach, um sich zu wehren, zu verwirrt, um von unabhängigen Dritten ernst genommen zu werden, wenn sie sich beschweren. Rudi Assauer, der »Macho« der Fußball-Bundesliga, rückte das Thema Alzheimer im Frühjahr 2012 wieder ins Licht der Öffentlichkeit, weil er in seiner Autobiografie »Wie ausgewechselt – verblassende Erinnerungen an mein Leben« den Verlauf der Krankheit schildert. Doch bei Weitem nicht jeder, der an Demenz leidet, verfügt über den gesellschaftlichen Status und das Geld eines Rudi Assauers und kann sich eine optimale Pflege leisten. Die Angehörigen sind oft zu weit weg und zu beschäftigt, um sich für sie einzusetzen. Ein idealer Rohstoff, aus denen sich im deutschen Pflegesystem mit illegalen Methoden Geld abschöpfen lässt. Zum Beispiel, indem man als Heimbetreiber den demenzkranken Bewohnern reihenweise starke Psychopharmaka verschreibt und sie damit so ruhigstellt, dass weniger Personal gebraucht wird, als eigentlich nötig wäre.

Der Bremer Gesundheitswissenschaftler Gerd Glaeske, der seit Jahren zum Thema forscht, schätzt, dass in Deutschland knapp 240.000 Demenzkranke zu Unrecht mit Psychopharmaka behandelt werden. »In diesen Fällen werden die Medikamente nicht verschrieben, um die Leiden der Patienten zu mindern oder ihre Krankheiten wirksam zu behandeln, sondern um Personal einzusparen und somit den Heimbetreibern höhere Gewinne zu bescheren«, sagt Professor

Glaeske. »Wir haben hier ein flächendeckendes Problem.« Von den bundesweit 1,1 Demenzpatienten, rechnet er vor, würden knapp 360.000 mit Neuroleptika behandelt. Britische Studien im Auftrag des dortigen Department of Health hätten ergeben, dass in zwei von drei Fällen die starken, verschreibungspflichtigen Medikamente zu Unrecht verordnet wurden und sich durch eine bessere Betreuung der Betroffenen hätten vermeiden lassen. Die Zahlen, sagt Glaeske, ließen sich ohne Zweifel auf Deutschland übertragen.

Glaeske ist ein Mann klarer Worte. Das Ruhigstellen mit Medikamenten nennt er chemische Gewalt. »Wenn ein Mensch sich nicht wehren kann gegen das, was andere mit ihm machen, dann ist das Gewalt«, sagt er. Andere Wissenschaftler sprechen von »medikamentöser Fixierung«: Ob man den Alten mit einem Gurt am Bett festbindet oder ihn mit Drogen dazu bringt, dass er sich nicht mehr bewegt und still ist, macht demnach keinen Unterschied. Glaeske schätzt, dass beinahe jeder dritte Demenzkranke gefährliche, starke Beruhigungsmittel verordnet bekomme. Auch der Bonner Professor für Psychiatrie und Gerontologie Rolf D. Hirsch, der sich seit Jahren mit Gewalt gegen alte Menschen beschäftigt, sagt: »Das Problem, dass es in vielen Heimen eine bundesweite Übermedikation mit Psychopharmaka gibt, kennen wir seit Jahren.«

Noch weniger öffentlich bekannt ist allerdings, dass offenbar einige Heime die Senioren gezielt mit Medikamenten behandeln, um doppelt abzukassieren: Erst verabreichen sie die Psychopharmaka, also Arzneistoffe, die dämpfend auf das Gehirn wirken, und sparen somit am Personalaufwand. Dann lassen sie von den Angehörigen den Medizinischen Dienst der Krankenversicherung anschreiben und beantragen, den Senior, der nun ja ein echter Pflegefall ist, in die nächste Pflegestufe einzuordnen. So können sie mehr Geld kassieren. Ein Rechenbeispiel: Im Berliner Heim einer bundesweiten Betreiberkette muss ein Bewohner in Pflegestufe 2 pro Monat 1.755 Euro zahlen, viele erhalten dabei Unterstützung vom Sozialamt. Zusätzlich zahlt die Pflegekasse 1.279 Euro, macht zusammen 3.034 Euro pro Monat. In Pflegestufe 3 dagegen zahlen Bewohner oder Sozialamt 1.860 Euro pro Monat, dazu kommen 1.550 Euro Zuschuss von der Kasse, zusammen 3.410 Euro Einnahmen für das Pflegeheim. Eine Differenz von fast 400 Euro im Monat, von der das Heim eigentlich zusätzliche Pfleger finanzieren müsste. Doch die existieren in der Realität oft nicht. Sie werden ja auch, streng genommen, nicht gebraucht, macht der demente Patient doch unter Drogeneinfluss weniger Arbeit und nicht mehr. Ein Betrug am Sozialsystem ist es dennoch. Ganz zu schweigen vom Unrecht, das dem Betroffenen geschieht.

»Solche Fälle gibt es immer wieder«, sagt Psychiater Hirsch, dessen Verein »Handeln statt Misshandeln« jedes Jahr Hunderte Pflegebedürftige und ihre Angehörigen über ein Notruftelefon berät. Darüber, welcher Heimbewohner in welche Pflegestufe kommt, entscheiden Mitarbeiter des MDK. Die Prüfer hinterfragten bei den Begutachtungsterminen den Umgang mit Beruhigungsmitteln kaum, sagt er. Wenn im Dokumentationsbogen nichts davon stehe, dass ein solches Medikament verabreicht worden sei, dann glaube der MDK das eben. »Wer wirklich betrügen will, für den ist es überhaupt kein Problem«, sagt Hirsch.

## Ruhigstellen hat zuweilen tödliche Nebenwirkungen

Diese Heimbetreiber setzen laut Experten auf die Unwissenheit der Angehörigen. Ein Demenzkranker, der nicht mehr für sich selbst entscheiden kann, hat einen Betreuer, eine Person, oft die Ehefrau oder die Tochter, die für ihn die Entscheidungen trifft. Zum Beispiel, welche Medikamente der Betroffene nehmen möchte und welche nicht. Über jedes verschreibungspflichtige Medikament muss der Betreuer aufgeklärt werden. Tatsächlich, sagt der Freiburger Sozialrechtsexperte Thomas Klie, geschieht das aber häufig nicht – der Jurist drückt es so aus: »Es herrscht eine große Diskrepanz zwischen Rechtsnorm und Praxis.«

Das Ruhigstellen ohne Genehmigung ist nicht nur ungesetzlich, sondern auch gefährlich. Mehrere Studien belegen, dass Neuroleptika, eine Gruppe innerhalb der Psychopharmaka, die besonders stark dämpfend wirken, bei dementen Patienten Herzinfarkte, schwerwiegende Infektionen wie Lungenentzündungen und Schlaganfälle hervorrufen – und insgesamt die Sterblichkeit erhöhen. Die US-Gesundheitsbehörde FDA warnte bereits vor sechs Jahren, dass ältere Demenzkranke, die sogenannte atypische Neuroleptika einnahmen, eine deutlich höhere Sterblichkeitsrate aufwiesen als eine Kontrollgruppe. Die Deutsche Schlaganfall-Gesellschaft warnte vor wenigen Jahren vor den möglicherweise tödlichen Nebenwirkungen solcher Medikamente für ältere, demente Patienten. Bei diesen sei durch die Einnahme der starken Arzneimittel das Schlaganfallrisiko deutlich erhöht, so die Schlaganfall-Gesellschaft unter Berufung auf eine im Britischen Ärzteblatt veröffentlichten Studie. Die Mittel werden oft über lange Zeiträume und ohne regelmäßige ärztliche Überwachung der Patienten verabreicht. Dabei sind etwa die Neuroleptika nur für die Behandlung akuter Psychosen geeignet. Natürlich gibt es auch Demenzkranke, denen Psychopharmaka helfen, weil die Betroffenen zum Beispiel gleichzeitig an Depressionen leiden und so von ihren Angstzuständen befreit werden. Nur: Es profitieren eben bei Weitem nicht alle.

Familie Mansky konnte ihren Verdacht gegenüber dem Heim in Brandenburg nicht beweisen, trotz der Fachbildung des Enkels. Damit geht es ihnen wie den meisten Angehörigen von Demenzkranken, die den Verdacht hegen, der eigene Vater oder die Mutter könnte mit Beruhigungsmitteln außer Gefecht gesetzt worden sein. Was hätten sie tun sollen? Dem Vater spontan selbst Blut abnehmen und es an ein Labor schicken, um ein Beruhigungsmittel nachweisen zu lassen? Selbst, wenn sie das getan hätten, und selbst wenn sich der Verdacht bestätigt hätte: Was dann? Das Heim verklagen? Den Vertrag aufkündigen und den pflegebedürftigen Vater zu sich nehmen – oder ein neues Heim suchen und beten, dass es dem Vater dort besser ergeht?

## Demenzkranke kommen das Sozialsystem teuer

Die Zahl der Ruhiggestellten steigt unaufhaltsam, weil die Menschen in Deutschland immer älter werden und sich das Budget der Pflegeversicherung damit auf immer mehr Köpfe verteilen muss. Denn dadurch ergattern immer öfter erst über 90-Jährige einen Heimplatz. Bei denen wiederum ist die Wahrscheinlichkeit, an Demenz erkrankt zu sein, weit höher als bei Jüngeren. Laut Studien des Bremer Forschungsteams um Glaeske sind etwa 60 Prozent der rund 700.000 Heimbewohner in Deutschland dement. Glaeske rechnet vor, dass mit der Zahl der Demenzkranken in den Heimen in Zukunft auch die Zahl derer deutlich zunehmen wird, die gegen ihren Willen mit Medikamenten ruhiggestellt werden. Das geschehe einfach aus Kostengründen. »Ein Demenzpatient, richtig therapiert und von genügend Fachpersonal versorgt, würde das deutsche Gesundheitssystem 45.000 Euro pro Jahr kosten.« Heute gibt es bundesweit 1,1 Millionen Demenzkranker, die in Heimen oder zu Hause versorgt werden. 2050 sollen es laut Schätzungen bereits zwei Millionen sein. »Psychopharmaka sind eine billige Lösung, weil man so pro Mensch weniger Pfleger braucht.«

45.000 Euro Kosten pro Jahr, 1,1 Millionen Betroffene. Hinter der Statistik stecken menschliche Dramen. Zum Beispiel das von Maria Wacker und ihrer Mutter. Die Geschichte füllt mittlerweile ein ganzes Zimmer voller Aktenordner in Frau Wackers Haus im niedersächsischen Delmenhorst. Zu ihrem Archiv gehört eine zweiseitige, kleingedruckte Liste, auf der steht, welche Medikamente ihre Mutter fünf Jahre lang bekommen hat. Die Aufzählung liest sich wie die Inhaltsangabe des Medikamentenschranks für eine ganze Krankenstation: Über den Zeitraum von drei Jahren bekam die Mutter 35 verschiedene Mittel, davon 30 Mal Psychopharmaka, mehr als ein Dutzend verschiedene Präparate. Maria Wacker erinnert sich noch gut daran, wie sie eine diensthabende Pflegerin vor ein paar Jahren fragte, warum so viele Psychopharmaka verschrieben würden. Die Antwort: »Na, in erster Linie natürlich, um uns die Arbeit zu erleichtern, und in zweiter Linie, um Ruhe auf der Station herzustellen.«

Über die Jahre lernte die Tochter die Abläufe des Heims, viele Bewohner und Angehörige immer besser kennen und stellte fest, dass mehrere der Bewohnerinnen wie weggetreten wirkten. Eines Tages fragte sie eine Pflegerin, wie das Heim es hinbekommen habe, dass eine der Bewohnerinnen nicht mehr fortwährend »Hallo« schreien würde. Sie erzählt, diese habe ihr geantwortet: »Na wie wohl? Die ist doch völlig zugedröhnt mit Psychopharmaka.«

Auch der Pflege-Selbsthilfeverband, der auf der Internetseite www.heimmitwirkung.de Hilfesuchende unterstützt, kennt solche Fälle, wie Seitenbetreiber Reinhard Leopold berichtet. Erst vor wenigen Monaten, im Frühjahr 2012, habe sich die Tochter einer älteren Dame, die in einer Bremer Pflegeeinrichtung lebt, an ihn gewandt. Diese berichtete, ihre Mutter habe in den vergangenen Monaten eine Reihe von Psychopharmaka erhalten, ohne dass dies mit ihr, der rechtlichen Betreuerin, abgestimmt worden sei. Auch bei der vor Kurzem erfolgten Höherstufung durch den MDK habe es »Merkwürdigkeiten« gegeben. Die Einrichtung gehört zu einer privatwirtschaftlichen Betreibergesellschaft, in der es in der jüngeren Vergangenheit einige Umwälzungen gegeben hatte. Das Unternehmen, zu dem knapp 20 Pflegeeinrichtungen in mehreren Bundesländern gehören, hatte vor einigen Monaten Insolvenz anmelden müssen. Seither krebst das Unternehmen, das mittlerweile einen neuen Investor gefunden hat, finanziell am Rande der Existenz. Ob sich der Sparzwang systematisch auf dem Rücken der Heimbewohner entlädt, lässt sich für Außenstehende aber kaum verfolgen.

## Die Ärzte sehen die Not der Pfleger und entwickeln daraus eine Legitimation

Wenn man einen Überblick über die Behandlungspraxis in deutschen Altenheimen und geriatrischen Krankenstationen bekommen will, sind Internetforen wie www.krankenschwester.de oder www.pflegeboard.de hilfreich – auch, wenn sie nicht repräsentativ sein müssen. User »Anne77« schreibt dort etwa: »Zur Zeit stellen unsere Ärzte renitente Patienten mit Paracefan ruhig. Für mich ehrlich gesagt erleichternd, da ich nun keinen Fluchtversuch befürchten muss sowie Handgreiflichkeiten. ( … ) Wie ist das bei euch? Medikamentös ruhigstellen oder eher Fixierung?« Ein Nutzer antwortet, in seinem Haus werde die Sedierung stets mit einer Fixierung des Patienten in seinem Bett kombiniert. In einem anderen Beitrag fragt Nutzer »Patmuc«: »Gibt es noch den Cocktail aus Dipi und Haldol, der jeden Nachtdienst froh macht?« Eine andere Nutzerin antwortet darauf: »In dem Altenheim, wo ich war, hieß das Zauberwort Tavor.«

Ein Unrechtsbewusstsein gibt es auf vielen Demenzstationen nicht – was wohl daran liegt, dass die Personaldecke vieler Heime im klammen deutschen Gesundheitswesen auf Kante genäht ist. Der Altenpflegejob zehrt an den Nerven. Laut einer Studie sind in den deutschen Altenheimen 42 Prozent aller Pfleger mehrmals am Tag mit »herausforderndem Verhalten« der Pflegebedürftigen konfrontiert. Um sich zu helfen, verabreichen manche Pfleger Beruhigungsmittel ohne Verschreibung – geben den Senioren zum Beispiel Pillen, die noch von verstorbenen Patienten übrig sind und dokumentieren dies nicht in der Patientenakte.

Viel häufiger aber rufen sie den Hausarzt oder Neurologen, schildern ihm ihre Sicht der Lage – dass Herr Schmitz unter schlimmen Angstzuständen leidet oder Frau Müller nachts einfach nicht zur Ruhe kommt – und lassen den Heimbewohnern immer neue Mittel verschreiben. In Mönchengladbach hat der städtische Heimbetreiber, die »Sozial Holding«, die sechs Heime betreibt, im Herbst 2011 eine eigene Studie veröffentlicht, die in der Branche für Aufsehen gesorgt hat. Demnach bekamen die 617 Bewohner der sechs zur Holding gehörenden Heime in einem Monat zusammen Medikamente für 5.000 Euro verschrieben, die allesamt für ältere Patienten als bedenklich gelten. Im Schnitt bekamen die Heimbewohner dort mehr als acht verschiedene Medikamente täglich, besonders oft Psychopharmaka. Eine wahnwitzige Geldverschwendung der Pflegekassen sei das, sagt der Geschäftsführer der Sozial-Holding, Helmut Wallrafen-Dreisow:

> »Es kann doch nicht sein, dass wir seit Jahrzehnten für eine Verbesserung der Personalschlüssel kämpfen und auf der anderen Seite sinnlose, kostenintensive und teilweise gesundheitsgefährdende Medikamente verordnet und verabreicht werden.«

Für Wallrafen-Dreisow sind letztendlich die Kassen verantwortlich, die die Verschreibungspraxis kaum kontrollierten.

Warum das zu wenig geschehe, sei logisch, meint zumindest Sozialforscher Glaeske:

> »Die Pfleger müssen von den völlig überlasteten Pflegekassen bezahlt werden, die Psychopharmaka dagegen von den Krankenkassen. Die massenhafte Sedierung ist also letztendlich nichts anderes als eine große Kostenverschiebung von einem Sozialsystem ins andere.«

Die Hauptverantwortung sehen Pflegeexperten jedoch bei einem anderen Glied der Kette: den Ärzten. Der oft enge Kontakt zwischen den Heimen und den dort regelmäßig behandelnden Ärzten verursache die massenhafte Verschreibungspraxis von Psychopharmaka in den Altenheimen, sagt Glaeske.

> »Zwischen Heim und Arzt besteht oft eine verhängnisvolle Komplizenschaft. Die Ärzte sehen die Not der Pfleger, manchmal auch die der Angehörigen, die mit dem eigenen Vater nicht mehr fertig werden, und entwickeln daraus eine Legitimation für ihr Handeln.«

Besonders in ländlichen Gegenden mit Ärztemangel kann das zum Problem werden. Denn dort ist oft ein einziger Neurologe für alle Altenheime im Landkreis zuständig. Auch für den Arzt kann sich das Arrangement lohnen: In einem Pflegeheim sitzen viele Patienten auf einem Fleck, man kann in kurzer Zeit viele von ihnen behandeln und bei der Kasse abrechnen – ein Hausarzt kann sich nicht zu viel Zeit pro Patient nehmen oder zu häufig vorbeischauen, denn bisher gibt es für Hausbesuche bei einem Kassenpatienten gerade mal 16,70 Euro im Quartal. Wer als Arzt problemlos Medikamente verschreibt, stellt sich mit dem Heimpersonal gut.

So war offenbar auch das Übereinkommen im Fall von Frau Wackers Mutter in Niedersachsen. Der Neurologe, der regelmäßig ins Heim kam und fast alle Patienten dort behandelte, sei großzügig mit seinem Verschreibungsblock umgegangen, sagt sie. Einen Kontakt mit den Angehörigen und gesetzlichen Betreuern der dementen Patienten dagegen habe es nur selten gegeben.

## Eine Kontrolle der Ärzte ist fast unmöglich

Das Beispiel offenbart eine Schwachstelle im deutschen Gesundheitssystem: Ärzten das Handwerk zu legen, die Psychopharmaka als Gefälligkeit für das Heim massenweise verschreiben, ist fast unmöglich. Das erzählt der Leiter einer Heimaufsicht in Süddeutschland, der anonym bleiben will. Offiziell darf kein Mitarbeiter einer deutschen Heimaufsicht mit der Presse reden. Er sagt: »Ich habe schon einige Male versucht, gegen Ärzte vorzugehen, weil sie für die falsche Indikation Psychopharmaka verschrieben haben – ganz offensichtlich, um dem Heim einen Gefallen zu tun. Das Problem ist: Wir von der Heimaufsicht haben selbst keine Handhabe gegen sie.« Die Kontrolle von Ärzten, erklärt er, obliege dem Gesundheitsamt. »Aber versuchen Sie mal, da einen Amtsarzt zu finden, der einen Berufskollegen abmahnt. Bei den Ärzten gilt: Eine Krähe hackt der anderen kein Auge aus.«

Immer wieder geht die Initiative für solche »chemische Fixierung« allerdings auch von den Angehörigen aus, und allzu oft sind sie für diese reiner Selbstschutz. Das gilt vor allem für das Ruhigstellen mit Psychopharmaka in der häuslichen Pflege. Denn Demenzpatienten sind oft auch aggressiv, manchmal werden sie sogar gewalttätig. Pflegende Töchter oder Ehefrauen leben zuweilen in berechtigter Angst vor dem pflegebedürftigen Ehemann oder Vater, der aufgrund seiner Verwirrung vielleicht schon einmal zugeschlagen hat. Dann kommt es auch häufig vor, dass die Angehörigen auf den Arzt zugehen und mit ihm gemeinsam ein Konzept entwickeln, um den Pflegebedürftigen besser »managen« zu können.

## Die Frau auf dem Video hätte es nicht geben dürfen

Frau Stevens singt, textsicher, Heino. »Sie war das allerschönste Kind, das man in Polen find, aber nein, aber nein, sprach sie, ich küsse nie.« In ihrer Hand wiegt sie im Takt eine gläserne Teetasse, zwischendurch tuschelt sie mit ihrer Tochter, die neben ihr sitzt. Frau Stevens lächelt viel an diesem Tag. Am Schluss klatscht sie im Takt in die Hände. »Wir machen durch bis morgen früh und singen Bumms-Fallera«. Dann endet die letzte Videoaufzeichnung, die von Mathilde Stevens existiert.

Das Video wurde am 25. Oktober 2005 gedreht, und die Frau, die darauf zu sehen ist, hätte es so nicht geben dürfen. Denn nur wenige Wochen zuvor hatte der MDK Frau Stevens bescheinigt, ein kompletter Pflegefall zu sein: unfähig, sich selbst zu waschen, oder selbst zu essen und zu trinken: Pflegestufe 3.

Tatsächlich war Mathilde Stevens am 26. Juli, dem Tag, an dem die Prüferin in ihr Seniorenheim kam, eine andere Frau als auf dem Video. Als die MDK-Mitarbeiterin die alte Dame an diesem Tag in ihrem Zimmer im Seniorenheim besuchte, hing Frau Stevens schief im Rollstuhl. Unfähig, die Arme zu heben, nicht in der Lage, ihren Namen zu nennen. Ihre Tochter Angela Martin, die beim Begutachtungstermin dabei war, erkannte ihre Mutter an diesem Tag nicht wieder, sagt sie. »Es war, als hätte jemand das Licht ausgeknipst.« Das habe sie der Prüferin vom MDK auch gesagt – doch die hätte erwidert: »Ich glaube Ihnen, aber so, wie ich Ihre Mutter heute antreffe, kann ich gar nicht anders entscheiden, als sie in Pflegestufe 3 einzuordnen.« Dem musste sie in dieser Situation zustimmen, sagt Frau Martin.

Sie und ihre Schwester haben sich, Jahre nach dem Tod der Mutter, zu einem Treffen bereit erklärt. Sie sitzen gemeinsam mit weiteren Angehörigen mittlerweile verstorbener Heimbewohner in einer Gaststätte in einem Vorort von Bremen. Organisiert hat die Zusammenkunft Maria Wacker, die Frau, die über die Medikamentengeschichte ihrer Mutter so akribisch Buch geführt hat. Die Angehörigen eint der ehemalige Wohnort ihrer verstorbenen Mütter oder

Ehemänner: das Seniorenwohnheim in Niedersachsen, in dem auch Frau Wackers Mutter lebt. Frau Martin erzählt, ihre Mutter sei in den ersten Jahren im Wohnpark noch relativ fit gewesen, sie saß seit einem Sturz im Rollstuhl und war in Pflegestufe 2 eingestuft. Eines Tages jedoch habe eine Pflegerin ihre Schwester auf dem Gang gebeten, ein Papier zu unterschreiben. Sie tat das, ohne zu wissen, um was es sich genau handelte, erzählt sie: Das Heim hatte bei der Kasse eine höhere Pflegestufe für die Mutter beantragt. Zeitgleich hatte es, ohne jegliche Ankündigung und rechtliche Grundlage, der Kasse mitgeteilt, dass nun nicht mehr Frau Martin, sondern ihre Schwester für alle Angelegenheiten zuständig sei, die die Mutter betreffen. Dabei gab das Heim auch noch eine veraltete Adresse der Schwester an. Alles zusammen habe dazu geführt, dass die Schwestern vom Einstufungstermin, den der MDK wenig später ansetzte, erst zu spät erfuhren. Die Mutter wurde ohne Beisein der Schwestern in Pflegestufe 3 eingestuft. Die Tochter erhob Widerspruch und erfuhr, angeblich hätte ihre Schwester einen detaillierten Antrag auf Höherstufung eingereicht. Nach einigem Hin und Her erreichte Frau Martin schließlich einen zweiten Prüftermin. Den, bei dem die Mutter völlig zugedröhnt gewesen sein soll.

In den Schwestern reifte schnell ein Verdacht: Jahre zuvor war der Mutter das Beruhigungsmittel Diazepam – Laien vor allem unter dem Produktnamen Valium bekannt – verordnet worden, als »Bedarfsmedikation«. So heißt in der Fachsprache ein verschreibungspflichtiges Medikament, das nicht ständig verabreicht wird, sondern nur »bei Bedarf«. Der Pfleger kann entscheiden, ein solches Medikament zu verabreichen, wenn der Patient zum Beispiel akute Angstzustände hat. Pflegeforscher vermuten, dass Bedarfsmedikationen häufig zur Ruhigstellung missbraucht werden. Frau Martin sagt, sie sei sich sicher, dass die zuständige Pflegerin der Mutter vor dem MDK-Termin Diazepam verabreicht hat. Denn bei einer anderen Gelegenheit habe dieselbe Pflegerin zu ihr gesagt: »Wir brauchen mehr Bewohner in Pflegestufe 3, dann bekommen wir bald mehr Personal.«

# Ermittlungen werden meistens ohne Ergebnis eingestellt

Obwohl solche Fälle laut Experten in Deutschland alltäglich sind, gibt es fast nie strafrechtliche Konsequenzen für die Verantwortlichen. Die Erfolgsaussichten sind einfach zu gering. In Berlin schaltete der lokale Krankenkassen-Verband (heute VdeK) vor fünf Jahren die Staatsanwaltschaft ein, weil Pfleger eines Heims einer Bewohnerin absichtlich Beruhigungsmittel verabreicht haben sollen, um sie ruhigzustellen – und das Heim dann auch noch beim MDK beantragte, die Frau in eine höhere Pflegestufe einzugruppieren. Nach Angaben der Kassensprecherin wurde die Pflegekasse allein durch diesen Fall um 400 Euro pro Monat geprellt. Die Ermittlungen wurden letztendlich ohne Ergebnis eingestellt.

Im Fall von Frau Stevens wandte sich die Tochter an die Heimaufsicht. Sie erreichte, dass die Pflegestufe ein drittes Mal überprüft wurde, diesmal allerdings, ohne dass sich der MDK wie sonst üblich vorher beim Heim anmeldete. Das Ergebnis: Die Mutter wurde in Pflegestufe 2 zurückgestuft.

Das Heim, in dem die Mutter lebte, gehört zu einer der großen Ketten in der Region. Der Gründer ist einer der bekanntesten Unternehmer in der Gegend und ein wichtiger Arbeitgeber. Seine Unternehmensgruppe erzielt einen Jahresumsatz von über 100 Millionen Euro, betreibt unter anderem 30 Pflegeheime und ist eine der 20 größten Pflegeketten Deutschlands. Im Gegensatz zu vielen anderen Pflegemanagern ist der Gründer auf Anfrage offen gegenüber der Presse. Er lädt nach Bremen ein, am Bahnhof holt er mich persönlich ab. Auch die Pressesprecherin ist dabei, und der Konzerngeschäftsführer der Gruppe.

Mit dem Auto geht es ins 20 Minuten entfernte Seniorenheim, wo der Heimleiter schon bereitsteht. Ein Büffet mit belegten Brötchen und Kaffee ist vorbereitet. Auf die Frage, wie viel Zeit die vier haben, sagt der Gründer: »Wir stehen Ihnen so lange zur Verfügung, wie es dauert.«

Dem Vorwurf im Fall von Frau Stevens, die nach Aussage ihrer Töchter gezielt unter Medikamenteneinfluss in die höhere Pflegestufe eingeordnet worden sein soll, widersprechen sowohl Gründer als auch Geschäftsführer entschieden. Letzterer weist darauf hin, dass über eine Höherstufung nicht ein einziger Begutachtungstag entscheide, sondern die Dokumentation der Pflegebedürftigkeit über mehrere Wochen und Monate. Medikamente würden nie mit dem Ziel einer Höherstufung gegeben, sondern stets aus »pflegerisch oder medizinisch indizierten Gründen«. Er sagt weiter: »Es gibt in der Pflege nun einmal Fälle, in denen es den Menschen in Wellenbewegungen mal schlechter geht und dann wieder etwas besser. Daraus einen Vorwurf abzuleiten, wird der Pflege in der Einrichtung nicht gerecht.« Frau Martin entgegnet darauf allerdings in einem späteren Gespräch, dass ihrem Widerspruch gegen die Hochstufung eindeutig stattgegeben wurde, was sich anhand von Dokumenten nachweisen lässt.

Was der Geschäftsführer keinesfalls auf sich beruhen lassen will, ist der Vorwurf, die Patientin sei gezielt außer Gefecht gesetzt worden, um die Höherstufung zu erreichen. »Ein solches Vorgehen wäre ungesetzlich und ethisch undenkbar. Es macht auch logisch keinen Sinn: Die dokumentierte Pflegebedürftigkeit reicht in der Regel für eine erfolgreiche Höherstufung aus. Die Schaffung strafbarkeitsrelevanter Sachverhalte mit einem großen Kreis von Mittätern und Mitwissern stehen in keinem Verhältnis zu dem hierdurch verursachten Schaden in der Reputation des Unternehmens.«

Auf die Frage, ob nicht schon das Ruhigstellen demenzkranker Bewohner mit Medikamenten allein schlimm genug sei – ohne dass die gezielte Absicht dahinterstünde, eine höhere Pflegestufe zu erreichen, schütteln die drei Männer entschieden die Köpfe. »Bei uns kommt das nicht vor«, sagt der Heimleiter. Was verschrieben werde, liege allein in der Hand des behandelnden Arztes. Gleichwohl räumt der Geschäftsführer ein, dass auch im eigenen Unternehmen Fehler gemacht werden: »Dort, wo Menschen arbeiten, geschehen Fehler – es ist unsere Aufgabe, diese Beschwerden ernst zu nehmen und den erhobenen Vorwürfen nachzugehen.«

Auch die Interessenverbände der Pflegeheimbetreiber legen großen Wert auf die Feststellung, dass es nicht die Heime seien, die für die Verschreibungen verantwortlich sind, sondern die Ärzte. Der Deutsche Evangelische Verband für Altenarbeit und Pflege e. V. (DEVAP) in Berlin etwa kommentiert: »Trotz der Aussagen des geschätzten Sozialforschers Gerd Glaeske von der Universität Bremen ist es nicht richtig, dass Einrichtungen durch den Einsatz von Psychopharmaka Personal einsparen und höhere Gewinne erzielen. ( … ) Viele Bewohner müssen aufgrund von Multimorbidität verschiedene Medikamente nehmen. Hier sind die Ärzte gefragt, Sorge dafür zu tragen, dass durch die Kumulation notwendiger Medikamente keine unerwünschten Reaktionen bei den Bewohnern auftreten. Dazu müssen die Ärzte sich aber mit den Bewohnern eingehend auseinandersetzen und dies ist nicht flächendeckend geleistet«, so DEVAP-Geschäftsführerin Imme Lanz, die vor einer »Skandalisierung an der verkehrten Stelle« warnt.

Zum Treffen in der Gaststätte nahe Bremen sind auch noch andere Frauen gekommen, deren schwer pflegebedürftige Angehörige in Einrichtungen desselben Unternehmens lebten. Eine von ihnen berichtet, die Mutter habe ohne Zustimmung stark sedierende Medikamente bekommen, ohne dass die Tochter, rechtliche Betreuerin der Mutter, informiert wurde. Eine andere hat einen großen Stapel an Tagebuchnotizen dabei, in der sie über Monate hinweg die Behandlungsgeschichte ihres Ehemanns dokumentiert hat. Darin steht zum Beispiel, der Mann habe tageweise völlig apathisch im Rollstuhl

gehangen, unfähig, die Augenlider zu heben. Ein Blick in die Kran-
kenakte habe ihr offenbart, dass der behandelnde Neurologe dem
Mann ohne das Einverständnis seiner Frau und rechtlichen Betreuerin das Neuroleptikum Melperon verordnet habe, das für seine starke dämpfende und sedierende Wirkung bekannt ist.

Als sie sich beschwerte, erhielt sie vom Heim die Kündigung, sagt
sie. »Die Heimleiterin sagte mir, wenn ich meinen Mann nicht ab-
hole und in ein anderes Heim bringe, setzt sie ihn mir eigenhändig
vor die Haustür.« Die Suche nach einem neuen Platz ließ die Frau
endgültig verzweifeln. »Ich habe mir sieben Heime anderer Betreiber angeschaut, und bis auf eines haben alle zur Bedingung gemacht,
ich müsse eine Vollmacht unterschreiben, damit das Heim jede Medikation ohne meine Zustimmung mit den behandelnden Ärzten
absprechen darf.«

Solche Vollmachten sind rechtlich völlig unzulässig. Weit verbreitet
sind sie offenbar trotzdem.

## Odyssee durch die Stationen des Gesundheitssystems

Der Verein ALZheimer-ETHik e. V. beschäftigt sich seit einigen Jahren mit dem Phänomen der medikamentösen Ruhigstellung Demenzkranker und veröffentlicht auf seiner Internetseite Erfahrungsberichte betroffener Angehöriger. Ein besonders drastischer Fall ist
der des demenzkranken Herrn M., dessen Odyssee durch Krankenhäuser, Spezialkliniken, Altenheime und Wohngemeinschaften mit
damals 64 Jahren begann. An manchen dieser Stationen blieb er nur
wenige Tage, an anderen blieb er Monate. Seine Lebensgefährtin
schildert im hier auszugsweise zitierten Bericht eindrucksvoll das
Auf und Ab, das Herr M. dort vor rund acht Jahren erlebte – und wie
sein Zustand, je nach Medikamentation, erheblich schwankte:

»Station 5, Heim S.: (…) In den 12 Wochen in diesem Heim hat Herr M. folgende Medikation bekommen: Seroquel, und die Bedarfsmedikation Tavor wurde von 1 mg auf 8 mg gesteigert. Die gesamten 12 Wochen ist Herr M. bis zu 20 Stunden am Tag mechanisch fixiert im Bett und teilweise auf einem Sessel fixiert gehalten worden.

Am 11.05.05 erster Arztbesuch von Dr. L., Medikation umgestellt – Herr M. auf Video aufgenommen, ohne dass ich als Betreuerin um Erlaubnis gefragt wurde. Mein Entsetzen wurde kommentiert mit den Worten: ›Das machen wir immer so. Wir benötigen doch Unterlagen für den Neurologen Dr. L.

Vom Neurologen angeordnete Medikation:

| Risperdal | 1-1-1 (Anm.: Neuroleptikum) |
| Tavor | 2-1-2 (Anm.: Beruhigungsmittel) |
| Distraneurin | 5-5-5 (Anm.: Psychopharmakum) |
| Zopiclon | 7,5 mg (Anm.: Beruhigungsmittel) |
| Pantozol | 20 mg (Anm.: ein den Magen beruhigendes Mittel, das typischerweise gemeinsam mit starken Medikamenten verschrieben wird) |

(…) Mit diesem Tablettencocktail wurde er immer lauter und unruhiger. Er wurde schreckhaft und die Angstzustände wurden immer heftiger. Während der 20 Stunden am Tag im Bett fixiert, saß er im Bett, rüttelte am Gitter und schrie und rief unverständliche Worte – wenigstens 13 Stunden lang. (…)«

Wenig später, schildert die Lebensgefährtin, wurde Herr M. in eine Fachklinik eingeliefert, die ihm alle paar Tage einen neuen Tablettencocktail verordnete, darunter Tavor und das Beruhigungsmittel Seroquel, das laut einer Studie des britischen Institute of Psychiatry bei Alzheimer-Patienten den geistigen Verfall beschleunigen soll.

»Nach und während dieses Cocktails fand ich ihn immer rufend auf dem Fußboden (auf dem Krankenhausflur) vor. Einmal kniete er vor einem Sofa und wollte seinen Kopf auf das Sofa legen, selbst das gelang ihm nicht. Wundgescheuerte Handgelenke verrieten mir, dass sie ihn nachts wieder fünfpunktfixiert hatten.«

Nach insgesamt zwöf Stationen kehrte Herr M. schließlich wieder in die eigene Wohnung zurück. Die Lebensgefährtin holte sich Hilfe – von zwei litauischen Pflegerinnen, die ihn rund um die Uhr betreuten. Die einzigen Arzneien, die er fortan noch verabreicht bekam, waren Baldriantropfen zum Einschlafen und – im äußersten Notfall – eine halbe Schlaftablette. Das Fazit seiner Lebensgefährtin: »Sein Allgemeinbefinden bessert sich täglich. Es gelang schon, sehr bewusst Bilder aus seiner Jugendzeit anzusehen, Mutter und Vater erkannte er.«

Wenige Monate nach diesen Erlebnissen stellte die Lebensgefährtin eine Übersicht über die Kosten auf, die während des beschriebenen Jahres entstanden. Das Ergebnis: Krankenkasse, Pflegekasse und Herrn M. selbst kostete diese Odyssee insgesamt, inklusive aller Betreuungskosten und Medikamente, 57.370 Euro.

## Die Pharmakonzerne verdienen gut an ruhiggestellten Senioren

Die Liste der Mittel, die auf deutschen Demenzstationen tagtäglich in die Pillenboxen kommen, ist lang: Melperon, Pipamperon und Diazepam gehören zu den am häufigsten verschriebenen Medikamenten. Zwei Produktnamen fallen jedoch besonders häufig im Gespräch mit Pflegeexperten: Haldol und Risperidon.

Beide sind offenbar für Senioren problematische Stoffe: Anfang 2011 erstellte eine Forschergruppe der Universität Witten/Herdecke eine Liste mit einer Übersicht, auf welche Medikamente alte Menschen empfindlicher reagieren als jüngere. Die Verfasser der sogenannten Priscus-Liste wollten Ärzten eine Anleitung an die Hand geben, an der sie sich bei Verschreibungen in Altenheimen orientieren können.

Bei alten Menschen wirken Medikamente anders als bei jungen. Das liegt vor allem daran, dass sich im Laufe des Lebens der Stoffwechsel verändert, der Anteil der Flüssigkeit am Körpergewicht abnimmt, während der Anteil des Fettgewebes steigt. Alte Menschen nehmen auch oft weniger Flüssigkeit zu sich, weil das Durstgefühl nachlässt und das Trinken oft beschwerlich ist. Leber und Nieren arbeiten nicht mehr wie früher, was den Abbau von Arzneimitteln verlangsamt. Vielen Ärzten ist jedoch nicht bewusst, welche Rolle diese Zusammenhänge für die Wirkung von Medikamenten spielen. Nur etwa jeder hunderte Allgemeinmediziner hat heute eine geriatrische Zusatzausbildung.

Die Folge dieses unheilvollen Zusammenspiels: Vor allem alte Menschen sterben häufig an den Wechselwirkungen der ihnen verordneten Medikamente. Schwedische Forscher fanden in einer im Jahr 2008 veröffentlichten Studie heraus, dass dort etwa bei fünf Prozent aller Menschen, die in Krankenhäusern sterben, unerwünschte Nebenwirkungen von Arzneimitteln die Todesursache seien. Als offizielle Todesursache wird dies freilich nicht auf dem Totenschein festgehalten. Dort wird stattdessen beispielsweise von multiplem Organversagen die Rede sein.

Auf der Priscus-Liste der Wissenschaftler der Uni Witten/Herdecke ist zum Beispiel zu lesen, dass der Wirkstoff Haloperidol, der in Haldol steckt, bei älteren Patienten schon in üblichen Dosierungen heftige Nebenwirkungen auslösen kann: Die sedierende Wirkung kann zu Stürzen und damit Hüftfrakturen führen, die Motorik wird stark beeinträchtigt. Typisch sind etwa ein ruckartiges, unfreiwilliges Herausstrecken der Zunge oder ein unwillkürliches Schneiden von Grimassen. Symptome, wie sie auch bei Parkinsonkranken auftreten können. Seit den Siebzigerjahren ist das starke Neuroleptikum auf dem Markt. Schon in den 1980er-Jahren ist das Patent für den Wirkstoff Haloperidol ausgelaufen, heute gibt es in Deutschland zehn verschiedene Anbieter. Entwickelt hat das Präparat die Firma Janssen-Cilag, eine Tochter des US-Pharmakonzerns Johnson & Johnson. Laut aktuellem Arzneimittelverordnungsreport ist Janssen-Cilag mit Abstand Marktführer bei dem Präparat, fast die Hälfte aller 2010 verordneten Einheiten stammte demnach vom Original-Hersteller. Noch häufiger als Haldol wird heute die Nachfolgesubstanz Risperidon – Produktname Risperdal – verordnet, ebenfalls aus dem Hause Janssen-Cilag, die zwar weit teurer ist, laut Pharmakritikern jedoch keinerlei Zusatznutzen bringen soll. Eine tägliche Dosis Risperdal kostet die Kassen laut Arzneimittelverordnungsreport 14,14 Euro, die Tagesdosis Haldol nur 62 Cent. Eigentlich sind beide Mittel für Schizophrene und Patienten mit schweren Psychosen entwickelt worden. Mittlerweile, das behauptet zumindest ein ehemaliger Vertriebsmitarbeiter des Unternehmens mit deutschem Hauptquartier im nordrhein-westfälischen Neuss, soll Janssen-Cilag aber angeblich einen »zweistelligen Prozentsatz« seines Haldol- und Risperdal-Umsatzes – rund 4,8 Millionen Euro waren es laut Arzneimittelverordnungsreport 2010 insgesamt – mit pflegebedürftigen Senioren erzielen.

Bei der Firma Janssen-Cilag heißt es auf Anfrage, ein Hersteller könne letztendlich keinen Einfluss darauf nehmen, für welche Indikation ein Arzt ein Medikament verschreibe. Das Unternehmen weise die Ärzte jedoch darauf hin, dass die Verschreibung bei Demenzkranken ein gewisses Risiko berge. Tatsächlich gibt es in der Fachinformation zu Haldol – dem erweiterten Beipackzettel, den Ärzte bekommen – einen Absatz mit der Überschrift »erhöhte Mortalität bei älteren Menschen mit Demenz-Erkrankungen«. In den Foren der einschlägigen Pflegeportale im Internet finden sich dennoch Dutzende Hinweise darauf, dass eine Ruhigstellung dementer Patienten mit Haldol an der Tagesordnung ist. Auch die Mutter von Frau Wacker bekam vor ein paar Jahren Haldol verschrieben, und die Tochter sagt heute, die Mutter wäre daran fast gestorben: kaum noch ansprechbar, paralysiert. »Totaler Zusammenbruch«, sagt Frau Wacker.

Die Zahl der Patienten, deren Tod tatsächlich durch Psychopharmaka beschleunigt wird, kennt niemand. Im Altenheim, sagen Pharmakritiker wie der emeritierte Bremer Arzt Peter Schönhöfer, der sich heute bei Transparency International engagiert, werde meist nicht sehr genau auf die Todesursache geachtet. »Das gilt insbesondere, wenn der Tod als Erlösung von einem langen Leiden erscheint.«

In der Kriminalitätsforschung rückt das Thema allerdings seit ein paar Jahren zunehmend ins Interesse von Wissenschaftlern. Der renommierte Forscher Thomas Görgen, Professor für Kriminologie an der Deutschen Hochschule der Polizei in Münster etwa schreibt in einem Aufsatz:

> »Jenseits von polizeilichen Kriminalstatistiken und Bevölkerungsbefragungen weisen Befunde darauf hin, dass es – bei einer ohne Zweifel für die Mehrheit der älteren Generation guten objektiven wie subjektiven Sicherheitslage – zugleich Bereiche besonderer Gefährdung im höheren Alter gibt. Darüber hinaus müssen Tötungsdelikte an hochaltrigen und pflegebedürftigen Menschen als besonderes Problemfeld betrachtet werden, zu dem in Deutschland bislang aber kaum einschlägige Daten vorliegen. (…) Zudem gibt es gerade im Hinblick auf Hochaltrige und Pflegebedürftige vielfältige Gründe, ein im Vergleich zu anderen Phasen des Erwachsenenalters erhöhtes Dunkelfeld unerkannter Tötungen anzunehmen.«

Das große Problem in dieser Altersgruppe, so Görgen, sei das häufige »Nicht-Erkennen nicht natürlicher Todesfälle«. Ein Grund dafür sei auch die in Deutschland im internationalen Vergleich niedrige Obduktionsrate. Natürlich werden nicht alle diese Fälle durch falsch indizierte Medikamentengabe verursacht, zumal sich oft die genaue Todesursache bei »Multimorbiden«, also Patienten mit einer Vielzahl von Krankheiten, kaum ermitteln lässt.

## Wie entschieden lehnen Pharmakonzerne den Einsatz ab?

Der Verband der forschender Arzneimittelhersteller (vfa) in Berlin sagt auf Anfrage: Wenn Ärzte Heimbewohner mit Medikamenten vollpumpen und die gefährlichen Nebenwirkungen in Kauf nehmen, seien dafür nicht die Hersteller verantwortlich. »Über den Einsatz verschreibungspflichtiger Medikamente im konkreten Einzelfall entscheidet der jeweilige Arzt. Diesen kann und darf ein Pharmaunternehmen nicht beeinflussen«, sagt vfa-Referent Rolf Hömke.

Experten bezweifeln jedoch, dass die Pharmaindustrie den Einsatz von Psychopharmaka als Sedierung für Demenzkranke tatsächlich so entschieden ablehnt. »Gewinnmaximierung liegt natürlich im Interesse der Pharmaindustrie«, sagt die Pflegewissenschaftlerin Gabriele Meyer von der Universität Witten/Herdecke. Kritiker Schönhöfer sagt, dass zum Beispiel Neurologen, die bekanntermaßen viele Altenheime betreuen, häufig Besuch von den Herstellern einschlägiger Psychopharmaka bekommen. »Natürlich wissen auch die Pharmavertreter, dass die Mittel zum Sedieren eingesetzt werden«, sagt er. In der Dreiecksbeziehung Pharmavertreter, Arzt und Altenheimbetreiber werde das Phänomen schöngeredet. »Man überzeugt sich gegenseitig, dass alle Seiten vom Ruhigstellen profitieren.« Das bestätigt auch ein Pharmareferent, der lange im Bereich geriatrischer Präparate gearbeitet hat: »Es gibt einige Ärzte, die sind in ihrem

Landkreis kleine Fürsten und haben quasi ein Monopol bei den Altenheimen. An die wollen die Pharmafirmen natürlich ran.«

Die Pharmakritiker urteilen, die Verquickung zwischen Pharmaindustrie und Ärzten überschreite häufig moralische, manchmal auch gesetzliche Grenzen. »Plumpe Geldbestechung, nach dem Motto: Verschreibe dieses Präparat und du bekommst einen Bonus, gibt es heute zwar kaum noch«, sagt Jörg Schaaber von der unabhängigen Organisation BUKO Pharma-Kampagne, die seit Jahren die Praktiken der Medikamentenhersteller im Visier hat.

> »Heute geht die Industrie subtiler vor. Sie versucht, die ›key opinion leader‹ der jeweiligen ärztlichen Fachdisziplin, also etwa Mediziner, die schon oft zu dem Thema veröffentlicht haben, an sich zu binden, indem sie diese umgarnt: Man bittet die Ärzte, Mitglied im wissenschaftlichen Beratungsgremium des Pharmaunternehmens zu werden. Oder man lädt sie als Redner zu selbst veranstalteten Vortragsreihen ein, schreibt ihnen zuweilen sogar die Folien. Und großzügig honoriert werden solche Tätigkeiten natürlich auch.«

Sei es die Psychiatrie, die Neurologie oder die Knochenheilkunde: Alle medizinischen Fachbereiche, die einen hohen Anteil an alten Patienten behandeln, sind besonders interessant für die Pharmakonzerne. Wer alt ist, schluckt viele Pillen. Laut einer Auswertung des GKV-Spitzenverbandes entfielen 2010 44 Prozent des gesamten Fertigarzneimarktes auf Versicherte ab 65 Jahren.

Vor einigen Monaten machte in der Ärzteschaft ein Eintrag im Internetblog *gesundheit.blogger.de* die Runde, dessen anonymer Verfasser zum ersten Mal die Abhängigkeiten in der Psychiatrie unter die Lupe nahm. Anlass war die »Demenz-Leitlinie« der beiden neuropsychiatrischen Fachgesellschaften DGPPN und DGN. Das Papier, das Neurologen als Behandlungsanleitung dienen soll, spricht sich zum

Beispiel deutlich dafür aus, Demenzkranken Antidementiva zu verschreiben – umstrittene, starke Medikamente, die wenige Monate zuvor die Hausärzte-Fachgesellschaft Degam in einer eigenen Richtlinie kritisch beurteilt hatte. Alle 68 Unterzeichner der Richtlinie gaben an, in keiner Weise von der Pharmaindustrie abhängig zu sein. Ein Blogger mit dem Pseudonym »hockeystick« prüfte dies mit einer einfachen Google-Suche nach, die auch heute noch im Internet nachvollziehbar ist. Das Ergebnis: 29 der Experten hatten sich mindestens einmal für ein Pharmaunternehmen für einen Marketingauftritt bezahlen lassen, häufig sogar für diejenigen Hersteller, die Antidementiva verkaufen. Auch der als pharmakritisch bekannte Allgemeinmediziner Günther Edigi hat die Recherchen des Bloggers für einen Fachartikel nachgeprüft. Er hält »hockeystick« aufgrund seiner Kenntnis für einen Pharmainsider. Sein Fazit: »Auf die Inhalte der Leitlinie Demenzen wirft die Angelegenheit ein sehr merkwürdiges Licht.«

Bei Ärzten sei es nach wie vor beliebt, sich von Pharmaherstellern einladen zu lassen, etwa zu komplett durchgesponserten Fachkongressen, sagt Professorin Meyer. »Da steht dann mitunter sogar an dem Buffett dran: Dieses Dinner wird gesponsert von Firma xy.« Das bestätigen sowohl mehrere Pharmareferenten als auch der Chef eines Unternehmens, das solche Kongresse organisiert. »Die Ärzteschaft lässt sich gern teuer bewirten, zum Beispiel bei Alzheimer- oder Neurologenkongressen«, sagt er. »Die Veranstaltungen finden in teuren Hotels statt, und am Rande der Tagung gibt es neben der Kaffeebar Infostände von Pharmafirmen, die über ihre neuesten Produkte informieren.« Für die Stände zahlten die Firmen zwischen 500 und 4.000 Euro, je nach Größe der Veranstaltung, erzählt er, »für die Firmen lächerlich kleine Beträge«. Manchmal gebe es sogar »Speaker-Slots« für Pharmavertreter, also Auftritte vor dem Forum. »Das hat dann schon ein bisschen was von Kirmes.«

Handfeste Bestechung sind solche Einladungen sicher nicht. Problematisch können sie nach Expertensicht dennoch werden: weil steter Tropfen den Stein höhlt – und die Ärzte nachhaltig beeinflusst werden, ohne sich dies selbst einzugestehen, urteilt der Forscher David Klemperer, Professor für Sozialwissenschaften an der Fachhochschule Regensburg. Er nimmt seit mehreren Jahren die Einflussnahme der Pharmaindustrie auf Ärzte unter die Lupe: »Das Problem der Beeinflussung durch Geschenke erkennen die meisten Ärzte zwar, allerdings sehen sie es eher bei ihren Kollegen und halten sich selbst für immun gegenüber der Einflussnahme durch die Industrie.« Die Organisation Transparency International bezeichnet die in Deutschland herrschenden Interessenverflechtungen zwischen Industrie und Ärzten als »strukturelle Korruption«. Neun von zehn ärztliche Fortbildungen sind in Deutschland von der Pharmaindustrie gesponsert, schätzt Uwe Dolata. Der Polizeiwissenschaftler Dolata veröffentlichte bereits zum Thema Korruption im Gesundheitswesen. In den vergangenen Jahrzehnten ermittelte der Kriminalpolizist immer wieder gegen Ärzte und Pharmafirmen. Heute sagt er: »Ärzte sind statistisch gesehen die korrupteste Berufsgruppe.«

Auch Patientenorganisationen seien vor Einflussnahmen nicht gefeit, sagt Forscherin Meyer. Laut einer Aufstellung des Instituts für Qualität und Transparenz von Gesundheitsinformationen (IQTG) soll beispielsweise die Deutsche Alzheimergesellschaft im Jahr 2010 insgesamt rund 42.000 Euro an Zuwendungen von der Pharmaindustrie erhalten haben, um damit regionale Veranstaltungen zu sponsern. Unter den Spendern: Janssen-Cilag, Eisai, Pfizer – alles Firmen, deren Mittel in deutschen Altenpflegeheimen tagtäglich zum Einsatz kommen.

Frau Wackers Mutter hat im Laufe ihres mehrjährigen Aufenthalts im Seniorenheim Mittel fast aller Hersteller einnehmen müssen. Haldol, Dipiperon und Risperdal von Janssen-Cilag, das Beruhigungsmittel Lorazepam, das Alzheimer-Mittel Aricept von Eisai. »Auf all diese Mittel hat sie mit den schlimmsten Nebenwirkungen reagiert«, sagt die Tochter.

# 8. Wächter mit gebundenen Händen: die Heimaufsichten

Wildwuchs, Qualitätsmängel, Arbeiten am Rande der Legalität. Dass all dies im deutschen Pflegesystem so verbreitet ist, hängt auch mit dem Föderalismus zusammen. Denn die staatlichen Aufsichtsbehörden, die Altenheime kontrollieren sollen, sind keineswegs einheitlich aufgestellt. In jedem Bundesland, teilweise jeder Kommune, liegt die Zuständigkeit für die sogenannte Heimaufsicht bei einer anderen Behörde. Lediglich die Tatsache, dass es in jeder Kommune eine Behörde geben muss, die sich um die Aufsicht von Altenpflegeheimen kümmert, ist in den landesweiten Gesetzen, die das frühere bundesweite Heimgesetz (HeimG) ersetzen, einheitlich geregelt. Schon allein die Tatsache, dass jedes Bundesland sein eigenes Gesetzeswerk besitzt, zeigt, wie uneinheitlich und unübersichtlich die Pflegelandschaft und damit die Ausgestaltung der Aufsichtsbehörden sind. In Nordrhein-Westfalen etwa bestimmt das »Wohn- und Teilhabegesetz« die Lebensbedingungen der Bewohner, während die baulichen Bedingungen der Heime im »Landespflegegesetz« geregelt sind.

Die Aufgabe der Aufsichten ist, zu überprüfen, ob ein Heim die Vorgaben der jeweiligen Gesetze erfüllt. Sollte dem nicht so sein, müssen sie dafür sorgen, dass sich die Zustände verbessern. Die Ausgestaltung der Aufsichtsorgane ist dabei so bunt gewürfelt, wie es die Heime selbst sind. Das macht es zum Beispiel fast unmöglich, bundesweite Statistiken über Mängel zu erstellen und einen Überblick zu bekommen, wo die großen Problemfelder liegen.

Manchmal sind die Heimaufsichten auf Landesebene organisiert, so wie etwa im Saarland, wo sie direkt dem Sozialministerium unterstehen. In anderen Ländern, zum Beispiel Hessen, sind sie ans Landesversorgungsamt angegliedert. Eine solche zentrale Organisation hat zum Beispiel den Vorteil, dass Hessen als eines der wenigen Bundesländer über eine Übersicht verfügt, wie oft in welcher Weise gegen das Heimgesetz verstoßen wird und wo die großen Schwachstellen liegen. Dort gibt es jedes Jahr eine Veröffentlichung der Prüfungen des vergangenen Jahres: Wie viele stationäre Einrichtungen insgesamt geprüft wurden, bei wie viel Prozent Mängel festgestellt wurden, worin diese genau bestanden – und wie oft Bußgelder verhängt wurden.

Häufig jedoch sind die Heimaufsichten Sache der Kommunen. In einigen Bundesländern, zum Beispiel Nordrhein-Westfalen und Baden-Württemberg, sind die Kreisämter für die Heimaufsicht zuständig. Je kleiner jedoch der Wirkungskreis der Beamten ist, desto weniger Übersicht haben sie über die Betreiber, deren Qualität sie sicherstellen sollen. Ist zum Beispiel ein Heimbetreiber in Landkreis A auffällig geworden, erfährt die Heimaufsicht in Landkreis B, in dem der Betreiber vielleicht ebenfalls eine Einrichtung hat, nur davon, wenn sie sich mit den Kollegen gutstellt. Je weiter die Landkreise voneinander entfernt sind und je größer und weiter verbreitet die Heimbetreiber sind, desto unwahrscheinlicher wird es, dass die Aufsichtsbehörden sich ein vollständiges Bild eines Betreibers machen können – es gibt keine bundesweit organisierte staatliche Stelle, die den ihrerseits bundesweit organisierten Heimen als Pendant gegenübersteht.

Auf die Anfrage, ob eine solche Einrichtung, etwa ein zentrales Register der Heimaufsichten zur Information über häufig auftretende Mängel bei einzelnen Anbietern, nicht sinnvoll wäre, antwortete das Bundesgesundheitsministerium im Herbst 2011:

»Die Forderung nach mehr Transparenz in der Pflege ist bereits weitgehend erfüllt. Mit den Regelungen zur Transparenzvereinbarung kann jeder im Netz die Prüfungsergebnisse für jedes geprüfte Pflegeheim einsehen. Das System mag noch optimierungsfähig sein, erfüllt aber in seinen Grundstrukturen die Anforderungen an Transparenz.«

Somit wird es auf absehbare Zeit dabei bleiben, dass weder die Bewohner selbst noch die Heimaufsichten sich einen Überblick darüber verschaffen können, welcher Betreiber bundesweit bereits wie oft mit schlechter Pflege aufgefallen ist.

## Kontrolle in Zeiten knapper Ressourcen

Nicht nur die Budgets der Pflegekassen sind klein. Auch die staatlichen Aufsichtsbehörden müssen mit wenig Geld auskommen. Zwischen den einzelnen Regionen bestehen dabei himmelweite Unterschiede. Eine stichprobenartige Erhebung vor einigen Jahren kam zu dem Ergebnis, dass es in Niedersachsen pro 1.000 Bewohnern in Altenpflegeheimen 13,7 Vollzeitstellen in den Heimaufsichten gibt, in Sachsen dagegen nur 1,5 Stellen. Die Leiterin einer Aufsichtsbehörde in einer deutschen Großstadt berichtet, in ihrer Behörde habe es vor gut 15 Jahren, als sie ihre Stelle antrat, gerade mal 2,5 Planstellen für die Heimaufsicht gegeben. Im Laufe der Zeit habe sie sich immer wieder neue Mitarbeiter bei den vorgesetzten Behörden erstritten, sodass sie nun mit fast einem Dutzend Mitarbeitern die Heime prüften – womit ein Sachbearbeiter für rund 40 Heime zuständig sei. Noch immer zu viel für einen Mitarbeiter, aber es sind doch weit mehr Mitarbeiter, als sich die meisten Kommunen leisten.

Mit ihrem wenigen Personal müssen die Heimaufsichten grundsätzlich jedes Heim einmal pro Jahr besuchen und auf die gebotene Qualität hin überprüfen. Allein in Hessen sind das beispielsweise 1.480

Heime. In jeder dieser Einrichtungen sind die Prüfer dafür verantwortlich, zu gewährleisten, dass die gesetzlichen Vorgaben für Personal gegeben sind: Gibt es insgesamt genügend Pfleger und haben
50 Prozent von ihnen eine fachliche Ausbildung? Sie müssen überprüfen, ob die dort lebenden Bewohner genügend Bewegung bekommen, also »mobilisiert« werden; ob sie hinreichend mit Nah-
rung und Flüssigkeit versorgt sind; ob es »tagesstrukturierende
Angebote« gibt; ob die Dokumentation der Pflege lückenlos und
die Dienstpläne korrekt geführt sind; ob Medikamente ordnungs-
gemäß gelagert werden und die Heimverträge der Bewohner rechts-
konform gestaltet sind.

All dies würde wohl schon reichen, um zwei bis drei Heimaufseher
pro 40 Heime gut zu beschäftigen. Tatsächlich machen diese »Re-
gelprüfungen« jedoch nur einen kleinen Teil der Arbeit aus. Zusätzlich laufen bei den Prüfern all jene Beschwerden von Angehörigen
und Angestellten von Heimen auf, die Missstände beklagen – vom
Dienstplan, der seit Monaten zu wenige Pfleger für eine Station vorsieht bis hin zum blauen Fleck am Arm der Mutter, hinter dem die
Tochter eine Misshandlung durch eine Pflegekraft vermutet. Um all
diese Anzeigen müssen sich die Prüfer kümmern, häufig gehen sie
dann zu sogenannten unangemeldeten Anlass-Prüfungen in die Einrichtungen.

Grundsätzlich dürfen die Mitarbeiter von Heimaufsichten nicht mit
der Presse sprechen. Ein Journalist, der dort anruft, erhält für ge-
wöhnlich die Auskunft, er müsse sich an die Pressestelle der jeweiligen Stadt oder des Landkreises wenden, um Details über die Zustände in einem Pflegeheim zu erhalten. Für dieses Buch haben sich
dennoch mehrere Beamte von Heimaufsichten verschiedener Bundesländer für anonyme Gespräche bereit erklärt. Es scheint, als sei
der Mitteilungsbedarf groß – kein Wunder, schließlich arbeiten die
Mitarbeiter mit ihren knappen Ressourcen unter großem Leistungs-
druck. Sie tragen letztendlich die Verantwortung dafür, dass die al-

ten Menschen in den Heimen menschenwürdig versorgt werden und stehen, wenn es doch zu Pflegeskandalen kommt, öffentlich am Pranger: »Warum hat die Heimaufsicht nicht schon früher gehandelt?«, heißt dann die reflexartig gestellte Frage. Gleichzeitig dürfen sie sich öffentlich nicht erklären. Und viel häufiger als es der Öffentlichkeit bewusst ist, sind den Aufsichtsbehörden die Hände gebunden.

## »Heimaufsicht heißt Kooperation«

Warum das so ist, erklärt der Leiter einer Heimaufsicht in einem Landkreis nahe einer norddeutschen Großstadt, der die gesamte Aufsicht für seinen Landkreis allein bewältigen muss. Früher, erzählt er, hatte er eine Halbtagskraft an seiner Seite, doch die wurde vor ein paar Jahren wegrationalisiert. Wenn er krank ist, kontrolliert in dieser Zeit niemand die Heime. Nicht nur durch diesen Personalmangel, aber auch dadurch, entstehe ein Gefüge, in dem man sich stets versuche, so gut wie möglich mit den Heimbetreibern zu arrangieren. »Heimaufsicht heißt immer erst einmal Kooperation.«

Was das in der Praxis bedeutet, lässt sich zum Beispiel aus dem Jahresbericht der hessischen Heimaufsicht für das Jahr 2009 gut herauslesen. Dort steht, dass in den 1.480 Heimen rund 2.000 unterschiedliche Mängel festgestellt wurden. Nur vier Heimen untersagten die Behörden jedoch den Betrieb, auch die Zahl der Verwarnungen und Bußgelder ging deutlich zurück. Im Bericht heißt es dazu, dass dies »in der Bevölkerung sicher mit Verwunderung zur Kenntnis genommen wird«. Jedoch werde häufig übersehen, »dass der Präventivaspekt im Interesse betroffener Bewohnerinnen und Bewohner sehr viel wirkungsvoller ist. Das Bewusstsein für mögliches Fehlverhalten bei den Verantwortlichen im Heim zu schärfen, war im Jahr 2009 und bleibt auch weiterhin eine wichtige Aufgabe der Hessischen Heimaufsicht. Durch dieses Vorgehen können Bußgeldtatbestände zwar nicht völlig vermieden werden, die Zahl ist jedoch spürbar zu beschränken.«

In Behördendeutsch ist in dem Bericht das zentrale Dilemma ausgedrückt, in dem die Mitarbeiter der Heimaufsichten stecken: Einerseits müssen sie sich Respekt vor den Heimbetreibern verschaffen, andererseits dürfen sie nicht zu sehr mit ihnen auf Konfrontation gehen, da die Zusammenarbeit immer auf Dauer angelegt ist und der Staat schließlich darauf angewiesen ist, genug Heimplätze für seine Pflegebedürftigen anbieten zu können. »Es muss schon sehr viel passieren, bis man überhaupt mal ein Bußgeld verhängt. Was glauben Sie, wie schwierig es erst ist, alle betroffenen Parteien davon zu überzeugen, ein Heim zu schließen?«, fragt der niedersächsische Heimaufseher. Schließlich, erklärt er, entscheide dies nicht die Heimaufsicht allein, sondern ein solcher Entschluss werde bis zum Landrat getragen. »Auf politischer Ebene tut man sich aber wahnsinnig schwer bei solchen weitreichenden Entscheidungen. Schließlich hängen da nicht nur Heimplätze dran – es muss auf einen Schlag für 80 oder 90 Leute eine neue Unterbringung gefunden werden –, sondern auch Arbeitsplätze.«

Um tatsächlich nach gravierenden Pflegemängeln eine Einrichtung schließen zu können, »sieben- oder achtmal« habe er das in seiner mehr als 20-jährigen Behördenlaufbahn gemacht, brauche man viele Verbündete, sagt er. »Man muss Sachverständige finden, die einem die Mängel bestätigen, zum Beispiel Ärzte, die sich trauen zu sagen: In den Einrichtung gibt es ungewöhnlich viele Bewohner mit schweren Dekubiti, viele Fälle von Dehydrierung oder Ähnliches.« In einen solchen Entschluss sei das Gesundheitsamt ebenso eingebunden wie die Vertreter der Pflegekassen.

> »Aber gerade die Pflegestützpunkte der Kassen sind oft sehr zurückhaltend. Da arbeiten nach meiner Erfahrung oft examinierte Altenpflegerinnen, die vielleicht sogar Mitarbeiter der betroffenen Heime kennen, und die darüber hinaus Sorge haben, sie könnten ihren Arbeitgeber – also die Kassen – verärgern, wenn sie zu streng gegen ein Heim vorgehen.«

All dies, resümiert er, führe eben dazu, dass eine »Deeskalationstaktik« im Umgang mit Heimleitern und Pflegekräften am sinnvollsten sei, wenn man versuche, wie ein Jongleur alle Bälle gleichzeitig in der Luft zu halten.

Die Heimaufsichtsleiterin in der Großstadt sagt allerdings, Kooperation mit den Heimen sei oft viel effektiver als Konfrontation. »Man kann Qualität nicht in ein Heim zwingen.« Der Schlüssel zum Erfolg sei, mit den jeweiligen Heim- und Pflegedienstleitern in »engen Dialog« zu treten, sobald man die ersten Mängel in einer Einrichtung spüre – zum Beispiel, wenn sich Beschwerden von Angehörigen über die Pflegequalität häuften oder bei einer Routinekontrolle auffalle, dass die vorgeschriebenen Personalschlüssel leicht unterschritten würden. Dann stelle sich in der Regel schnell heraus, ob ein Heim tatsächlich an Verbesserungen interessiert sei oder ob es sich um einen Betreiber handele, dem es vor allem ums Geldverdienen ginge. »In guten Heimen kommt der Heimleiter auf uns zu und schlägt uns mögliche Lösungen für das aufgetretene Problem vor – zum Beispiel, einen Personalengpass mit Leasingkräften abzufangen. In weniger guten versuchen sie eher, die Probleme auszusitzen.« Diese kooperative Herangehensweise, sagt sie, bedeute übrigens nicht weniger Konflikte für die Heimaufsicht. Im Gegenteil: »Was meinen Sie, wie häufig sich enttäuschte Angehörige beim Bürgermeister über uns beschweren, weil wir ihrer Ansicht nach nicht hart genug gegen Einrichtungen vorgegangen sind?« Immer wieder müsse man sich dafür vor der vorgesetzten Behörde rechtfertigen – was viel Zeit und Energie fresse.

## Keine Handhabe gegenüber Ärzten

Besonders schwierig ist für die Heimaufsichten der Umgang mit Beschwerden oder Hilferufen von Angehörigen, die vermuten, dass ihre Mütter, Väter oder Ehemänner mit Psychopharmaka ruhiggestellt werden. Denn für die Behörde ist es in vielen Fällen fast unmöglich zu entscheiden, unter welchen Voraussetzungen eine solche Verschreibung zustande gekommen ist – schließlich darf sie sich nur an die dokumentierten Fakten halten und kann sich nicht, wie Journalisten oder Öffentlichkeit, von glaubwürdigen Argumenten überzeugen lassen, um zu ihrem Urteil zu kommen.

Und: In der Verantwortung stehen in solchen Fällen in erster Linie die Ärzte, die diese Mittel verschreiben, sagt der Heimaufsichtsleiter aus Niedersachsen. »Wenn ein Demenzkranker, der einen rechtlichen Betreuer hat, Psychopharmaka verschrieben bekommt, muss sich der behandelnde Arzt laut rechtlicher Vorgaben vor jeder neuen Verschreibung die Einwilligung des Betreuers holen. In der Praxis wird das häufig nicht getan, weil es natürlich die Abläufe in der Behandlung behindert und zusätzlichen Aufwand bedeutet.« Immer wieder, vermutet er, käme es jedoch auch vor, dass die Ärzte die Verschreibungen als Gefälligkeit gegenüber den Heimen und deren überlasteten Personal verstehen.

Zwar laufen solche Beschwerden von Angehörigen in der Regel zunächst einmal bei den Heimaufsichten auf. Diese haben jedoch keine Handhabe gegenüber den Ärzten, können ihnen weder verbieten, in einem bestimmten Heim zu behandeln, noch Bußgelder gegen sie verhängen. Denn dafür sind auf Kreisebene die Gesundheitsämter zuständig. Doch in diesen Ämtern fänden sich nur in den seltensten Fällen Mediziner, die dazu bereit sind, gegen einen Berufskollegen mit Härte vorzugehen. »Da herrscht das Prinzip: Eine Krähe hackt der anderen kein Auge aus«, glaubt der Heimaufseher. Problematisch sei allein schon die Beweislast. In der Praxis sei es »fast ein Ding der Unmöglichkeit«, einem Neurologen oder Hausarzt nachzuweisen, dass er ein verschreibungspflichtiges Medikament verschrieben hat, um damit den Patienten ruhigzustellen. Im Zweifelsfall, sagt er, werde der Arzt argumentieren: »Der Patient hat stillschweigend sein Einverständnis gegeben.«

## Wenn Aufsicht und Heim zu eng verstrickt sind

Die Pflegebranche ist im Vergleich zu vielen anderen Wirtschaftsbereichen ein recht kleiner Club – in einer Region kennt man sich untereinander, man begegnet sich über die Jahre immer wieder, man arbeitet in unterschiedlichsten Konstellationen zusammen. Eine Altenpflegerin, die früher Stationsleiterin einer Einrichtung war, kann die Seiten wechseln und schon wenige Wochen später als MDK-Prüferin zurück ins Haus kommen. Ein Heimleiter kann von der Caritas zum privaten Konkurrenzbetrieb wechseln – und ebenso kann ein Mitarbeiter einer Heimaufsicht die Seiten wechseln und in die Privatwirtschaft gehen.

Das wissen natürlich auch die Heimbetreiber und die Aufseher, und manchmal, scheint es, nutzen beide Seiten es für ihre Zwecke aus. »Bei uns hat es in den vergangenen Jahren immer wieder mal Bestechungsversuche gegeben«, erzählt die Heimaufsichtsleiterin in der Großstadt. »Das sah zum Beispiel so aus, dass die Heimbetreiber meinen Kollegen ›Incentives‹ angeboten haben, zum Beispiel Mallorca-Reisen.« In ihrer Behörde versuche man von vornherein, Kumpanei zu vereiteln, indem man die verschiedenen Mitarbeiter der Aufsichtsbehörde alle paar Monate zwischen den Heimen, für die sie zuständig sind, rotieren lasse.

Bei einer Heimaufsicht im Süden Baden-Württembergs spielte sich nach Aussage des dortigen Leiters im vergangenen Jahr Folgendes ab: Sein Kollege, der dort als Vertreter des Landkreises an den Pflegesatzverhandlungen mit den Altenheimen teilnimmt, kündigte an, in wenigen Monaten in Altersteilzeit gehen zu wollen. Davon erfuhren die Heime, die mit ihm regelmäßig zu tun hatten, offenbar recht schnell. Wenige Wochen später hatten der Leiter der Heimaufsicht und der entsprechende Kollege einen gemeinsamen Termin in einer neu eröffneten Einrichtung einer in der Region recht großen Heimkette.

Nach diesem Treffen nahm einer der Vertreter dieser Heimkette den Leiter der Heimaufsicht zur Seite und sprach ihn darauf an, dass sein Kollege sich »angeboten« habe, nach seiner Pensionierung als »Berater« für das Unternehmen tätig zu werden. Nach Einschätzung des Korruptionsexperten Uwe Dolata wäre dies ein handfester Fall von Korruption, sollte die Beratertätigkeit tatsächlich zustande kommen. Denn die beiderseitige Absichtserklärung, in naher Zukunft für dasselbe Unternehmen arbeiten zu wollen, dürfte ein konfrontatives Arbeiten zwischen Aufseher und Geprüftem erheblich erschweren.

# 9. Senioren, Rohstoff für die Pflegeindustrie

Zu wenig Personal, zu viele Medikamente – all diese Phänomene sind symptomatisch dafür, woran das deutsche Altenpflegesystem krankt: an Geldmangel, der zu schlechter Pflege führt. An Verstrickungen zwischen Anbietern und ihren Kontrolleuren und an Fehlkonstruktionen im Rechts- und Verwaltungssystem, das den Rahmen für das Handeln der Beteiligten vorgibt. Doch was heißt das konkret? Je länger man sich mit dem Thema beschäftigt, umso länger wird die Liste der Missstände und Tricksereien: Pflegebedürftige berichten, dass ihre Einrichtung ihnen jeden Monat mehr Geld vom Konto abbucht, als im Pflegevertrag steht. Die Angehörige eines Heimbewohners in Brandenburg erzählt etwa, dass sie bei der Heimverwaltung nachfragte, wie es zu der Fehlabbuchung gekommen sei – nachdem auch schon einige andere Bewohner derselben Einrichtung dieselbe Erfahrung gemacht hatten. Als Antwort erhielt sie von der zuständigen Sachbearbeiterin die lapidare Antwort: »Na, Sie haben aber gut aufgepasst. Gut, dass Sie mir Bescheid geben!« Ein anderes Beispiel ist das von Frau Goldmann, deren Ehemann seit einigen Monaten immer wieder Rechnungen für die an ihrem Mann in einem hessischen Pflegeheim geleistete Fußpflege erhält. Frau Goldmann würde die Rechnung ja bezahlen – wenn ihr Mann Füße hätte. Beide Beine wurden jedoch knapp unterhalb des Hüftgelenks amputiert.

Ein immer wiederkehrendes Thema bei den Recherchen ist die Qualität des Essens im Heim. Wie viel Geld ein Heimbetreiber pro Tag und Bewohner für Essen und Trinken ausgeben kann, wird in den regelmäßig stattfindenden Pflegesatzverhandlungen mit Krankenkassen und kommunalen Vertretern festgelegt. Ein Peilwert, der häufig als bundesweiter, realistischer Durchschnitt genannt wird, sind fünf Euro – eine Summe, für die man gerade mal eine Mahlzeit bei McDonalds bekommt. Davon soll ein Mensch einen ganzen Tag lang angemessen ernährt werden können, soll Frühstück, Mittagessen, Kaffee und Kuchen und Abendbrot bekommen. Fünf Euro – dafür bekommt man nicht viel. Dennoch müssen die Heime mit diesem Geld auskommen.

Schwierig wird es, wenn die Einrichtungen derart unter finanziellem Druck stehen, dass sie aus den Verpflegungssätzen sogar noch einen Gewinn ziehen sollen, sprich: noch weniger als fünf Euro pro Tag und Person ausgeben, damit die Differenzsumme als Gewinn für den Betreiber übrig bleibt. Genau das soll jedoch immer wieder geschehen. Der ehemalige Qualitätsmanager einer großen privaten Pflegekette etwa berichtet, dass zu seiner Zeit im Unternehmen die Vorgabe durch die Geschäftsführung galt, pro Person nicht mehr als drei Euro pro Tag auszugeben. Zwei Euro Reingewinn bei rund 8.000 Heimbewohnern, das macht 16.000 Euro pro Tag, fast sechs Millionen Euro pro Jahr.

Praktisch umgesetzt bedeutete das, dass beim Frühstück die Pflegekräfte, die die Teller anrichteten, nicht mehr als eine Scheibe Wurst pro Bewohner ausgeben sollten und die Salami manchmal schon verdächtig roch. Die Gewinne würden unter anderem erzielt, indem die Speisepläne sieben Wochen im Voraus festgelegt und dann für alle Einrichtungen zentral eingekauft werde. »Es gab möglichst selten, vielleicht einmal pro Woche, sogenannte regionale Küche. Damit waren die Vorgaben aus den Pflegesatzverhandlungen abgedeckt.«

Ein wesentlicher Sparfaktor sei jedoch das Küchenpersonal, sagt der Aussteiger: »Bei uns wurden möglichst viele halbfertige Komponenten eingekauft, das heißt zum Beispiel angebratene Frikadellen, die man nur noch in den Konvektomaten stecken musste.« Ein Konvektomat ist ein spezieller Heißluftofen, der häufig in Großküchen zum Einsatz kommt und besonders in Altenheimküchen weit verbreitet ist. Durch den Einsatz der vorgegarten Nahrungsmittel, erklärt der Manager, habe man wenig Personal in der Küche gebraucht, höchstens drei bis vier Angestellte pro Einrichtung. Der ehemalige Qualitätsmanager berichtet, ein von der Geschäftsführung eingesetztes Team sei von einem Heim zum nächsten unterwegs gewesen, um die »Effizienz« der Küche zu überprüfen. »Das hieß auch, dass sie die Resteeimer kontrolliert haben. Wenn die zu voll waren, wurde sofort an den Rationen gekappt.«

## Gewinne durch Outsourcing

In vielen Heimketten sind die Küchenteams heutzutage nicht mehr direkt beim Heim angestellt, sondern bei Tochtergesellschaften, die jedoch häufig zum Heimkonzern gehören. Dasselbe gilt häufig für die Putzfrauen und für die Angestellten in den Wäschereien. Dadurch erreichen die Geschäftsführer zweierlei: Zum einen sind die einzelnen »Firmen« innerhalb eines Heims so klein, dass sich dort keine Betriebsräte bilden können. Einige kirchliche Einrichtungen sparen auf diesem Weg auch an den Löhnen. Denn ihren eigenen Angestellten müssen sie Tariflöhne zahlen, die sich an den Löhnen und Gehältern des öffentlichen Dienstes orientieren – die Kirchen nennen dies den »dritten Weg«. Küchen- und Reinigungspersonal, das jedoch in eine Tochterfirma outgesourct wird, unterliegt diesen Vorgaben nicht. Die Dienstleistungsgewerkschaft Verdi prangert diese Auslagerungstaktik seit Jahren an. Das Einsparpotenzial für kirchliche Träger durch Outsourcing an Drittfirmen ist groß. Laut offizieller Pflegestatistik des Bundes war im Jahr 2009 etwa ein Drittel aller insgesamt 621.000 Beschäftigten in deutschen Pflegeheimen nicht in der Pflege beschäftigt, sondern in Küche, Reinigung, Verwaltung oder Haustechnik.

Auch der Präsident des deutschen Caritasverbandes, Peter Neher, kritisiert ein solches Vorgehen einiger seiner Mitglieder. »Das ist nicht legitim, es schadet unserer Glaubwürdigkeit«, so Neher, der jedoch gleichzeitig darauf hinweist, dass einige der Träger innerhalb seines Verbandes sich durch finanzielle Zwänge – etwa die steigenden regionalen Unterschiede in den Vergütungssätzen der Kassen – hierzu gezwungen sähen. In Niedersachsen etwa wurden über zwölf Jahre die Pflegesätze der Kassen nicht erhöht. Das lag daran, dass dort der Anteil privater Träger, die vergleichsweise niedrige Löhne zahlen, an allen Pflegeheimanbietern besonders groß ist. Fast zwei von drei Altenheimen werden in Niedersachsen, ähnlich wie in Schleswig-Holstein, von privaten Anbietern betrieben – weit mehr als im bundesweiten Durchschnitt, in dem eines von drei Heimen einer Privatfirma gehört.

Diese Marktaufteilung hat allerdings spürbare Folgen für alle Anbieter: Da sich die Pflegekassen an diesen Durchschnittskosten bei ihren Bemessungen orientieren, schauten die teureren und weniger wettbewerbsfähigen kirchlichen Heime in die Röhre – und reagierten entsprechend: So wurde 2009 der katholische Heimbetreiber »Caritas-Seniorendienste Hannover«, zu dem fünf Seniorenheime und eine ambulante Pflegestation gehörten, an das evangelische »Johannesstift« aus Berlin verkauft. Für die Mitarbeiter bedeutete das spürbare Einschnitte. Denn der dortige Tarifvertrag sah vor, dass bei wirtschaftlichen Schwierigkeiten Lohnabsenkungen um bis zu 13 Prozent möglich seien – und genau das verlangte der neue Eigentümer als Voraussetzung, um das Unternehmen zu kaufen und so vor der Insolvenz zu bewahren.

## Pudding aus Wasser

Wenn Heime ihr Küchenpersonal an Drittfirmen auslagern, kann das auch noch andere Vorteile haben. Zuweilen untersteht die Küche dann nicht mehr den Weisungen des Heimleiters. Ein ehemaliger Heimleiter derselben Kette berichtet, er habe der Küchenchefin in seiner Einrichtung keine Anweisungen geben dürfen, mehr zu würzen oder mehr Varianz in den Speiseplan zu bringen. »Ich musste mich jedes Mal an die Geschäftsführung in einer anderen Stadt wenden, wenn ich in unserer Küche etwas ändern wollte.«

Es sind aber auch die kleinen Stellschrauben, die einen entscheidenden Beitrag zum Konzerngewinn machen: Zweimal pro Woche, berichtet der Manager, gab es in den Einrichtungen Pudding zum Nachtisch. Dieser wurde allerdings nicht mit Milch gekocht, sondern mit Wasser. »Das allein machte pro Tag und Einrichtung eine Ersparnis von sechs Euro aus. Rechnen Sie das auf 50 Häuser hoch, 52 Wochen und zweimal pro Woche: Das macht über 30.000 Euro Reingewinn.« Viele Pfleger berichten auch von ihren Heimen von ähnlichen Sparmaßnahmen: Zum Abendessen gebe es fast immer billige Aufschnittwurst, nur selten Käse, da der ein paar Cent teurer sei. Gespart werde auch am Zucker. Grießbrei oder Milchreis seien kaum gesüßt und wenig genießbar.

## Keine Zeit zum Anreichen

Problematisch ist jedoch nicht nur, was auf den Tisch kommt, sondern auch, ob die Senioren überhaupt in der Lage sind, es zu essen. Brigitte Bührlen von der Münchener Selbsthilfegruppe für die Angehörigen von Pflegebedürftigen, dem »Forum Pflege aktuell«, erklärt, eine große Zahl von Pflegebedürftigen könne nicht selbstständig essen. Dafür gebe es diverse Ursachen, die von Zahnproblemen bis hin zu Depressionen reichen können. Auch die immer größer werdende Gruppe von Parkinson- und Alzheimerpatienten braucht häufig Hilfe beim Essen und Trinken.

In vielen stationären Pflegeeinrichtungen berichten Pfleger und Angehörige von Patienten, dass den Angestellten die Zeit fehlt, das Essen anzureichen. Rund 36.000 Menschen müssen heute laut aktuellem Stand des bundesweiten MDK-Qualitätsberichts Hunger oder Durst leiden, weil niemand Zeit hat, ihnen beim Essen oder Trinken zu helfen. Aus Zeitnot würden häufig Teller lediglich ans Bett oder an den Tisch gestellt und später wieder unberührt abgeräumt. In solchen Fällen bleibe den Pflegern oft gerade mal Zeit für einen entsprechenden Vermerk in der Krankendokumentation: »Bewohner hatte keinen Appetit.« Kein Wunder, dass die Senioren in manchen Pflegeeinrichtungen extrem schnell an Gewicht verlieren. Die Tochter einer mittlerweile verstorbenen Heimbewohnerin berichtete, wie ihre Mutter innerhalb weniger Monate fast zehn Kilo Gewicht verlor, weil niemand Zeit hatte, ihr beim Essen zu helfen.

Besonders gefährlich wird es für die Heimbewohner dann, wenn den Pflegern sogar die Zeit fehlt, ihnen beim Trinken zu helfen, vor allem im Sommer bei hohen Temperaturen. Dann droht den Bewohnern schnell Dehydrierung. Selbst das scheint jedoch weit verbreitet zu sein. Ein Sanitäter aus Nordrhein-Westfalen berichtet, dass er bei Notfallpatienten, die er aus Altenheimen abholt und in die Klinik bringt, mittlerweile routinemäßig eine Flüssigkeitsinfusion anlegt.

Kein Wunder, sagt Brigitte Bührlen, die ihre mittlerweile verstorbene, demenzkranke Mutter sieben Jahre zu Hause und 13 Jahre im Heim begleitete: »Getränke werden zwar in der Regel hingestellt, das Trinken selbst jedoch häufig nicht kontrolliert.« Bührlen glaubt, ohne ihre tägliche Hilfe beim Essen und Trinken wäre ihre Mutter vermutlich schon Jahre früher gestorben. Für einen Wohlfahrtsstaat wie Deutschland, sagt sie, mit ausreichend vorhandenen finanziellen Ressourcen, seien solche Zustände »nicht hinnehmbar«. Bührlen und ihr Verein brachten das Thema Pflege in Deutschland im Juni 2011 bis vor die Vereinten Nationen. Bührlen und ihre Mitstreiter stellten die bestehenden Missstände vor dem UN-Komitee für wirtschaftliche, soziale und kulturelle Rechte in Genf vor. Sie zeigten den UN-Vertretern unter anderem Fotos von schweren Dekubitus-Wunden. Sie und ihre Initiative erreichten mit ihren Schilderungen, dass das Komitee eine Rüge gegen Deutschland aussprach. Bereits zehn Jahre zuvor hatte die UN Deutschland für die Vielzahl von Missständen in seinen Pflegeeinrichtungen kritisiert. Nach der Anhörung im Sommer 2011 stellte der Ausschuss fest, dass seither so gut wie nichts passiert sei. »Mit tiefer Besorgnis« nehme man zur Kenntnis, dass die Bundesrepublik »keine ausreichenden Maßnahmen unternommen hat, um die Situation älterer Menschen in Pflegeheimen zu verbessern«. Konkret prangerte das UN-Gremium die häufige Personalunterdeckung an und die daraus resultierende Tatsache, dass viele Menschen »weiterhin unangemessene Pflege« erhielten.

## Die 24-Stunden-Windel

Mit dem Anteil der Demenzkranken, die in deutschen Pflegeheimen leben, steigt auch die Zahl derer, die inkontinent sind. Experten schätzen, dass heute in vielen Einrichtungen bereits 60 bis 70 Prozent aller Heimbewohner nicht mehr selbstständig zur Toilette gehen können und auf Inkontinenzeinlagen angewiesen sind. Ein Inkontinenzpatient kostet eine Kasse etwa 35 bis 40 Euro zusätzlich pro Monat. Bis vor wenigen Jahren gab es auch hier viel Raum für Extraverdienste für Heimbetreiber. Ein ehemaliger Regionalleiter einer privaten Heimkette erzählt, zu seiner Zeit hätten die Heime die Inkontinenzmaterialien häufig, in Absprache mit der Kasse, zentral für ihre Bewohner eingekauft, und dafür von dieser eine monatliche Pauschale pro Bewohner bekommen. Sei der Einkaufspreis günstiger gewesen als diese Pauschale, hätte das Heim die Differenz als Reingewinn einstreichen können. Auch seien Verträge mit den Herstellern von Inkontinenzeinlagen Standard gewesen, die Rückvergütungen enthielten, sogenannte Kick-Back-Zahlungen. Das Prinzip funktioniert so: Der Auftraggeber, also die Heimkette, schließt einen Vertrag mit einem Hersteller ab, der künftig alle Heime der Kette mit Windeln für die Heimbewohner beliefert. Der vereinbarte Einkaufs-

preis, der bei der Kasse als Grundlage für die nächste Fallkostenpau-
schalen-Verhandlung vorgelegt wird, liegt höher als die tatsächlichen Kosten. Den Gewinn teilen sich Hersteller und Heimbetreiber.
Ähnliche Vereinbarungen gab es teilweise auch mit den Herstellern
von Wundmaterialien und Magensonden.

Heute, sagt ein Sprecher der AOK Hessen, funktioniere das allerdings nicht mehr. Denn nun schließen demnach in der Regel die
Kassen selbst die Einkaufsverträge mit den Herstellern der Inkontinenzmaterialien. Die Windelpakete werden direkt als Sachleis-
tungen ins Heim oder zum ambulant versorgten Pflegebedürftigen
nach Hause geliefert. Was offensichtlich jedoch heute noch in manchen Einrichtungen stattfindet, ist die Praxis, Bewohner, die nicht
inkontinent sind, als solche einstufen zu lassen, damit die Windeln
für andere Bewohner verwendet werden können. Daran verdient das
Heim natürlich nichts – aber es hilft den wenig finanzstarken Bewohnern, die sich keine Zuzahlungen für zusätzliche Inkontinenzmaterialien leisten können.

Der Trend bei der Inkontinenzversorgung geht offenbar zur immer
größeren Windel. Im Fachhandel sind Windeln erhältlich, die ein
Fassungsvermögen von fast vier Litern haben. Der Buchautor Markus Breitscheidel zog vor ein paar Jahren als angelernter Altenpfleger durch verschiedene deutsche Altenpflegeheime, arbeitete dort
jeweils mehrere Wochen und veröffentlichte seine Erfahrungen in
dem Buch *Abgezockt und totgepflegt – Alltag in deutschen Pflegeheimen*. Breitscheidel beschreibt in einem Kapitel seines Buchs den Besuch eines Vertreters für Inkontinenzmaterialien in einer der Einrichtungen. Dieser habe empfohlen, angelehnt an Modellversuche aus
Frankreich und Dänemark, die Windeln nur noch dreimal täglich
zu wechseln. Dafür habe seine Firma ein neues Windel-Modell entwickelt, das saugfähiger sei als seine Vorgängermodelle. Allerdings,
so der Vertreter, seien diese natürlich teurer und könnten daher nur
bei Bewohnern angewendet werden, die bereit seien, eine Zuzahlung

zu leisten. Für alle anderen Bewohner gebe es ein »abgespecktes« Modell mit weniger Saugkraft. Auf die Frage des Pflegers, ob für die weniger finanzkräftigen Bewohner, die sich nur die Basisversion der Windel leisten könnten, nicht die Gefahr für Dekubiti steige, wenn nur noch dreimal am Tag einen Windelwechsel erfolge – schließlich fördere die Feuchtigkeit das Entstehen von Pilzen und offenen Stellen – habe der Vertreter geantwortet: »Ich bin keine Pflegekraft und kann das nicht beurteilen.« Heute, sagt der Sprecher der AOK Hessen, hätten die Kassen jeweils mit bestimmten Herstellern ihre Rahmenverträge. »Nur, wer seine Inkontinenzmaterialien bei einem anderen Hersteller beziehen möchte, zahlt den Aufschlag selbst.«

Natürlich kostet auch die Versorgung von Inkontinenzpatienten die Pflegenden viel Zeit und Nerven: Windeln wechseln, den Po saubermachen, verschmierte Exkremente wegwischen. Mancherorts wissen sie sich offenbar zu helfen. Eine Angehörige, deren demenzkranker Ehemann bis vor wenigen Jahren in mehreren Heimen in Niedersachsen lebte, berichtet, dass er in einer der Einrichtungen anstatt eines Schlafanzugs Papieroveralls tragen musste, die er nicht selbst öffnen konnte. Das habe dazu gedient, dass er sich nach dem Stuhlgang nicht die volle Windel, die ja nun stank und am Körper rieb, selbst ausziehen konnte. Ohne die Papieroveralls, hätte ihr eine Pflegerin erklärt, käme es immer wieder vor, dass die Exkremente am Morgen im ganzen Bett verschmiert seien, was den Pflegekräften im stressigen Frühdienst viel zusätzliche Arbeit gemacht hätte.

Immer häufiger entlädt sich der Stress der Pflegenden auf den Alten, bis hin zur körperlichen Gewalt. Der MDK-Dachverband MDS in Essen bezeichnete die Gewalt gegen pflegebedürftige Menschen vor Kurzem in einer Pressemitteilung als »Problem von erheblichem Ausmaß«. Konkrete Statistiken darüber, wie viele Gepflegte Opfer von Gewalt werden, existieren allerdings nicht, was daran liegt, dass die Misshandlungen hinter geschlossenen Türen stattfinden – und daran, dass viele der Opfer sich nicht mehr mitteilen können. »Auf eine registrierte Misshandlung kommen in der Regel fünf Gewalttaten, die im Dunklen bleiben«, schreibt der MDS, der Überforderung von Pflegepersonen als eine der zentralen Ursachen nennt und derzeit an einem Präventionsprojekt arbeitet.

## Wie im Gefängnis

Zuweilen machen Pflegeheime mit renitenten Bewohnern kurzen Prozess: Wer zu viel wegläuft oder andere Bewohner belästigt, wird in manchen Einrichtungen mit Gurten an Bett oder Rollstuhl festgebunden. »Fixierung« heißt das in der Fachsprache oder auch »freiheitseinschränkende Maßnahme« (FEM). Rechtlich gesehen ist dafür stets eine richterliche Anordnung nötig. In der Praxis gibt es die aber oft nicht. Eine andere Art der in Pflegeeinrichtungen weit verbreiteten, weil weniger auffälligen Fixierung sind Rollstühle mit angeschraubten Tabletthaltern. Einmal vom Pflegepersonal geschlossen, haben sie denselben Effekt wie Festschnallgurte: Der alte Mensch kann nicht mehr allein aufstehen.

Solche Maßnahmen klingen wie Schauermärchen aus dem vergangenen Jahrhundert. Tatsächlich sind sie in deutschen Pflegeheimen heute weit verbreitet. Der im Frühjahr 2012 vorgestellte Qualitätsbericht zur Pflege in Deutschland des MDK kam zu dem Ergebnis, dass jeder fünfte Heimbewohner, insgesamt rund 140.000 Menschen, mit Gittern, Gurten oder abgeschlossenen Türen ihrer Freiheit beraubt werden – mehr, als es Häftlinge in deutschen Gefängnissen gibt, wie der Vorsitzende der Deutschen Hospizstiftung, Eugen Brysch, bei der Vorstellung der Zahlen anmerkte. Wo Bewohner stundenlang in fester Position an den Rollstuhl oder das Bett fixiert sind, muss es nicht wundern, dass der Dekubitus, also wundgelegene Stellen, quasi zur Volkskrankheit avanciert: Der Qualitätsbericht der Kassenprüfer kommt zu dem Ergebnis, dass bei knapp der Hälfte aller Heimbewohner eine Gefahr zum Wundliegen besteht.

Offensichtlich zeigt diese Zustandsbeschreibung aber schon eine Besserung. Zehn Jahre zuvor hatte der Freiburger Rechtsexperte Klie eine Studie veröffentlicht, in der er die Lebensbedingungen von 6.000 Münchener Heimbewohnern untersuchte. Laut den Ergebnissen waren bei 41 Prozent von ihnen abends die Bettgitter hochgezogen. Bei mehr als der Hälfte der Betroffenen fehlte die bei dementen Patienten dafür notwendige richterliche Genehmigung. Die »Fixierungsquote«, die Klie für die verschiedenen untersuchten Einrichtungen feststellte, schwankte zwischen 4 und 58 Prozent. Laut dem aktuellen MDK-Bericht soll heute noch immer bei jedem zehnten Fixierten die richterliche Anordnung fehlen. Das wären 14.000 Menschen, die ohne rechtliche Grundlage ihrer Freiheit beraubt werden – so viele wie die Bewohner einer Kleinstadt. Wer eine solche rechtswidrige Fixierung feststellt, zum Beispiel bei der eigenen Mutter, kann dagegen einen Strafantrag stellen.

Allerdings, sagt der Kölner Rechtsanwalt und Experte für Betreuungsrecht Armin Viersbach, gingen die ermittelnden Staatsanwälte solchen Fällen oft »leider nicht mit großer Akribie und großem Elan nach«, was an der Vielzahl von Strafanträgen liege, mit denen sich die Staatsdiener tagtäglich befassen müssten. Im Klartext: Die Risiken für die Verantwortlichen in den Heimen sind, selbst im Falle einer Anzeige, zu vernachlässigen.

Natürlich meinen die verantwortlichen Pfleger es gut: Die Senioren sollen vor Stürzen bewahrt werden, vor Hüftfrakturen oder dem gefürchteten Oberschenkelhalsbruch, den viele in diesem Alter nicht überleben. Das Bewusstsein dafür, dass solche nicht genehmigten Fixierungen rechtswidrig sind, fehlt den Verantwortlichen häufig. Manche Heimleiter betreiben die Fixierungspraxis auch ganz einfach aus Selbstschutz: Denn zieht sich ein Heimbewohner einen komplizierten Bruch zu, kommt es zuweilen zu Regressforderungen der Krankenkassen an die Heime. Denn die Kassen müssen in diesem Fall die teure Krankenhausbehandlung zahlen.

So geschehen vor einigen Jahren etwa in einem Fall, der bis vor den Bundesgerichtshof ging. Die Kasse lastete dem Heimbetreiber unter anderem an, bei der betroffenen Bewohnerin nicht das Bettgitter geschlossen zu haben. Die Richter des BGH gaben allerdings dem Heim Recht – es musste nicht zahlen. Doch auch die Alternative zur Fixierung, nämlich Rund-um-die-Uhr-Betreuung, kommt das deutsche Sozialsystem extrem teuer. Dies belegt etwa ein Fall einer rechtswidrigen freiheitsentziehenden Maßnahme, der vor einigen Monaten in Süddeutschland Schlagzeilen machte. Dort entschied das Freiburger Sozialgericht per Eilentscheid, dass eine 80-jährige Heimbewohnerin, schwerst pflegebedürftig, aus Titisee-Neustadt nicht mehr nachts am Bett festgebunden werden darf – und stattdessen der Sozialhilfeträger eine Nachtwache, nur für die alte Dame, finanzieren muss.

Eine Fixierung nimmt den alten Menschen vieles an Mobilität. Untersuchungen haben ergeben, dass bereits über wenige Wochen angewandte Fixierungen zu Muskelabbau führen. Inkontinenz wird begünstigt, ebenso das Entstehen von Druckgeschwüren – was wiederum die sozialen Sicherungssysteme belastet. Die Behandlung eines Dekubitusgeschwürs im Krankenhaus kann bis zu 25.000 Euro kosten. Und: Werden solche Fixierungen nicht richtig angewendet, können sie selbst zur Gefahr für die Betroffenen werden. Laut einem vor Kurzem in der *Frankfurter Allgemeinen Zeitung* veröffentlichten Bericht gibt es pro Jahr etwa 30 Todesfälle in deutschen Pflegeheimen durch »falsche Fixierungen«: Wenn der Gurt nicht sachgemäß befestigt ist, Seitenriemen vergessen werden oder das Bettgitter nicht hochgeklappt wird, kann man sich versehentlich so aus dem Gurt herauswinden und mit dem Hals hineingeraten, dass man sich selbst stranguliert.

Das Bundesfamilienministerium rief auch deshalb vor ein paar Jahren eine Initiative gegen Fixierungen ins Leben, an der auch der Freiburger Professor Thomas Klie mitwirkte. Redufix heißt das Projekt, in dem erarbeitet wird, wann eine Fixierung sinnvoll sein kann und welche Alternativen es gibt: Sensormatten, die melden, wenn ein Bewohner aus dem Bett aufsteht, weiche Hüftprotektoren, Niederflur-Betten, die nur 30 Zentimeter hoch sind. In ihrem Modellprojekt kamen die Forscher zu dem Ergebnis, dass die Zahl der Fixierten ohne großen Aufwand deutlich reduziert werden könnte. Zu einem ähnlichen Ergebnis kam ein Projekt der »Initiative zur Vermeidung freiheitseinschränkender Maßnahmen in der beruflichen Altenpflege«, an dem unter anderem die Forscher der Universität Witten/Herdecke mitwirkten.

Mittlerweile gibt es in stationären Pflegeeinrichtungen jedoch auch subtilere Formen der Freiheitseinschränkung, wie unabhängige Branchenberater berichten. Eine Variante ist demnach die Architektur des Heims: Einige Pflegeheimbetreiber planen ihre neuen Häuser als quadratische Wohnkomplexe, die rund um Innenhöfe gebaut sind. Auf diese Weise können die Bewohner das Haus nur verlassen, wenn sie den zentralen Ein- und Ausgang nehmen, an dem in der Regel jemand am Empfang sitzt. Manche Heimleiter erklären offen, dass sie durch diese Architektur weniger Personal bräuchten.

# 10. Unabhängige Bewertung unerwünscht

Die Angst der Deutschen, später einmal zum Pflegefall im Heim zu werden, ist groß. Fast ebenso weit verbreitet ist allerdings die Sorge, einmal die eigene Mutter oder den Vater in einem Pflegeheim unterbringen zu müssen. Denn meistens sind es die Kinder, manchmal auch der Ehepartner, die den Heimplatz aussuchen müssen und damit die Verantwortung tragen, eines der »guten« Heime auszusuchen. Was keine ganz leichte Aufgabe ist in der Bundesrepublik im Land 2012. Zwar gibt es eine wachsende Zahl von Bewertungsportalen – doch die dort vergebenen Noten sind bislang nur wenig aussagekräftig. Und die Branche selbst bekämpft deren Weiterentwicklung mit Vehemenz. Zuweilen zieht sie gegen mehr Transparenz sogar vor Gericht.

Wer plötzlich selbst vor der Aufgabe steht, einen Heimplatz oder eine ambulante Pflege für sich oder seine Angehörigen zu organisieren, fühlt sich angesichts des unübersichtlichen Angebots, insgesamt gibt es knapp 24.000 Heime oder ambulante Pflegedienste, oft überfordert. Wo soll man mit der Suche anfangen? Die meisten Neulinge auf diesem Gebiet suchen wahrscheinlich erst einmal per Google nach Pflegeheimen in ihrer Region oder blättern im Branchenbuch, um sich dann auf den Internetseiten der jeweiligen Einrichtungen zu informieren. Dort gibt es meist Werbekatalogfotos mit glücklich lächelnden Senioren zu bestaunen, manchmal künden Pressemitteilungen von Auszeichnungen, die ein Heim gerade von einem Branchenmagazin erhalten hat. Viele Heime betreiben sogar eigene Weblogs, in denen von Bewohnerausflügen, Sommerfesten und dergleichen berichtet wird. Über die Ausstattung der Heime mit ausgebildeten Altenpflegern oder darüber, wie viele Bewohner unter wundgelegenen Stellen leiden, erfährt man hier natürlich nichts.

## Staatliches Prüfsiegel? Fehlanzeige

Eine öffentliche staatliche Qualitätskontrolle, etwa in Form eines offiziellen Testsiegels für Pflegeheime, existiert nicht – und das in einem Land, in dem die Stiftung Warentest jeden neuen Kühlschrank und jeden Fernseher unter die Lupe nimmt. Eigentlich hatte die Bundesregierung schon 2007 angekündigt, dass die Prüfberichte der Kassen »in verständlicher Sprache aufbereitet und veröffentlicht« werden sollten. Doch es sollte noch zwei Jahre dauern, bis diese öffentliche Prüfung der Pflegeheime – gegen vehementen Widerstand der Lobby der Heimbetreiber – gesetzlich festgeschrieben wurde. Erst da traten die Pflegekassen auf den Plan. Seitdem erstellen deren Prüforgane, die Medizinischen Dienste der Krankenversicherung, ihre Pflegenoten. Das bekannteste unter den Internetportalen, auf denen man die Noten nachlesen kann, ist der »Pflegelotse«, ein Angebot der Ersatzkassen. Von den Ortskrankenkassen gibt es den AOK-Gesundheitsnavi, der die Noten ähnlich sortiert.

Die MDK-Prüfer kommen heute unangemeldet in die Einrichtungen, sie prüfen stichprobenartig das Wohlergehen einzelner Patienten und die Angebote des Pflegeheims. Besonders wichtig ist bei der Prüfung jedoch – und dies wird in der Branche heftig kritisiert – wie genau die Pflegekräfte die Dokumentation geführt haben. Also die Behandlungsakten der Bewohner: Ist dort vermerkt, wer wie oft im Bett gewendet wurde, wie oft geduscht und wie viel Milliliter ein Patient getrunken hat? Ist eine Dokumentation schlampig oder lückenhaft, ist das Anlass für die Prüfer, eine schlechte Pflegenote zu vergeben. Auch, wenn es auf den Gesundheitszustand der Patienten unter Umständen keine Auswirkung hat.

Seit 2009 haben die Kassen-Kontrolleure flächendeckend die Qualität von Heimen und Pflegediensten geprüft. Die Noten, die sie
vergeben, sind allerdings wenig aussagekräftig. Man muss sie lesen
können. Für jedes Heim gibt es eine Gesamtnote, im Schulnoten-
system von 1 bis 6. Theoretisch. Praktisch wird ein Hilfesuchender
kaum eine Note finden, die schlechter ist als eine 4. Die Qualität der
Heime ist demnach flächendeckend überall in Deutschland »ausreichend« – was angesichts einer beträchtlichen Zahl an Zwangs-
schließungen und Aufnahmestopps den Betrachter doch stark verwundert. In Baden-Württemberg etwa liegt die Durchschnittsnote
bei 1,2; in den Bundesländern mit den schlechtesten Werten, Bayern
und Schleswig-Holstein, liegt der Schnitt bei 2,1. »Die Noten sind
zum Verbraucherschutz ungeeignet, da diejenigen, die die Kriterien
festlegen – also Kassen und Heimbetreiber – jeweils ökonomische
Interessen haben«, urteilt Sozialrechtler Klie.

Die guten Bewertungen kommen zustande, weil in die Gesamtnote einer Einrichtung neben wichtigen, aussagekräftigen Kriterien
wie Dekubitusvorsorge auch Noten für eher nebensächliche Nuan-
cen einfließen, zum Beispiel »Speisepläne gut lesbar« oder »Auf-
enthaltsflächen im Freien zielgruppengerecht gestaltet«. Immerhin, argumentiert man beim MDK selbst, gebe eine vergleichsweise
schlechte Note einen ersten Hinweis darauf, dass man bei einem bestimmten Heim vorsichtig sein sollte. Eine weitere wichtige, wenn
auch wenig überraschende Entscheidungshilfe nennt der aktuelle
RWI-Pflegeheim Rating Report: Die teureren Heime haben, zumindest im Vergleich innerhalb eines Bundeslandes, tendenziell die besseren Noten.

Ratsuchende müssen jedoch tiefer in die Benotungsseiten der In-
ternetportale einsteigen, um wirklich verwertbare Informationen
zu erhalten. Der MDK rät, gerade Angehörigen bettlägeriger Patienten, sich bis zu den Prüfnummern 7, 15 und 18 durchzuklicken,
wo die Dekubitus-Prophylaxe, die Ernährung der Bewohner und

die Flüssigkeitsversorgung bewertet werden. Wichtig seien für die schwer Pflegebedürftigen auch die Punkte 20 (Schmerzbehandlung) und 23 (Inkontinenzversorgung). Erst, wenn die Noten zu diesen Kriterien stimmen, sei zumindest die sogenannte »Satt-und-Sauber-Versorgung« gewährleistet, also eine Pflege, bei der die Senioren körperlich gut versorgt sind, jedoch keinerlei Zeit für persönliche Ansprache bleibt. Fällt jedoch wiederum ein einzelner dieser Punkte aus der Reihe, kann es sein, dass ein reiner Formfehler in der Dokumentation die Ursache dafür war. Dann ist laut MDK die entscheidende Frage, ob sich ein Heim, das in einzelnen Bereichen oder auch insgesamt bei der Benotung schlecht abgeschnitten hat, eine Wiederholung der Prüfung beantragt hat. Nur dann schließlich sieht es sich in der Lage, die beanstandeten Mängel zu beheben.

Eigentlich bräuchten Laien die Hilfe von professionellen Pflegelotsen, um die wichtigen Aussagen aus den Prüfnoten herauslesen zu können – oder ein Pflegelotsen-Diplom. Kein Wunder, dass die Verbraucher die dortigen Pflegenoten bisher nicht als Entscheidungshilfe akzeptieren, wie Max Geraedts, Pflegeforscher an der Universität Witten/Herdecke herausfand. Laut seiner im Dezember 2011 veröffentlichen Forschungsarbeit kennen zwar über 40 Prozent der Befragten die MDK-Noten, doch bezeichnete ein Großteil sie schlicht als nicht sonderlich hilfreich bei der Auswahl einer Pflegeeinrichtung.

> »Viel wichtiger als die pflegefachlichen Kriterien dieser Berichte sind den Menschen in unserer Umfrage die Pflegekräfte. Ob es genügend sind, ob sie freundlich sind, welche Ausbildung sie haben, ob sie respektvoll mit den Bewohnern umgehen, wie viel Zeit sie haben. Das alles spielt eine viel größere Rolle bei der Auswahl einer Pflegeeinrichtung«,

so Geraedts. Sein Fazit:

>»Die offiziellen Transparenzberichte müssen verbessert wer-
den. Es kommt darauf an, verständliche und aus Sicht der Bevölkerung relevante Kriterien zu vergleichen.«

Auch Rechtsexperte Klie fordert eine grundlegende Überarbeitung
des Notensystems.

## Betreiber ziehen gegen ihre Bewertung vor Gericht

So wenig beachtet die »Transparenzberichte« der Kassen auch sein
mögen: Viele Heime wehren sich dennoch mit Händen und Füßen gegen diese unabhängige Bewertung. Teilweise zogen sie deshalb sogar bis vor Gericht. Die nordrhein-westfälische Betreibergesellschaft CBT (Caritas Betriebsführungs- und Trägergesellschaft
mbH) mit Sitz in Köln reichte Anfang 2010 eine Grundsatzklage
ein. Per einstweiliger Anordnung versuchte die Gesellschaft sogar,
die Veröffentlichung bereits vorgenommener Bewertungen zu verhindern. Die Argumentation lautete, die Prüfkataloge und Bewer-
tungskriterien stünden fachlich betrachtet auf »unsicheren Füßen«,
sie seien nicht sorgfältig genug erarbeitet worden. Auch spiegelten
die Prüfergebnisse in den CBT-Häusern die »tatsächliche Qualität«
in »keiner Weise wider«.

Auch zwei Essener Pflegeheime klagten gegen ihre Benotung, vor
dem Sozialgericht Münster. Und tatsächlich befanden die Richter,
dass die Pflegenoten vielfach zu undifferenziert vergeben würden.
Das Problem ist, dass die Prüfer selbst in manchen Kategorien wenig
Spielraum haben. Sie können zum Beispiel nur bewerten, ob struk-
turierte Pflegepläne oder Therapie-Angebote vorhanden sind oder
nicht. Gibt es sie, erhält das Heim die Note 1, gibt es sie nicht, die
Note 5. Das aber führt laut Richterspruch zu wenig aussagekräftigen
Ergebnissen. Außerdem, argumentieren die Heime, lässt sie die Tatsache, dass die Prüfer höchstens alle paar Monate kommen, schlecht

aussehen: Ein Mangel, der längst abgestellt wurde, taucht deshalb noch immer in der öffentlich einsehbaren Bewertung auf.

Von den staatlichen Aufsichtsbehörden mögen die Betreiber sich nicht zu sehr in die Karten schauen lassen. In Bayern rief der Arbeitgeberverband Pflege seine Mitglieder 2011 dazu auf, gegen die dortigen gesetzlichen Transparenzregelungen zu klagen. Im Pflege- und Wohnqualitätsgesetz des Freistaats ist vorgeschrieben, dass, zusätzlich zu den veröffentlichten MDK-Noten, die Prüfberichte der Heimaufsichten im Internet veröffentlicht werden müssen. Verbandspräsident Thomas Greiner geißelte die Regelung als »unkommentierte Zwangsveröffentlichung«. Unter den Klägern war unter anderem Kursana, die Pflegeheimtochter des »privaten Multidienstleisters« Dussmann Gruppe, der sein Geld – jährlich rund 1,6 Milliarden Euro – unter anderem mit Gebäudereinigung und Sicherheitsdienstleistungen verdient. Der Verband und seine klagenden Mitglieder argumentierten, schließlich seien diese Berichte für Fachleute geschrieben und würden daher Laien eher verwirren, als ihnen bei der Orientierung zu helfen. Die bayerische Rechtsprechung schlug sich auf die Seite der Heime – und verhinderte somit mehr Transparenz: Im Januar 2012 entschied der dortige Verwaltungsgerichtshof, dass die Kreisverwaltungen die Prüfberichte ihrer Heimaufsichten künftig nicht mehr veröffentlichen dürfen.

Was die Prüfberichte der Kassen angeht, so wissen diese selbst, dass ihr Notensystem verbesserungswürdig ist. Doch Teile der Pflege-Lobby verhinderten bisher erfolgreich, sie zu verbessern. So zumindest stellt es der MDK-Spitzenverband MDS dar: Im Herbst 2010 rief der Spitzenverband der gesetzlichen Krankenkassen (GKV) die kommunalen Spitzenverbände und die wichtigen Verbände der Pflegeeinrichtungen und -dienste zu Verhandlungen über eine Weiterentwicklung der Noten zusammen. Doch nach monatelangen Verhandlungen, sagt MDS-Pflegeexperte Jürgen Brüggemann, seien die Verhandlungen an der Blockadehaltung zweier kleinerer Pflegeverbände gescheitert, dem Verband Deutsche Alten- und Behindertenhilfe (VDAB) und dem Arbeitgeber- und Berufsverband der Privaten Pflege (ABVP). »Die beiden Verbände haben grundsätzliche Vorbehalte zur Weiterentwicklung der Transparenzvereinbarungen«, erklärt Brüggemann, sie forderten stattdessen eine völlige Neuausrichtung des Systems. Obwohl die beiden Verbände weniger als fünf Prozent aller Pflegeheimanbieter repräsentieren, konnte keine Reform verabschiedet werden, da laut Gesetz für eine Weiterentwicklung der Pflegenoten zum damaligen Stand die Zustimmung aller Vertragspartner notwendig war.

Die Blockadehaltung führte dazu, dass bis heute keine besseren, aussagekräftigeren Prüfungen in Deutschland gemacht werden können, die Angehörigen auf der Suche nach einem Heimplatz helfen könnten. In einer Pressemitteilung ätzten die anderen Verhandlungsteilnehmer:

> »Von der Verweigerungshaltung der kleinen Verbände profitieren solche Pflegeeinrichtungen, die heute eine mangelhafte Bewertung in diesen besonders kritischen Pflegebereichen, wie zum Beispiel Flüssigkeitsversorgung, erhalten haben.«

Vor Kurzem, erklärt Brüggemann, gab es allerdings eine Gesetzesänderung und eine neue Verhandlungsrunde wurde eingeläutet. Möglicherweise wird in diesem Jahr eine Schiedsstelle angerufen, die dann den Weg für neue Transparenzregeln ebnen könnte.

## Die »Sozialisierung der Unterdrückten«

Was den Prüfern das Leben zusätzlich schwer macht, ist die Tatsache, dass die vom MDK befragten Heimbewohner sich kaum negativ über ihre Einrichtung äußern – selbst dann nicht, wenn sie lange Wartezeiten in Kauf nehmen müssen, bis ihnen ein Pfleger etwas zu trinken bringen oder sie zur Toilette begleiten kann. Deshalb weicht die Note, die Heimbewohner in der Befragung des »Pflegelotsen« geben, oft deutlich von der Note ab, die die MDK-Prüfer selbst vergeben. Wo der MDK eine 3 verhängt, geben die Bewohner oft noch eine glühende 1,3. Der Pflegeexperte einer großen Krankenkasse nennt dieses Phänomen »die Sozialisierung der Unterdrückten«: Die überlasteten Pfleger und die dadurch zu kurz kommenden Heimbewohner bilden eine Einheit. MDS-Sprecherin Grote sagt:

> »Die Bewohner befinden sich vielfach in einem Abhängigenverhältnis: Sie scheuen davor zurück, sich allzu laut zu beschweren. Auch fehlt ihnen meist die Vergleichsmöglichkeit, sie kennen gar keine Unterschiede.«

Der Essener Heimleiter Andreas Bik, dessen katholische Einrichtung sich per Gericht gegen die Pflegenoten der Kassen zur Wehr setzte, begründet seine Ablehnung nicht damit, dass die Noten zu schlecht seien. Sondern damit, dass sie zu gut seien. Sie würden nicht ratsuchenden Pflegebedürftigen und ihren Angehörigen dienen, sondern nur den Politikern: »Wenn man es wagt, öffentlich zu sagen, die Noten sind zu gut, wird man als Nestbeschmutzer beschimpft, von wegen: Nimm doch unseren Pflegekräften nicht das letzte bisschen Motivation.« Bik sagt, die Pflegenoten seien nicht viel mehr als eine »Beruhigungspille« für die Politik: »Stellen Sie sich mal vor, das Durchschnittsergebnis wäre nicht 1,2, sondern 4,5 – was der Realität entsprechen würde. Dann wäre ja Handlungsbedarf für die Politik da.« Auch die Kassen und Sozialämter der Städte hätten durch die guten Noten ein Argument, um sich gegen höhere Geldforderungen der Heime in Pflegesatzverhandlungen zu wehren. »Die sagen dann: Was regen Sie sich so auf, Sie haben doch Top-Noten!«

Seit einigen Monaten gibt es nun bei der Bewertung erste zaghafte Alternativangebote zu denen der Kassen. Die Bundesinteressenvertretung der Nutzerinnen und Nutzer von Wohn- und Betreuungsangeboten im Alter und bei Behinderung (BIVA) betreibt ein eigenes Portal: www.heimverzeichnis.de. Hier werden die Heime mit einem eigenen Qualitätssiegel ausgestattet, dem »Grünen Haken« für Verbraucherfreundlichkeit – wenn sie sich von den unabhängigen, freiwilligen Prüfern des Verbandes unter die Lupe nehmen lassen. Geprüft wird dabei, ob sich die Heime an Vorgaben halten, die eigentlich in Pflegeheimen selbstverständlich sein sollten: Ob die Bewohner mit gebührendem Respekt behandelt werden, ihre Intimsphäre gewahrt bleibt und ihre Wünsche und Gewohnheiten berücksichtigt werden. Bisher sind in der bundesweiten Datenbank allerdings erst gut 2.000 Heime erfasst. Eine Alternative ist die von der Bertelsmann-Stiftung und verschiedenen Patientenorganisationen ins Leben gerufene »Weiße Liste« (http://pflegeheim.weisseliste.de), bei der Heime nach 16 Kriterien überprüft werden. Auch hier erfährt der Hilfesuchende allerdings nichts über die Pflegequalität, sondern es wird lediglich angezeigt, ob in der jeweiligen Einrichtung momentan freie Plätze verfügbar sind, und es gibt Details zu den Wohnstandards: Kann man seine eigenen Möbel mitbringen, sind Haustiere erlaubt, wird Fußpflege angeboten?

## Selbst die Beratungsstellen sind schwer zu finden

Dass die Qualität der Altenpflegeheime und ebenso die der ambulanten Pflegedienste für Laien so schwer zu durchschauen ist, liegt auch daran, dass diejenigen Stellen, die eigentlich für Orientierung im System sorgen sollen, zuweilen selbst nur schwer zu finden sind: die sogenannten Pflegestützpunkte. Diese Einrichtungen muss es per Gesetz seit dem Jahr 2008 »wohnortnah« geben, um Hilfesuchende zu allen sozialrechtlichen und pflegerischen Versorgungsaspekten zu beraten. Zu den Aufgaben dieser Stützpunkte gehört zum Beispiel, dass die dortigen Berater den Hilfesuchenden Übersicht über die Anbieter von Kurzzeitpflege oder Essen auf Rädern geben, Listen freier Plätze in Altenpflegeheimen ausdrucken oder Telefonnummern von Seniorenvereinen verteilen.

Wie genau diese Pflegestützpunkte aufgebaut sind, wie viele es davon geben muss und wo sie genau angesiedelt sind, entscheiden aber in jedem Bundesland die obersten Landesbehörden, die dazu Vereinbarungen mit den jeweiligen Pflegekassen treffen. Manche Pflegestützpunkte werden von Mitarbeitern der Kreisverwaltungen betrieben, andere in den Niederlassungen der Krankenkassen, wieder andere in Rathäusern. Das Ergebnis dieser Ausgestaltung ist, dass es bisher in 14 Bundesländern solche regionalen Pflegestützpunkte gibt – insgesamt rund 380, doch deren Verbreitung variiert extrem: In Rheinland-Pfalz sind es 136, in Hessen lediglich 22. Nur die wenigsten Pflegebedürftigen werden sich jedoch ins Auto setzen und 150 Kilometer fahren, um sich beraten zu lassen. Für die Betroffenen ist es zuweilen auch schwierig, die Pflegestützpunkte zu finden, denn ein von offizieller Seite betriebenes Register existiert nicht. Vor wenigen Monaten startete die Berliner Stiftung ZQP, hinter der die privaten Krankenkassen stehen, deshalb ein eigenes Register (http://psp.zqp.de/) mit einem Überblick über die Stützpunkte.

Pflegeexperten kritisieren allerdings, die Stützpunkte seien in einigen Bundesländern alles andere als unabhängig, und das sogar absichtlich: In Rheinland-Pfalz etwa sind sie in Kooperation mit den Trägern aufgebaut – was konkret bedeutet, dass in einer Stadt vielleicht die Arbeiterwohlfahrt die Patienten an den besten Pflegedienst verweist und in der nächsten die Caritas.

## Private Vermittler profitieren

Wer sich in einem solchen Pflegestützpunkt dazu beraten lässt, in welches Pflegeheim er seine Mutter einmieten soll oder welchen ambulanten Pflegedienst er beauftragen kann, hat natürlich keine Garantie dafür, dass die dortigen Berater ihn tatsächlich auf den besten verfügbaren Anbieter verweisen. Auf diese Unsicherheit baut die wachsende Zahl privater Vermittler. Sie nennen sich zum Beispiel »Überleitungsmanager«, wenn es ihnen darum geht, alte Menschen nach Krankenhausaufenthalten in Pflegeeinrichtungen zu vermitteln, oder ganz einfach »Vermittlungsservice«.

Einer von ihnen ist ein Kölner Sachverständiger, auf dessen Visitenkarte »Unabhängige Heimplatzvermittlung und Seniorenberatung aus einer Hand mit Pflegeplatzgarantie in 24 Stunden« steht. Er erklärt, sein Geschäftsmodell bestehe darin, den »Nichtfachmann« angesichts der zunehmenden Vielfalt an Wohnformen im Alter zu beraten: Was ist der Unterschied zwischen Seniorenresidenzen, Wohnstiften, betreutem Wohnen und stationären Pflegeheimen? »Unübersichtlich und verwirrend« sei das Angebot für Hilfesuchende, die sich zum ersten Mal mit dem Thema beschäftigen. Zumal in vielen Fällen Vater oder Mutter über Nacht zum Pflegefall werden und eine neue, betreute Wohnung oft von jetzt auf gleich gefunden werden muss. Der Vermittler, der ursprünglich durch die Pflegebedürftigkeit seines eigenen Sohnes zum Thema kam, hat über 20 Jahre Erfahrung in der Branche gesammelt, hat Heime und verschiedene andere Wohneinrichtungen für Senioren geleitet, bevor er sich mit seinen Beratungsdienstleistungen selbstständig machte. Er kennt sich in der Branche gut aus, kennt fast jedes Pflegeheim in der Umgebung und all die Anbieter für betreutes Wohnen – und kann zu jedem eine Einschätzung abgeben.

Zu seinem Angebot gehört neben der Vermittlung von ambulanter, Teilzeit-, Kurzzeit-, oder vollstationärer Pflege auch ein »Rundum-sorglos-Paket«. Das heißt, er organisiert dann für den Kunden zusammen mit Partnerfirmen den Umzug ins Heim, die Auflösung des Hausrats, die Renovierung der alten Wohnung. Der Preis für seine Beratungstätigkeit richte sich nach dem individuellen Paket, erklärt er, das Erstgespräch sei grundsätzlich kostenlos. Die Nachfrage scheint enorm: Bei einem Treffen mit dem Berater klingelt alle paar Minuten sein Handy, immer wieder sind am anderen Ende Kunden, die schnell Hilfe brauchen. Dann schreibt er Namen und Telefonnummern in einen dicken Notizblock, in dem er, Seite um Seite, seinen Alltag sortiert. »Ich rufe Sie gleich zurück«, verspricht er jedem Anrufer. Während des Gesprächs mit ihm wird die Rückrufliste, die der Vermittler später abarbeiten muss, immer länger.

Der Vermittler erzählt, häufig bekomme er Anfragen von Senioren, die sich »erst einmal vorläufig informieren« möchten, sich dann aber monate- oder jahrelang nicht mehr melden – bis plötzlich der Pflegefall eintritt und es zu spät ist, sich noch mehrere Anbieter anzusehen. »Dann muss ich quasi über Nacht versuchen, eine Unterbringung zu finden.« Angehörigen, die keinen Vermittlungsservice einschalten wollen oder können und bei der Heimplatzsuche auf sich selbst gestellt sind, rät er, sich in der jeweiligen Gemeinde oder im entsprechenden Stadtteil umzuhören: Wenn möglich, mit dem Pfarrer des Ortes zu sprechen, mit dem Apotheker, eben allen, die Berührungspunkte zu den Pflegeeinrichtungen haben. Und natürlich mit den Angehörigen der Pflegeheimbewohner selbst. Es gebe allerdings auch die Fälle, in denen die Angehörigen der Pflegebedürftigen gar nicht daran interessiert seien, dass Mutter oder Vater den besten möglichen Heimplatz bekommen, erzählt er. »Manchmal rufen mich Leute an und fragen: Wo ist denn in Köln das billigste Heim?« In anderen Fällen, in denen er seinen Kunden in schönen, aber vergleichsweise teuren Seniorenresidenzen Wohnplätze vermittelt habe, habe er von den Kindern erboste Anrufe bekommen: »Bei den Preisen bleibt ja nichts mehr vom Erbe übrig!«

Was die Aussagekraft der von den Krankenkassen vergebenen Pflegenoten angeht, ist der Experte, der seit rund zehn Jahren vermittelt und berät, skeptisch.

> »Ich kenne Heime mit sehr guten Noten, in denen es aber keine gute Pflege oder Betreuung gibt. Und Heime mit mittleren Noten, bei denen die Pflege sehr gut ist. Deshalb rate ich den Klienten immer, sich lieber einen persönlichen Eindruck zu verschaffen.«

# 11. Alte Menschen haben keine Lobby

Alte Menschen, sagen böse Zungen manchmal, seien wie kleine Kinder: störrisch, uneinsichtig, manchmal garstig, vor allem aber hilfebedürftig. Dennoch gibt es zwischen beiden Altersgruppen einen entscheidenden Unterschied. Kinder sind der ganze Stolz ihrer Eltern, das öffentliche Interesse an ihrem Wohlergehen ist riesig. Pflegebedürftige Alte dagegen sind nicht süß.

Die Alten haben keine Lobby – zumindest dann, wenn sie das Stadium des sportlichen »Mallorca-Rentners« überschritten haben, der bis zum Alter von 67 Jahren gearbeitet hat, mit seinem überdurchschnittlichen Konsum die Wirtschaft angekurbelt und sich mit Yoga so fit gehalten hat, dass er sich noch während der Rente als kostenloser Betreuer der eigenen Enkel nützlich machen konnte. In Pflegeheimen gibt es sie natürlich schon, die Interessenvertretungen der Alten. Sie heißen Heimbeiräte. Im bundesweit geltenden Heimgesetz (HeimG) und in der Verordnung über die Mitwirkung der Heimbewohner in Angelegenheiten des Heimbetriebs (HeimMitwirkungsV) ist festgelegt, dass in jeder stationären Einrichtung ein solches Gremium existieren muss. Dieser Heimbeirat ist die zentrale Interessenvertretung für die Bewohner und Bewohnerinnen eines Heims. Durch ihn soll es möglich sein, an den wichtigen Angelegenheiten der jeweiligen Einrichtung mitzuwirken, von den Wohnbedingungen über die Pflege bis hin zur Qualität des Essens und der Freizeitgestaltung. Mitglieder des Heimbeirats, der in Altenpflegeeinrichtungen für jeweils zwei Jahre gewählt wird, können nicht nur Bewohner sein, sondern auch ihre Angehörigen.

Ein grundsolider Gedanke, den der Buchautor Konrad Franke verficht. Der ehemalige Journalist veröffentlichte 2008 ein Buch mit dem Titel *Gut leben im Heim: Unsere Alten- und Pflegeheime sind viel besser als ihr Ruf*. Im vergangenen Jahr führte er in einem Interview mit dem evangelischen Magazin *Chrismon* aus, wie genau er sich seine Zukunft als Heimbewohner vorstelle: »Ich will 23 Quadratmeter haben, mindestens, dazu noch ein Bad. (...) Ich bin ein Langschläfer, nie werden Sie mich dazu kriegen um sieben aufzustehen.« Der MDK habe den Heimen schließlich vor Kurzem gute Noten gegeben. »1,9 im Schnitt. Das ist realistisch. Aber die Deutschen sind empört: Das kann doch nicht sein, ein Heim hat schlecht zu sein!« Auch über die Rolle der Heimbeiräte hat Franke recht zuversichtliche Ansichten: »Die meisten Heime heute betrachten ihre Bewohner als ihre Arbeitgeber. Spätestens wenn meine Generation kommt, werden sie das lernen müssen. Da werden denen die Ohren schlackern! Ich werde mich in den Heimbeirat wählen lassen und werde, wie es das Heimgesetz vorsieht, Einsicht in die Bilanzen nehmen. (...) Wenn der Koch nichts taugt, wird er ausgetauscht, ganz einfach.«

Die Kontrolle selbst in die Hand nehmen, unliebsames Personal einfach austauschen, den Speiseplan selbst bestimmen – schöne Gedanken, die mit der Realität in den meisten deutschen Pflegeheimen jedoch wenig zu tun haben. Schon heute sind die Bemühungen von Heimleitungen vielfach zum Scheitern verurteilt, genügend geeignete, geistig agile potenzielle Mitglieder für den Heimbeirat aufzutreiben. Ein Bewohner mit fortgeschrittener Demenz wird für das Kontrollgremium wohl kaum infrage kommen, ebenso wenig wie ein Bettlägeriger, der aus eigener Kraft und durch fehlenden Antrieb nicht mal mehr in den Speiseraum gelangen kann. Innerhalb der nächsten 20 Jahre wird jedoch der Altersdurchschnitt in deutschen Altenpflegeeinrichtungen noch einmal spürbar steigen, und damit auch die Zahl jener, die schwer pflegebedürftig oder demenziell erkrankt sind. Und mit der zunehmenden Zahl an alleinstehen-

den Heimbewohnern ist es schon derzeit nach Aussage mehrerer
Heimleiter auch extrem schwierig, Angehörige für das ehrenamtli-
che Engagement im Gremium zu begeistern.

Auch die tatsächliche Durchsetzungskraft der meisten Heimbeiräte ist recht begrenzt. »Ein Heimbeirat traut sich in der Regel nicht,
zu fordernd gegenüber der Heimleitung aufzutreten«, sagt Reinhard Leopold, der mit seinem Internetportal heim-mitwirkung.de
seit Jahren eine Anlaufstation für Informationssuchende bietet. Als
selbst betroffener Angehöriger engagiert er sich seit 2002 ehrenamt-
lich und sammelt auf seinen Internetseiten aktuelle Themen, Ge-
richtsurteile oder Medienberichte über den Pflegesektor. Leopold
sagt, viele Heimbewohner trauten sich nicht, auf Konfrontations-
kurs mit Heimleitung oder Pflegedienstleitung zu gehen, sich ernsthaft über zu wenig Pflegepersonal zu beschweren oder gar darauf zu
bestehen, der Heimleitung in die Bücher zu schauen. »Das liegt natürlich auch daran, dass viele ihre Rechte überhaupt nicht kennen.«
Der deutsche Föderalismus macht das schwer, viele Details aus dem
Pflegerecht sind in den unterschiedlichen Bundesländern anders geregelt. Bei Vertragsauseinandersetzungen mit Heimen müssten die
Betroffenen häufig vor Gericht klagen, sagt Leopold – eine riesige
Hürde, finanziell und auch emotional, die vermutlich kaum jemand
nehmen werde.

Auch die von Betreibern viel beschworene Wahlfreiheit des Heim-
platzes sei in der Realität mancherorts wenig wert, sagt Leopold. Hintergrund: Im Gespräch mit Pflegeketten argumentieren die dortigen Manager häufig, schon aus rein marktwirtschaftlichen Gründen
könne es sich kein Heim leisten, schlechte Wohn- oder Pflegequalität zu bieten – schließlich würden die Senioren aus solchen Heimen
schnell wieder ausziehen; den »schlechten« Heimen würden somit
schnell die Kunden ausgehen. Experten, die sich mit Pflegeimmobilien beschäftigen, kommen allerdings zu ganz anderen Schlüssen.
Die stationäre Altenpflege in Deutschland leiste sich »große Enkla-

ven, in denen kein echter Wettbewerb herrscht«, sagt Markus Bienentreu von der Kölner Immobilienberatung Terranus, die im Frühjahr 2012 einen umfassenden Report über die Lage des deutschen Pflegeimmobilienmarktes veröffentlicht hat. In vielen Städten und Einzugsgebieten existiere nur ein einziges Pflegeheim, schreibt Terranus. Pflegebedürftige, die typischerweise nicht ihr angestammtes Umfeld verlassen wollen, hätten dort praktisch keine Wahlmöglichkeit – es fehle schlicht die Konkurrenz. Für die Güte der Betreuung und vor allem für den Ausbau eines bedarfsgerechten Angebots sei diese Situation ein Problem. Denn Qualität und Angebot könnten sich nur durch funktionierenden Wettbewerb entwickeln.

Das bestätigt auch Selbsthilfeberater Leopold: »Die Auswahl ist häufig sehr begrenzt, weil Heimbewohner und Angehörige nicht zu weit voneinander entfernt wohnen möchten.« Auch habe nicht jedes Heim jederzeit freie Plätze anzubieten. »Dazu kommt, dass es in manchen Regionen geografische Schwerpunkte einzelner Heimbetreiber gibt, ein großer Teil der Heime in solchen Gegenden gehören zur gleichen Kette.« Wer dann seinen Heimplatz aufgrund von Qualitätsmängeln gekündigt hat und umziehen möchte, wird bei der Bewerbung beim nächsten Heim derselben Kette tendenziell schlechte Karten haben – ganz abgesehen davon, dass ihn dort nicht zwangsläufig bessere Bedingungen erwarten werden. Der Pflegeexperte nennt noch weitere Argumente, die die angebliche Wahlfreiheit faktisch einschränken. Ein alter Mensch, der sich nach Jahrzehnten in gewohnter Umgebung überwunden hat, noch ein letztes Mal umzuziehen, wird sich wohl kaum ein weiteres Mal aufraffen können, seine Koffer zu packen und auf gut Glück ins nächste Pflegeheim umzuziehen. »Bei einem solchen Umzug brechen dem alten Menschen erneut Sozialkontakte weg, die für ihn ausgesprochen wichtig sind«, sagt Leopold.

# 12. Pflegestufen – ein Systemfehler?

Die Seniorin Hanne Sander lebt seit 2009 im Pflegeheim. Bei ihrem Einzug war sie noch fit: Sie konnte allein spazieren gehen, kochte, putzte, räumte auf. Ins Heim zog sie wegen ihrer Demenz: Der Ehemann, zunehmend überfordert, wurde immer wieder gewalttätig gegenüber seiner Frau. Die Einrichtung, in die es die Mutter verschlug, war trostlos – so zumindest schildert es die Tochter von Hanne Sander, Ute Groß: Untergebracht im Zweibettzimmer, in dem ihr lediglich ein Bett, ein Stuhl und ein Nachtschrank gehörten, draußen auf der Station ein enger, von Neonlampen beleuchteter Flur, darin ein großer, runder Tisch, an dem die dementen Menschen sitzen, vor sich hindämmern oder die Wände anstarren. Die einzige Beschäftigung, die Frau Sander geboten wird, ist das Falten von kleinen Handtüchern, die in einem Korb neben ihr stehen. Wenn sie alle fertig gefaltet hat, kommt ein Pfleger, wuselt sie wieder durcheinander und wirft sie in den Korb zurück.

Vor allem aber lässt man die alte Dame hier nichts selbst machen. Sie kann allein zur Toilette gehen, bekommt aber von den Pflegern trotzdem häufig Inkontinenzvorlagen in die Unterhose gelegt, manchmal sogar Windeln angezogen. Obwohl sie sich bis vor Kurzem noch selbst versorgt hat, darf sie nicht einmal selbst ihr Frühstücksbrot schmieren, sondern bekommt kleine, fertig geschmierte Häppchen vorgesetzt. Nach wenigen Wochen im Heim hat die Heimleitung die Angehörigen dazu gedrängt, beim MDK eine Hochstufung in Pflegestufe 2 zu beantragen, so schildert es zumindest die Tochter. Insgesamt bekommt die Einrichtung dadurch für Frau Sander jeden Monat rund 500 Euro mehr. Dabei kann die Tochter anhand von Fotos, die sie im Juni 2011 gemacht hat, rund ein Jahr später, beweisen, dass die Mutter Gurken schneiden kann, ihre Fingernägel feilen, Brötchen aufschneiden.

Der Fall von Hanne Sander, den die Pflegeexpertin Adelheid von Stösser aufgeschrieben hat, ist erschreckend – vor allem, weil er für einen Konstruktionsfehler im deutschen Pflegesystem steht: die Einteilung in Pflegestufen und die Tatsache, dass ein Heim mehr Geld für einen Pflegefall bekommt, je höher dieser eingestuft ist. Das macht es finanziell attraktiv, Heimbewohner ins Bett zu pflegen anstatt aus dem Bett heraus. Anstatt, wie vom Gesetzgeber gewollt, »aktivierende« Pflege zu betreiben, die Alten also dazu anzuhalten, all das selbst zu tun, was sie noch selbst können, setzt das System den Anreiz, Heimbewohner zur Unselbstständigkeit verkümmern zu lassen. Immer wieder gibt es Fälle, in denen Heimleitungen darauf hinwirken, Senioren durch den MDK hochstufen zu lassen. Natürlich gibt es auch solche Fälle, in denen solche Beschwerden, in der Regel durch die Angehörigen vorgetragen, sich leicht erklären lassen. Doch es sind eben bei Weitem nicht alle.

Das bestätigt die Kölner Altenpflegerin Maria De Santo. Rund fünf Jahre hat sie es in ihrem Beruf ausgehalten, mittlerweile hat sie umgeschult, zur Erzieherin. Wenn sie heute über ihren früheren Beruf spricht, klingt das resigniert. Das Schlimmste, sagt sie, sei der ständige Stress gewesen, der entstanden sei, weil es in ihrem katholischen Heim in einem Dorf nahe der Stadt immer Personalmangel gab. Um einen besseren Stellenschlüssel zu bekommen, habe die Heimleitung immer wieder – meist erfolgreich – versucht, Bewohner von den Kassen in höhere Pflegestufen einteilen zu lassen. Sie und ihre Kollegen seien dazu angehalten worden, den MDK-Prüfern regelrechte Lügenmärchen zu erzählen.

>»Bei den Prüfterminen waren normalerweise nur die Bewohner und ich dabei, keine Angehörigen. Wenn dann die jeweilige Bewohnerin zum Beispiel gesagt hat: Ich kann mir noch al-

leine die Schuhe anziehen, habe ich gesagt: Das stimmt nicht, das kann die Frau nicht mehr. Die Prüfer haben dann immer mir geglaubt.«

Von den 2,34 Millionen Pflegebedürftigen in Deutschland sind heute 1,25 Millionen in Pflegestufe 1 eingestuft, knapp 790.000 in Pflegestufe 2 und rund 294.000 in Pflegestufe 3. Die finanzielle Differenz zwischen den Pflegestufen ist deutlich: Ein Pflegebedürftiger, der in einem Altenheim wohnt, bekommt von der Pflegeversicherung in Pflegestufe 1 pro Monat 1.023 Euro, in Pflegestufe 2 sind es 1.279 Euro und in Stufe 3 bereits 1.510 Euro. Diese Leistungen der Pflegeversicherung dürfen ausschließlich zur Finanzierung der Pflege im Heim aufgewendet werden, nicht aber für die Wohnkosten, die Verpflegung oder die sogenannten Investitionskosten – das ist der Zuschlag, den ein Bewohner zahlt, damit das Heim regelmäßig renoviert werden kann. Diese Differenz zahlen der Heimbewohner selbst, seine Angehörigen oder die Sozialhilfeträger.

Laut offizieller Pflegestatistik des Bundes sind die Gesamtkosten der Heimplätze innerhalb der vergangenen zehn Jahre deutlich gestiegen. Laut den letzten verfügbaren Zahlen zahlt ein Bewohner in Pflegestufe 1 pro Tag 65 Euro, in Stufe 3 sind es 94 Euro. Anders ausgedrückt: Ein schwer Pflegebedürftiger ist rein finanziell lohnender.

## Pflegebedürftige Sozialhilfeempfänger gesucht

Das gilt insbesondere auch für Sozialhilfeempfänger, die viele Pflegeheime dankbar aufnehmen, um ihre Einrichtungen optimal auszulasten. Falls ein Bewohner oder seine Angehörigen finanziell nicht in der Lage sind, diesen Eigenanteil am Heimplatz zu zahlen, springt das Sozialamt ein. Für die sogenannte Hilfe zur Pflege werden bundesweit laut Statistischem Bundesamt mehr als drei Milliarden Euro pro Jahr ausgegeben und damit etwa 15 Prozent aller Sozialhilfeausgaben im Land. Je höher die Pflegestufe ist und je teurer damit der Heimplatz, desto häufiger müssen Pflegebedürftige statistisch gesehen Sozialhilfe in Anspruch nehmen. Für die Heimbetreiber lohnen sich die in Pflegestufe 3 eingeordneten Sozialhilfeempfänger als Kunden tendenziell. Denn die deutsche Gesetzgebung führt hier zu einer kuriosen Situation: Ein Sozialamt darf einen pflegebedürftigen Sozialhilfeempfänger nicht gezielt in ein »billiges« Heim schieben, sondern muss dessen Wunsch nach einem Heimplatz berücksichtigen, sofern das entsprechende Heim einen Vertrag mit den öffentlichen Behörden abgeschlossen hat. Das ist etwa bei 95 Prozent aller Pflegeheime im Land der Fall. Durch die im Gesetz verbriefte Wahlfreiheit kommt es in einigen Gemeinden allerdings zu perplexen Situationen: In manchen, überdurchschnittlich teuren Pflegeheimen leben mehr Sozialhilfeempfänger als Selbstzahler. Denn wer selbst die Kosten zahlt – oder von seinen Angehörigen finanziert wird – achtet in der Regel eher auf die Kosten.

Vor knapp zwei Jahren versuchte die Stadt Mannheim, die Wahlfreiheit abzuschaffen. Sozialhilfeempfänger, so die Pläne der Stadtverwaltung, sollten nur noch in günstige Seniorenheime einziehen dürfen. So könne die Stadt pro Jahr rund 500.000 Euro einsparen. Die Wohlfahrtsverbände protestierten heftig. Sie befürchteten, dass ein Präzedenzfall geschaffen und die Sparbemühungen der Stadt eine Abwärtsspirale bei Heimplätzen und Qualität in Gang setzen würde. Die Proteste hatten Erfolg: Die Stadtverwaltung nahm den Beschluss freiwillig zurück. Vom Tisch ist das Thema damit jedoch nicht: Auch einige andere deutsche Städte und Landkreise arbeiten an ähnlichen Vorhaben.

## Groteske Vereinfachung

Drei Pflegestufen, das bedeutet eine lapidare Vereinfachung der individuellen Bedürfnisse. Es heißt etwa, dass 1,25 Millionen Deut-

sche einen täglichen Bedarf von 90 Minuten Pflege haben, davon
mindestens 46 Minuten für Verrichtungen der Grundpflege. In der
Pflegestufe 2 sind es 180 Minuten, in Stufe 3 sind es 300 Minuten.
Auch die Politiker wissen, dass eine solche pauschale Einteilung in
drei Stufen in der Praxis problematisch ist. In der Bundespolitik ist
in den vergangenen Jahren schon eine Reihe von Pflegeexperten angetreten, um sie zu ändern – mit mäßigem Erfolg.

Unter dem sperrigen Begriff »Umsetzung eines neuen Pflegebedürftigkeitsbegriffs« sollte die immer wieder angegangene Teilreform
umgesetzt werden. Schon 2006 hatte die Bundesregierung, damals
noch unter der Großen Koalition, einen Beirat zur Überprüfung
dessen beauftragt, wer in Deutschland tatsächlich wie stark pflegebedürftig ist und wie sich der Grad der Schwere messen und finanzieren lassen könne. Der damals ins Leben gerufene Beirat entwickelte ein neues Instrumentarium, mit dem zukünftig der Grad der
Pflegebedürftigkeit gemessen werden sollte: Wie selbstständig oder
wie pflegebedürftig ein Mensch ist, sollte demnach anhand von acht
»Modulen« festgestellt werden, darunter Mobilität, Selbstversor-
gung und Kognition. Auch sollte es demnach fünf anstatt der bishe-
rigen drei Pflegestufen geben. Es zeichnete sich jedoch rasch ab, dass
die Umsetzung viel zu teuer gewesen wäre. Wäre dieser neue Pflegebedürftigkeitsbegriff in der aktuellen Reform umgesetzt worden,
hätte allein diese Maßnahme den Steuerzahler nach Schätzungen
der Ökonomen der »Stiftung Marktwirtschaft« unmittelbar einen
zusätzlichen Anstieg der Pflegeversicherung um 0,2 Prozentpunkte
gekostet, also mehr als zwei Milliarden Euro. Unrealistisch, urteilten
die Wirtschaftsexperten. »Eine Umsetzung entsprechend der Empfehlung des Beirats muss angesichts der bestehenden Finanzierungs-
probleme der sozialen Pflegeversicherung als fahrlässig bezeichnet
werden.« Unter den heutigen Finanzierungsbedingungen sei lediglich eine »kostenneutrale« Reform des Pflegebedürftigkeitsbegriffs
empfehlenswert.

# 13.  Wenn die eigene Tochter Hausverbot bekommt

Wenn Marlene Karl von ihrer Mutter redet, leuchten ihre Augen. Balletttänzerin war die Mutter als junge Frau, stand schon mit zwölf Jahren auf der Bühne, und auch sonst sei sie künstlerisch sehr begabt gewesen, habe noch im Alter von 91 Jahren gesungen, die Texte von Opern und Operetten auswendig gekonnt, von Wagner bis Mozart, erzählt Marlene Karl. Sie hat zum Besuch in ihrer Wohnung geladen, einem bescheidenen Ein-Zimmer-Apartment in einem Hochhaus am Rande Düsseldorfs. Der Kaffeetisch ist vollgestellt mit Metall- und Holzkistchen voller Schwarz-Weiß-Fotografien, die ihre Familie zeigen: die über zehn Jahre ältere Halbschwester, den ersten Mann der Mutter, einen gefeierten, aber gewalttätigen Opernsänger, Marlene Karls eigenen Vater, der schon mit Mitte 40 an einem Herzinfarkt starb. Und, immer wieder: die Mutter. Die Fotos zeigen eine bildschöne, junge Frau, die auf der Bühne im Kabarett steht oder in einem Tutu im Ballett auftritt.

»Ich war das jüngste ihrer vier Kinder, eine Nachzüglerin«, erzählt Marlene Karl. Wenn sie von den Erlebnissen mit ihrer Mutter redet, die vor rund einem Jahr starb, tauchen viele, teils widersprüchliche Bilder auf. Einerseits ist da die Bewunderung der Tochter für ihre schöne und begabte Mutter, andererseits die Enttäuschung über eine Frau, die im Alter garstig geworden war und wenig Dankbarkeit dafür zeigte, dass die Tochter – als Einzige – sich so für sie aufrieb. Jahrelang führte sie ihr den Haushalt, kümmerte sich um Arztbesuche und Rechnungen, war jeden Tag für sie da. Immer wieder gab es Streit, vor allem um Gelddinge. Die Mutter, sagt Marlene Karl, sei misstrauisch gewesen, habe sich nicht vorstellen können, dass die Tochter sich ohne Hintergedanken um sie kümmere, habe stets gedacht, sie wolle sich an ihr bereichern. »Meine Mutter hat mir dann sogar noch vorgeworfen, meine Geburt sei das Ende ihrer Karriere gewesen«, sagt sie.

Kein Wunder, dass die Tochter überfordert war, als die Mutter langsam verwirrter wurde und Ärzte vor rund sechs Jahren meinten, sie könne keine eigenen Entscheidungen mehr treffen. Marlene Karl wollte und konnte die Verantwortung damals nicht übernehmen. »Es war einfach zu viel«, sagt sie. »Meine Mutter hing zu sehr an mir.« So kam es, dass die beiden Frauen, deren Fall wohl typisch ist für Tausende Familien in Deutschland, in eine unheilvolle Maschinerie aus Behörden, Gerichten und Pflegeanbietern rutschten. Mit dem Resultat, dass kaum zwei Jahre später die Mutter im Heim lebte – und ihre Tochter, die engste Angehörige, sie dort nicht besuchen durfte. Absolutes Hausverbot.

Hausverbot für die engsten Angehörigen, die eigenen Kinder, und das oft gegen den Willen der Heimbewohner. So grotesk derartige Konstellationen klingen, so weit verbreitet sind sie offenbar. Adelheid von Stösser vom Pflege-Selbsthilfeverband e. V. weiß von einer Reihe solcher Fälle zu berichten. Zum Beispiel von Ute Groß aus Mönchengladbach, die ihre verwirrte Mutter monatelang nicht selbst auf der Station im Pflegeheim abholen durfte, sondern sie vor der Eingangstür von einem Pfleger übergeben bekam. Die Tochter hatte sich mehrfach darüber beschwert, wie die Mutter in der Einrichtung behandelt wurde, zum Beispiel darüber, dass sie viel zu wenig zu trinken bekam, dafür aber zu viele Medikamente. Als sie sich ein einziges Mal nicht an die Vereinbarung zum Abholen der Mutter gehalten hatte, erweiterte das Haus das ausgesprochene Hausverbot: Ab sofort durfte die Tochter nicht einmal mehr mit ihrem Auto auf den Parkplatz der Einrichtung fahren. Sie musste Freunde organisieren, die ihre Mutter für Besuche bei der Tochter auf der Station abholten. Für die demente Mutter bedeutete das, jedes Mal mit einem Fremden mitgehen zu müssen.

Es scheint, als ob manche Heimbetreiber und ambulante Pflegedienste sich gezielt gegen die Angehörigen in Position bringen. Es existieren sogar Publikationen von Fachverlagen, die erklären, wie man am besten gegen renitente Familienmitglieder vorgeht. Der Verlag für die Deutsche Wirtschaft vertreibt zum Beispiel über seine Tochterfirma PPM PRO PflegeManagement Verlag & Akademie einen Ratgeber unter der Überschrift *Verschiedene Angehörigentypen und wie Sie ihnen begegnen sollten.* Darin heißt es:

> »Vermutlich bemerken auch Sie manchmal, dass der Umgang mit den Bewohnern selbst in vielen Fällen einfacher ist als mit ihren Angehörigen. Dies liegt daran, dass Ihre Bewohner zwar die Adressaten Ihrer Leistungen sind, die Angehörigen und Bevollmächtigten aber häufig stellvertretend die Kundenrolle einnehmen.«

Weiter schreiben die Autoren, es ließen sich verschiedene Typen von Angehörigen unterscheiden – zum Beispiel den Angehörigen, die sich selbst als Kontrollinstanz verstehen, und gibt Ratschläge, wie man mit solch ungenehmen Angehörigen am besten umgehen solle:

> »Vereinbaren Sie feste Verhaltensregeln im Umgang mit besonders herausfordernden Angehörigen, die Sie speziell für diese entwickeln. Eine Verhaltensregel kann etwa darin bestehen, immer direkt an Sie als PDL oder an die Wohnbereichsleitung zu verweisen.«

Wenn in der Fachpresse die Rede von »herausfordernden Angehörigen« die Rede ist – und die Pfleger sie tatsächlich auf diese Art wahrnehmen – ist es kein Wunder, wenn die Situation zwischen Pflegepersonal und Angehörigen immer wieder eskaliert.

Einer der wichtigsten Gründe dafür, dass Situationen wie Hausverbote für Kinder überhaupt möglich sind, ist das in der Bundesrepublik weit verbreitete juristische Konstrukt der »rechtlichen Betreuung« – das, was bis zum Jahr 1992 Entmündigung hieß. Fast 1,3 Millionen Menschen, überwiegend Ältere, stehen laut den jüngsten Erhebungen des Bundesjustizministeriums unter einer solchen Betreuung. Das heißt, dass ihnen die Fähigkeit abgesprochen wird, Geschäfte abzuschließen oder wichtige Entscheidungen zu treffen. Betroffen sind Menschen mit schweren körperlichen Behinderungen, Drogensüchtige, stark psychisch Erkrankte oder eben Demenzpatienten. Mehr als die Hälfte von ihnen lebt in stationären Pflegeeinrichtungen, und die Zahl der Menschen, für die ein Gericht eine solche rechtliche Betreuung anordnet, wächst – einhergehend mit der Alterung der Deutschen – von Jahr zu Jahr deutlich.

Es ist nicht so, dass jeder Demenzkranke einen solchen Betreuer braucht. Ein älterer Mensch, der vorsorgen will, kann einem Angehörigen, dem er vertraut, eine sogenannte Vorsorgevollmacht ausstellen, damit dieser später die Entscheidungen für ihn treffen darf. Zum Beispiel darüber, in welches Pflegeheim er einziehen will. Derzeit haben bundesweit rund 1,2 Millionen Menschen solche Vorsorgevollmachten unterzeichnet. Doch das sind meist die Wohlhabenden. Der weit überwiegende Teil der Pflegebedürftigen dagegen, vor allem Menschen, die in ihrem Leben wenig Vermögen angespart haben, besitzt eine solche Vollmacht nicht. Immer mehr Menschen haben auch schlicht keinen Verwandten, dem sie genug vertrauen, um ihr Leben in dessen Hände zu geben. Oder unter den eigenen Kindern findet sich niemand, der dazu bereit ist, die Verantwortung zu übernehmen.

All jene Demenzkranken im Land, Hunderttausende, die keine Vorsorgevollmacht unterschrieben haben, werden unter rechtliche Betreuung gestellt, sobald ein Arzt oder Krankenkassengutachter feststellt, dass sie nicht mehr »geschäftsfähig« sind. Wenn möglich, sollte diese Betreuung immer ein Familienmitglied übernehmen, so steht es im Gesetz. Das Problem: Es gibt viele Fälle, in denen mehrere Angehörige die Verantwortung übernehmen wollen und sich darüber streiten. Wer dafür »geeignet« ist, für einen nahen Verwandten lebenswichtige Entscheidungen zu treffen und wer nicht, liegt im Ermessensspielraum des zuständigen Amtsrichters. Und an dieser Stelle wird es knifflig. So wie bei Ute G., die sich um die Betreuung bewarb und gegen ihren eigenen Vater antreten musste. Die Tochter sagt, er sei gewalttätig gewesen, auch gegenüber der Mutter. Trotzdem setzte das Gericht den Vater als Betreuer ein. Das Gericht, sagt der Kölner Rechtsanwalt und Experte für Betreuungsrecht Armin Viersbach, müsse in einem solchen Fall versuchen zu entscheiden, wer dem Patienten am nächsten steht. »Ein Amtsrichter, der die verschiedenen Parteien kaum kennt, kann auch nur nach bestem Gewissen und nach Gefühl entscheiden.« Natürlich komme es somit vor, dass nicht immer der letztendlich »beste« Vertreter bestimmt werde.

## Berufsbetreuer: eine umstrittene Profession

Immer häufiger sind diese rechtlichen Betreuer nicht die Angehörigen oder nächsten Verwandten, sondern professionelle Berufsbetreuer, oft Anwälte, Sozialpädagogen oder ehemalige Krankenpfleger. Mittlerweile betreuen sie gut ein Drittel aller Deutschen, die nicht mehr geschäftsfähig sind. Berufsbetreuer kommen immer dann ins Spiel, wenn ein Demenz- oder psychisch Kranker keinen nahen Angehörigen hat, der willens und in der Lage ist, für den Patienten die oftmals folgenschweren Entscheidungen zu treffen – also für den Hilfebedürftigen gegenüber Behörden, Vermietern oder zum Beispiel Pflegeheimen einzustehen. Rechtsanwalt Viersbach sagt, vor allem in sozial schwachen Familien sei das Phänomen der rechtlichen Betreuung durch einen Berufsbetreuer weit verbreitet – einfach deshalb, weil es dort häufig niemanden gebe, der in der Lage sei, die Verantwortung für die Finanzen und das ganze Leben eines Verwandten zu übernehmen.

Es gebe aber auch die Fälle, in denen es durchaus Familienmitglieder gäbe, die geeignet wären, aber dennoch einen Berufsbetreuer vor die Nase gesetzt bekommen und damit schlagartig das Recht verlieren, sich um die eigene Mutter oder den Ehemann kümmern zu dürfen. Für viele Betreute und ihre Angehörigen enden solche Konstellationen als böse Überraschung – in Extremfällen mit Hausverbot.

So wie im Fall von Marlene Karl aus Düsseldorf. Monate nach dem Tod ihrer Mutter muss sie heute noch manchmal um Fassung ringen, wenn sie von ihrem fast drei Jahre dauernden Ringen berichte – mit der Leitung des Pflegedienstes, manchen Mitarbeitern der Wohngemeinschaft, der Richterin am Betreuungsgericht und dem rechtlichen Betreuer ihrer Mutter, einem Sozialarbeiter. Ihre Erzählung handelt von Hilflosigkeit, von Gewalt und von der Ernüchterung darüber, wie wenig der deutsche Rechtsstaat zuweilen die Schwachen schützt – wenn es demenzkranke Alte sind. »Selbst am letzten Tag im Leben meiner Mutter durfte ich nicht so lange bei ihr bleiben, wie sie es wollte. Sie fragte mich noch, ob sie etwas Falsches getan hätte und ich deshalb gehen würde.«

Die Geschichte begann 2007. Damals lebte die Mutter in ihrer eigenen Wohnung, bekam regelmäßig Besuch von einem ambulanten Pflegedienst. Recht war der alten Dame das nicht. Ständig sagte sie zur Tochter, sie könne nicht verstehen, warum dieser Pflegedienst käme. Wenn es nach der Mutter gegangen wäre, hätte die Tochter ihr den Haushalt komplett allein geführt, sagt sie. Als die alte Dame langsam immer verwirrter wurde, veranlasste schließlich eine Halbschwester Marlene Karls, die im entfernten Berlin lebt, dass eine Gutachterin vom Deutschen Roten Kreuz in die Wohnung der Mutter kam. Diese schlug vor, einen rechtlichen Betreuer einzusetzen – und die Tochter, die sich erleichtert fühlte, stimmte zu. Die nächsten zwei Jahre lang übernahm der Betreuer die Organisation des Lebens der Mutter, und zwischen beiden Frauen gab es, auf Wunsch der Mutter, monatelang keinen Kontakt mehr.

Eines Tages, als Marlene Karl ihre Mutter nach Monaten das erste Mal wiedersah, erschrak sie: Die Augen der alten Frau waren so entzündet, dass sie diese kaum noch öffnen konnte. »Die Ärzte sagten, diese Krankheit müsse schon seit Monaten bestehen«, sagt die Tochter. Auch die Wohnung sei in erbärmlichem Zustand gewesen, die Wand eines Zimmers sei komplett verschimmelt gewesen. Die Tochter beschwerte sich vor Gericht über den Betreuer. Der blieb im Amt. Gleichzeitig hatte dieser, gemeinsam mit dem Chef des Pflegedienstes, bereits den Umzug der Mutter in eine Wohngruppe für Demenzkranke organisiert – wogegen sich Mutter und Tochter mit Händen und Füßen wehrten. Erfolglos. Schon beim Einzug, berichtet Karl mit einem Blick in ihre Mappe, in der sie alle Dokumente gesammelt hat, habe der Leiter des Pflegedienstes, der in der Wohngruppe pflegte, zu ihr gesagt, er wolle sie nicht mehr sehen. Dabei hatte die Tochter es noch nicht einmal geschafft, das Bettzeug und die persönlichen Erinnerungen der Mutter ins neue, unfreiwillige Zuhause zu bringen.

Die Wohngruppe liegt schräg gegenüber der Wohnung von Marlene Karl am Rande der Stadt. Geht sie ein paar Schritte aus dem Haus, kann sie die beiden Terrassentüren sehen, hinter denen ihre Mutter fortan lebte. Schon am ersten Morgen nach dem Einzug, sagt sie, waren die Jalousien des Zimmers noch vormittags um halb elf heruntergelassen. Als sie nachschauen wollte, wies die Pflegerin sie an der Tür ab. Der Chef habe ihr aufgetragen, sie nicht hereinzulassen. Außerdem schlafe die Mutter. In den nächsten Tagen und Wochen ging es ähnlich weiter. Die Tochter war sicher, die Mutter müsse mit Medikamenten ruhiggestellt worden sein – doch sie, die nächste Angehörige, musste darüber noch nicht einmal informiert werden, war sie doch nicht die Betreuerin.

In den folgenden Monaten eskalierte die Situation immer mehr. Eines Tages wurde Marlene Karl in eine Rangelei mit einer anderen Bewohnerin der Gruppe verwickelt, die für ihre Gewalttätigkeit bekannt war. Sie war einer Pflegerin zu Hilfe gekommen, sagt sie. Doch anstatt sich zu bedanken, habe der Pflegedienst dies als willkommenen Grund genommen, ein absolutes Hausverbot gegen sie auszusprechen. Währenddessen kämpfte sie auf juristischem Wege weiter, nahm sich Anwälte, versuchte, ihre Mutter aus der Wohngruppe herauszubekommen, wo sie offensichtlich mit Medikamenten ruhiggestellt wurde. Alle Versuche versandeten, der Betreuer lehnte einen Umzug vehement ab. »Ein Anwalt riet mir schließlich, die Richterin anzusprechen und danach dann, meine Mutter einfach aus der Einrichtung abzuholen und sie direkt in eine andere Einrichtung zu bringen«, sagt sie: Entführung als letztes Mittel. Doch wenig später, bevor sie den Plan umsetzen konnte, starb die Mutter. Bis zuletzt hatte sie in der verhassten Demenzwohngruppe bleiben müssen. Für Karl ist die Heimkarriere der Mutter zum eigenen, prägenden Lebensabschnitt geworden. Noch heute arbeitet sie daran, die Erlebnisse zu verarbeiten.

Ähnliches hat Bertram Abel erlebt, der seine Geschichte bei einem Selbsthilfetreffen in Köln erzählt. Als seine Mutter vor rund 15 Jahren pflegebedürftig wurde, stellte sie zwei Generalvollmachten aus: eine für den Sohn, eine für eine »weitere Person aus der Familie«, wie Abel sagt. Ein Fehler. Dieser Verwandte habe sich gerichtlich dafür eingesetzt, dass die inzwischen verstorbene Mutter einen rechtlichen Betreuer bekam – und das Amtsgericht habe dem tatsächlich zugestimmt, gegen den Einspruch Abels, der ja ebenso bevollmächtigt war. Die Folge: Abel verpasste nach eigener Aussage ganze Krankenhausaufenthalte der Mutter, erfuhr zum Beispiel nicht, dass sie zwei Wochen in der psychiatrischen Abteilung eines Krankenhauses verbringen musste. Als der Mutter eine Magensonde gelegt werden sollte, erfuhr der Sohn erst wenige Stunden vor dem Operationstermin von den Plänen. Abel suchte Hilfe vor Gericht, immer wieder.

»Während der gesamten zwölf Jahre, die meine Mutter unter Betreuung stand, bin ich kein einziges Mal richterlich angehört worden« sagt er.

## Kann man den Betreuern vertrauen?

Professionelle Berufsbetreuer kennen ihre Schützlinge meist nur flüchtig. Viele von ihnen haben 60 oder mehr Pflegefälle zu betreuen. Trotzdem ist ihre Macht über das Leben der Patienten gewaltig, wie der Fall von Ute Groß zeigt, die ihre Mutter nur noch bis zum Parkplatz des Heims bringen durfte. Bertram Abel, der durch seine jahrelangen Erfahrungen auf diesem Gebiet selbst zum Experten geworden ist und heute andere betroffene Angehörige berät, kritisiert, dass ein Betreuer bei der Übernahme seiner Aufgabe niemandem gegenüber darlegen muss, was genau er mit seinem Schützling vorhat: Soll er in ein Pflegeheim umziehen? Hält der Betreuer es für richtig, dass der Senior weniger Kontakt zu seinen Familienangehörigen haben soll?

Es gibt auch Fälle, in denen sich die Berufsbetreuer selbst zu bereichern scheinen. Einen solchen Fall schilderte das WDR-Fernsehen: Dort erzählte ein noch junger, psychisch kranker Patient, selbstständiger Unternehmer, der vorübergehend unter Betreuung gestanden hatte, dass sein Betreuer während seines Klinikaufenthalts Wertsachen aus seinem Betrieb im Wert von 30.000 bis 40.000 Euro verkauft hätte. Obwohl er den Besitz der Maschinen mit Fotos belegen konnte, habe das Gericht, das den Betreuer kontrollieren sollte, nichts unternommen. Bertram Abel, der sich mittlerweile im Bonner Verein »Handeln statt Misshandeln« engagiert, sagt, der Eindruck, dass während einer solchen Betreuungsphase Vermögen verschwinde, werde häufig von Hilfesuchenden an den Verein herangetragen. Konsequenzen gibt es jedoch in aller Regel nicht. Die Amtsgerichte haben kaum Ressourcen, um sich mit solchen Themen beschäftigen zu können. In Köln etwa, sagt Anwalt Viersbach, gebe es gerade mal eine Handvoll Mitarbeiter am Amtsgericht, die für das gesamte Thema Betreuungsrecht zuständig seien. Und die müssten pro Jahr rund 2.500 neue Betreuungsfälle bearbeiten – und zusätzlich noch alle jene Fälle im Blick behalten, in denen bereits Betreuungsverhältnisse bestehen. Was faktisch unmöglich ist. Einem einmal eingesetzten Berufsbetreuer schaut in der Regel für Jahre niemand mehr auf die Finger, das sagt auch der Kölner Rechtsanwalt, der selbst lange diesen Job ausgeübt hat.

## Die Gebührenordnung lässt die Qualität sinken

Ein riesiges Problem im deutschen Betreuungsrecht ist offenbar die gesetzliche Vorgabe darüber, wie die Betreuer für ihre Arbeit entlohnt werden dürfen. Seit dem Jahr 2005 ist im Gesetz über die Vergütung von Vormündern und Betreuern (VBVG) festgelegt, dass ein Berufsbetreuer für jeden Pflegefall eine feste Stundenzahl zuerkannt bekommt, die er pro Monat für den Patienten aufwenden kann. Und das zum bundesweit festgelegten fixen Stundengehalt von 44 Euro. Wie viele Stunden der Betreuer pro Kunde aufwenden darf, ist seither ebenfalls gesetzlich festgelegt: Ein »vermögender« Betreuter bekommt nach dem ersten Jahr pro Monat 2,5 Stunden zuerkannt, ein »mittelloser«, bei dem es kein Vermögen zu verwalten gibt, nur zwei Stunden.

Nach Steuern, sagt Rechtsanwalt Viersbach, lohne sich das Geschäft kaum noch, zumal es kein zusätzliches Geld für Anfahrt oder persönliche Gespräche mit den Betreuten gebe. Er selbst ist nach der Gebührenneuordnung 2005 aus diesem Berufszweig ausgestiegen – ebenso wie viele andere erfahrene Anwälte, sagt er. Heute werde Berufsbetreuung immer häufiger von Sozialarbeitern, ehemaligen Altenpflegern oder Anwälten gemacht, die gerade ins Berufsleben einsteigen. »Die Qualität der rechtlichen Betreuung ist seither spürbar gesunken« meint Viersbach. »Das Schlimme ist, dass man mit diesen niedrigen Sätzen quasi zum Schummeln gezwungen wird.« Um auf einen passablen Stundensatz zu kommen, machten viele Betreuer »die Arbeit von drei bezahlten Stunden in zwei Stunden.« Ausbaden müssen das die dementen Patienten. Eigentlich müsste ein Betreuer jeden Schützling mindestens einmal pro Vierteljahr zu Hause besuchen, ihn »persönlich in Augenschein nehmen«, wie es im Juristendeutsch heißt. »Ob das aber in der Realität tatsächlich geschieht, ist die große Quizfrage«, sagt der Anwalt. Beispiele wie das von Marlene Karls Mutter, in deren Wohnung die Wand schimmelte, während sie selbst fast erblindete, sprechen dagegen.

# 14. ... und was machen die Kassen?

So makaber es klingt: Ein mit Medikamenten in Schach gehaltener Patient oder ein Demenzkranker, der mit Gurten im Rollstuhl fixiert wird, hat für das deutsche Sozialsystem gleich mehrere Vorteile. Auf der einen Seite macht er den Pflegern weniger Arbeit – und kostet dadurch auf der anderen Seite die Kassen weniger. Denn in den Pflegesatzverhandlungen können sie so niedrigere Personalschlüssel ansetzen als bei einer Eins-zu-eins-Betreuung, die für viele Demenzkranke bei optimaler Versorgung notwendig wäre.

Die Kassen wollen und müssen sparen. Doch um welchen Preis tun sie das, was lassen sie zu?

Eine Gruppe von Heimleitern und anderen Pflegeexperten aus dem Ruhrgebiet behauptet: Nicht die Betreiber der Altenheime haben Schuld daran, dass es so viele Pflegeskandale gibt, sondern die Krankenkassen mit ihrem Sparwahn. In seltener Offenheit haben sie sich der Diskussion gestellt: Die Heim- und Pflegedienstleiter Günter Schröder, Norbert Schöner, Hubertus Volmer, Georg Bonerz, Andreas Bik und Heike Großheimann, die allesamt in kirchlichen Einrichtungen im Ruhrgebiet arbeiten. Zur Runde gehört außerdem Frank Schleicher, Fachanwalt für Sozialrecht, der die Einrichtungen regelmäßig in Rechtsstreitigkeiten vertritt, und der Facharzt für Psychiatrie Hellmuth Schaffert, der seit vielen Jahren alte Menschen in Heimen betreut.

# »Es gibt Bewohner, die sitzen mit nacktem Hintern am Frühstückstisch«

*In deutschen Heimen sind Pflegeskandale an der Tagesordnung – weil die Heime zu wenige Pfleger beschäftigen, um die Alten gut zu versorgen. Warum?*

*Hellmuth Schaffert:* Die Menschen, die wir in deutschen Heimen versorgen müssen, sind im Schnitt weitaus kränker als dies noch vor einigen Jahren der Fall war – und trotzdem wurden die Beitragssätze für die Pflegeversicherung nicht bedarfsgerecht angepasst. Im Schnitt muss ein Pfleger weiterhin pro Schicht 12,5 Bewohner pflegen, dazu kommen noch vielfältige andere Aufgaben.

*Das heißt, die deutschen Heime sind schlecht?*

*Andreas Bik:* Sagen wir einmal so: Sie können den ihnen gestellten Aufgaben nicht gerecht werden. Das liegt an den politischen Rahmenbedingungen, die zu wenig Geld im System vorsehen. Die Pflegenoten gaukeln daher mit einem Durchschnitt von 1,2 etwas vor, das so nicht gegeben ist.

*Also sind Ihrer Ansicht nach die Krankenkassen und die Sozialhilfeträger letztendlich Schuld an Pflegeskandalen.*

*Bik:* Ja! Gehen Sie mal in eine Pflegesatzverhandlung, also die Gespräche, in denen unser Budget ausgehandelt wird. Dann werden Sie sehen, dass auf der anderen Seite des Tisches, also bei den Kassen und den Sozialbehörden, Leute mit ausschließlich fiskalischen Interessen sitzen, die überhaupt nicht interessiert, was mit diesem Geld faktisch geleistet werden kann.

**Können Sie ein Beispiel nennen?**

*Bik*: Nehmen Sie den Personalschlüssel: Der hat rein gar nichts mit dem tatsächlichen Aufwand zu tun. In Pflegestufe 3 muss ein Bewohner sechs Stunden am Tag gepflegt werden. Der Pflegeschlüssel beträgt aber nur 148 Minuten. Also die Hälfte von der Zeit, auf die der Pflegebedürftige laut Gesetz Anspruch hätte. Die Politik gaukelt den Pflegebedürftigen also Leistungen vor, die so überhaupt nicht geleistet werden können, weil sie in diesem Umfang nicht finanziert werden.

*Georg Bonerz*: Die Pflegesatzverhandlungen sind so hart, dass wir zeitweise Herrn Schleicher, unseren Pflegeanwalt, mit dahin genommen haben. Was meinen Sie, was da los war? Da war Entsetzen bei den Kostenträgern! Auf einmal war nicht mehr die AOK zwei Meter groß und wir 1,50 Meter – auf einmal waren wir beide auf einer Augenhöhe.

**Wie geht es in einer Pflegesatzverhandlung ganz konkret zu?**

*Günter Schröder*: Ein gutes Beispiel sind die Verhandlungen über die Tarifverträge. In diesem Jahr gab es eine Tarifsteigerung um zwei Prozent. Unsere Verhandlungspartner, die Landes-BKK Essen und der Landschaftsverband Westfalen-Lippe, waren aber nicht bereit, diese zwei Prozent zu geben, sondern nur 1,6 Prozent. Wir sind aber an den Tarif gebunden. Also mussten wir Personal abbauen, um die Tarifsteigerung schultern zu können. Das bedeutet dann, dass wir von den Verhandlungspartnern unter die gesetzlich vorgeschriebene Fachkraftquote – 50 Prozent unserer Pfleger müssen ausgebildete Alten- oder Krankenpfleger sein – gedrängt werden.

**Warum können unter solchen Bedingungen die Heimbetreiber trotzdem noch Gewinne erzielen?**

*Schaffert*: Bei vielen privaten Heimbetreibern funktioniert das, weil sie keine Skrupel haben und von einem Pfleger 20 bis 30 Bewohner pro Schicht pflegen lassen.

**Die kirchlichen Heime sind also aus Ihrer Sicht besser? Das würde der Statistik der Kassen widersprechen, die besagt: Es gibt keine Qualitätsunterschiede abhängig davon, ob die Heime private oder kirchliche sind.**

*Norbert Schöner*: Es gibt dort viele Kollegen, die arbeiten an der Grenze der Belastbarkeit. Sie müssen Lösungen für die Versorgung finden, die aus meiner Sicht unwürdig sind. Sie ziehen den Bewohnern morgens die Tageskleidung über den Schlafanzug, weil sie es nicht anders schaffen. Oder es gibt Bewohner, die sitzen mit nacktem Hintern auf dem Toilettenstuhl und werden damit an den Frühstückstisch geschoben, um so zu essen. Und dieser Druck – die privaten können es so billig, warum ihr nicht? – der wird innerhalb des Systems an die anderen Einrichtungen weitergegeben.

**Brauchen wir demnach also mehr Kontrollen in den Pflegeheimen?**

*Schröder*: Nein! Es gibt jetzt schon 43 verschiedene Institutionen, die uns beaufsichtigen. Ein Beispiel: Seit ein paar Jahren gibt es das sogenannte Medizinproduktegesetz. Seither ist jedes Fieberthermometer ein Medizinprodukt, das der Überwachung unterliegt. Da kommt dann ein schicker Audi A6 Kombi mit drei Personen – und die Kontrolleure prüfen nach, ob überall die TÜV-Aufkleber drauf sind, elektrisch betriebene Pflegebetten zum Beispiel. Wir müssten theoretisch bei jedem Bewohnerwechsel diese Behörde anrufen und sagen: Überprüft mal bitte das Bett.

*Heike Großheimann*: Inhalationsgeräte, Blutdruckmessgeräte, und, und, und – das alles müssen wir auch dokumentieren, ein wahnsinniger Arbeitsaufwand ist das.

*Frank Schleicher*: Der Arbeitsaufwand ist riesig, nicht nur für die Dokumentation. Die Pfleger müssen sich für jede einzelne Prüfung die Zeit nehmen, die Prüfer durchs Haus zu führen, damit geht jeweils ein guter halber Tag drauf. Und das neben ihrer ohnehin schon enormen Arbeitsbelastung.

**Sinnvoller erscheint aber die Arbeit des Medizinischen Dienstes der Krankenversicherung, den MDK, der im Auftrag der Kranken- und Pflegekassen bei Ihnen die Pflegequalität kontrolliert.**

*Schröder*: Der MDK ist eine der vielen Aufsichtsbehörden – und eine überflüssige. Würde man ihn auflösen, könnte man mit dem Geld einen großen Teil der fehlenden Pflegekräfte finanzieren.

*Bonerz*: Der MDK ist ein Beispiel für Bürokratie in Reinform. Er hat bundesweit Hunderte Mitarbeiter aus der Pflege abgezogen. Viele Pfleger haben sich bei der Gründung da beworben, weil sie so fertig waren.

*Schröder*: Bei uns hat der MDK zum Beispiel, wie ein Staubsauger, drei Mitarbeiter abgeworben, die wir ausgebildet hatten. Genauso die Kreisverwaltung: Die haben zwei Mitarbeiter aus unserem Haus fürs Sozialamt abgeworben. Diese Leute gehen jetzt in die Heime und prüfen, ob die Bewohner überhaupt heimbedürftig sind. Das heißt, teilweise entscheidet das Sozialamt, die Leute seien nicht heimfähig – obwohl sie in Pflegestufe 1 sind – und stellen die Zahlungen ein. Dann stehen wir als Heim da und haben Bewohner, die plötzlich 15.000 Euro mit ihren Zahlungen im Rückstand sind und denen wir letztendlich kündigen müssen.

*Das heißt, ich kann mich als Bürger nicht darauf verlassen, dass ich als Pflegebedürftiger tatsächlich die Leistungen bekomme, die ich brauche.*

*Schröder*: Richtig. Jeder Kfz-Versicherte weiß genau, welche Leistungen er im Schadensfall bekommt. Bei der Pflegeversicherung wird dagegen mit Absicht verschleiert, wer welchen Anspruch hat und von wem er das Geld bekommt.

*Bonerz*: Es scheint sogar innerhalb von Städten Vorgaben zu geben, wie viele Pflegebedürftige es pro Stadt und Pflegestufe geben darf. Mir hat schon einmal ein MDK-Prüfer gesagt: Sie haben hier zwei typische Bewohner, die Pflegestufe 3 bekommen müssten, aber ich kann die Ihnen nicht zugestehen, weil ich keine Stufe 3 mehr habe. Das müssen Sie sich mal vorstellen! Und das wird totgeschwiegen.

*Schaffert*: Es gibt in der Tat Korrekturmechanismen, um das Einstufungsverhalten anzupassen beziehungsweise die Quoten auf niedrigem Level zu halten. Städte mit nach oben abweichenden Pflegestufen werden durch diese Vergleichsstatistik nach unten getrimmt. Es versteht sich fast von selbst, dass dieser Städtevergleich nicht nach außen publiziert wird.

*Schleicher*: … denn mehr Pflegebedürftige in hohen Pflegestufen würden ja letztendlich einen politischen Handlungsbedarf bedeuten, nämlich, dass man die Beiträge zur Pflegeversicherung erhöhen müsste. Und auch die Sozialämter der Kommunen würden sich wehren. In Duisburg versucht man jetzt, nur noch billigste Heime für Sozialhilfeempfänger zugänglich zu machen.

*Ein häufiger Vorwurf an Pflegeheime lautet, dass sie ihre Bewohner nicht aktivierend behandeln, sondern »ins Bett pflegen« – damit sie in eine höhere Pflegestufe kommen und sie mehr Geld von den Kassen bekommen.*

*Schaffert*: Genau das Gegenteil ist der Fall. Wenn jemand im Bett liegt und sich nicht bewegen kann, argumentiert der MDK in der Regel, dass er dann nicht mehr mit so hohem Zeitaufwand gepflegt werden muss.

*Schöner*: Es sind Mitarbeiter des MDK, die aktivierende Pflege verhindern, nicht wir. Wir bekommen teilweise gesagt: Sie brauchen den Bewohner nachts nicht dreimal zur Toilette zu bringen. Es gibt doch Inkontinenzmaterialien, die fassen bis zu drei Litern, legen Sie ihm die doch um.

*Sie werden aber Dutzende Pflegekräfte finden, die berichten, wie sie von ihren Chefs angehalten wurden, dem MDK etwas vorzuspielen und zu behaupten: Frau X kann sich nicht mehr allein die Schuhe ausziehen. Das denken sich die Pfleger doch nicht aus.*

*Schaffert*: Man muss tatsächlich einräumen, dass Pfleger so etwas manchmal gesagt bekommen. Hier liegt allerdings oft eine Verzweiflungstat vor. Im Kräfteverhältnis mit dem MDK unterliegen die Heime immer. Ihre Position muss als die eines Bittstellers angesehen werden.

*Großheimann*: Das Problem sind die Menschen mit Demenz: Sie brauchen ständige Anleitung, es muss jemand daneben stehen und sagen: Hier ist ein Kamm, kämmen Sie sich bitte die Haare. Das da sind die Haare. Personal für eine solche Anleitung ist das, was wir brauchen, was wir aber nicht kriegen.

*Das bestätigt doch die These, dass es sich lohnt, einen körperlich aktiven Demenzkranken mit Pillen abzuschießen.*

*Hubertus Volmer:* Wenn das so wäre, könnte man sich es ja ganz einfach machen als Heim: Den Leuten eine Magensonde legen, sie ins Bett legen und hoffen, dass sie nur noch ein paar Monate zu leben haben. Wenn es so einfach wäre, würden wir als Heim hingehen und sagen: Alle Bewohner kriegen Pflegestufe 3 – so ist es aber nicht, und die kriegen wir auch nicht.

*Bik:* Es ist für ein Heim sogar ziemlich schwer, eine höhere Pflegestufe zu erreichen. Wir selber dürfen ja keine Einstufung anregen, sondern müssen es immer in Abstimmung mit den Angehörigen tun. Die sind aber oft schwer zu überzeugen, denn die denken erst mal: Eine Höherstufung ist ja für mich wirtschaftlich nachteilig!

## Wie unabhängig sind die Aufseher des MDK?

In der Diskussion darüber, wer Schuld hat an Pflegeskandalen, stehen nicht nur die Kassen selbst zuweilen in der Kritik, sondern auch deren Aufsichtsorgane: die Medizinischen Dienste der Krankenversicherung (MDK). Immer wieder sprechen Kritiker den dort angestellten Aufsehern ab, tatsächlich unabhängig zu sein. Ein Beispiel: Die Prüftermine, bei denen Altenpflegeheime auf ihre Qualität hin begutachtet werden sollen, müssen seit dem Jahr 2008 unangemeldet stattfinden – damit sich die Betreiber nicht darauf vorbereiten können, indem sie etwa Personal von einer Einrichtung in die andere »verschieben« und auf dem Dienstplan vermerken können, die entsprechenden examinierten Altenpfleger seien schon seit Wochen in der jeweiligen Einrichtung im Einsatz. Oder, indem sie, wie früher offenbar oft geschehen, Bewohner, die in besonders schlechter körperlicher Verfassung sind, vor dem Prüftermin ins Krankenhaus verlegen lassen. Denn zur Heimprüfung durch den MDK gehört neben der umfassenden Prüfung der geführten Dokumentation auch, fünf bis zehn Prozent der Heimbewohner körperlich zu untersuchen. Das heißt, nachzuschauen, ob es Druckstellen auf der Haut gibt, ob die Zähne gut gepflegt wirken, ob Verbände fachmännisch angelegt sind oder ob es äußere Zeichen für Dehydrierung gibt.

Tatsächlich, berichten viele Manager und Heimleiter, seien vielerorts die Prüftermine dennoch vorher bekannt. »Entweder, die MDK-Prüfer rufen die Heimleiter ganz offiziell zwei Tage vorher an oder man erfährt es aus seinem Netzwerk«, sagt ein Heimleiter aus Niedersachsen. Natürlich ist das nicht flächendeckend der Fall. Es scheint aber immer wieder vorzukommen. Das gilt offenbar gerade in ländlichen Gegenden, in denen die Versorgung mit Altenpflegeeinrichtungen gering ist und die Pflegekassen auf Heimbetreiber als Vertragspartner angewiesen sind. Dazu kommt, wie der Pflegexperte einer großen gesetzlichen Krankenkasse es ausdrückt:

> »Die wirklich schlimmen Fälle, in denen durch Betrügereien in Heimen Bewohner zu Schaden kommen, sind eher selten. Stattdessen wird viel am Rande der Legalität getrickst, also zum Beispiel, in dem es in einem Haus nur eine oder zwei Pflegekräfte zu wenig gibt.«

Das klingt so, als wollte er sagen: Ein bisschen Schummeln ist so normal, dass den Kassen und ihren Prüforganen, den MDKs, ganz einfach die Kapazitäten fehlen, um jeden Fall zu verfolgen.

Besser Kooperation als Konfrontation lautet deshalb das Motto vieler MDK-Vertreter. Das zeigt das Beispiel eines privatwirtschaftlich betriebenen Heims aus Berlin. Dort reichte eine Gruppe von Pflegern im Jahr 2009 eine schriftliche Beschwerde über den eigenen Arbeitgeber beim MDK Berlin/Brandenburg ein. Die Pfleger dokumentierten darin minutiös anhand von Dienstplänen, wie die Einrichtung über Monate hinweg zu wenige Pfleger beschäftigte. Der

MDK sprach als Reaktion darauf lediglich eine Verwarnung aus – und verhängte gegenüber dem Heim die Auflage, neues Personal einzustellen und künftig die Dienstpläne monatlich dem MDK zur Kontrolle vorzulegen. Obwohl das Personal zum Zeitpunkt der Anzeige noch nicht einmal ausreichte, um die damaligen Bewohner zu versorgen, konnte sich der MDK noch nicht einmal zu einem vorübergehenden Aufnahmestopp durchringen.

# Teil II: Boombranche ambulante Pflege

In Deutschland sind heute mehr als 2,34 Millionen Menschen pflegebedürftig, so lautet der letzte Stand der offiziellen Pflegestatistik des Statistischen Bundesamtes. Mittlerweile dürften die tatsächlichen Zahlen allerdings deutlich höher liegen, denn die im Frühjahr 2011 veröffentlichten Zahlen stammen aus dem Jahr 2009. Diese Pflegestatistik fasst auf 31 Seiten voller Tabellen und Grafiken zusammen, wie pflegebedürftig Deutschland ist: Sie hält fest, wie oft pflegebedürftige Menschen männlich oder weiblich sind, wie viele als pflegebedürftig Klassifizierte in welche Pflegestufe fallen und welchen Berufsabschluss diejenigen mehrheitlich haben, die in den Pflegeheimen arbeiten. Besonders auffällig ist jedoch ein Detail, das die Pflegestatistik offenbart: Demnach leben bundesweit nur 717.000 Menschen in Altenpflegeheimen, während 1,62 Millionen Pflegebedürftige im eigenen Haushalt leben und versorgt werden – 69 Prozent von allen Pflegebedürftigen.

Wenn es um Missstände im deutschen Altenpflegesystem geht, steht im Zentrum des Interesses und der Berichterstattung meistens die Branche der Altenpflegeheime. Der Realität im Pflegesektor wird das im Grunde aber nicht gerecht, sind doch die im eigenen Zuhause Gepflegten weit in der Überzahl. Sie werden entweder von Angehörigen versorgt, die sich häufig Unterstützung von ambulanten Pflegediensten holen – oder, wenn kein Familienmitglied in der Nähe oder imstande ist, den Pflegebedürftigen zu versorgen, auch häufig von einem solchen Pflegedienst allein.

## Die meiste Arbeit leisten die Angehörigen

Den weit größten Anteil an der Pflege übernehmen jedoch die Verwandten selbst, und 90 Prozent davon sind weiblich: Töchter, Ehefrauen, Schwiegertöchter. 1,07 Millionen Menschen werden derzeit zu Hause komplett von Familienangehörigen versorgt. Innerhalb der nächsten zehn Jahre wird der Anteil derjenigen, die trotz Pflegebedürftigkeit zu Hause wohnen bleiben, weiter steigen müssen – ganz einfach bedingt durch den Geldmangel im System. Denn je mehr Pflege von Angehörigen im eigenen Heim geleistet wird, umso weniger Geld kostet das den Staat. Ein wesentlicher Teil der im Frühjahr beschlossenen jüngsten Pflegereform unter Bundesgesundheitsminister Daniel Bahr ist deshalb die stärkere finanzielle Unterstützung ambulanter Betreuungsdienste.

Damit wird die häusliche Pflege zunehmend zum attraktiven Geschäftsfeld für Unternehmer mit neuen Arten von Angeboten – unter anderem auch Firmen aus dem angelsächsischen Raum, die versuchen, ihre Geschäftsmodelle nun auch auf dem deutschen Markt zu etablieren. Ein Beispiel ist die Firma Home Instead, deren Gründer Paul Hogan aus dem US-Bundesstaat Nebraska Anfang 2012 zum Weltwirtschaftsforum nach Davos reiste und anschließend in Treffen mit deutschen Medienvertretern versuchte, seinen Service hierzulande bekannter zu machen: Home Instead bietet »nicht medizinische« Betreuungsdienste für Senioren an. Im Prinzip bezahlte Besuchsdienste, um den alten, oft ans Haus gebundenen, Menschen Gesellschaft zu leisten. Gegen Geld tun die Mitarbeiter von Home Instead das, was früher unter Nachbarschaftshilfe fiel oder heute noch, im Idealfall, in Pflegeheimen von ehrenamtlichen Besuchsdiensten geleistet wird. Sie gehen mit den Senioren, viele der Kunden sind demenzkrank, spazieren, lesen ihnen vor oder helfen ihnen beim Kochen, abgerechnet nach Stunden. Das Konzept der Firma, die als Franchiseunternehmen organisiert ist, funktioniert offenbar sehr gut: Weltweit gibt es etwa 900 Franchisenehmer, die die

Geschäftsidee Hogans in Länder wie Japan, Irland oder Finnland gebracht haben. In Deutschland gibt es das Angebot seit 2008. Mittlerweile gibt es hierzulande über 80 Mitarbeiter, die mehr als 500 Kunden betreuen. Die Kosten dafür übernehmen zum Teil die Pflegekassen, zum Teil sind sie von der Steuer absetzbar. Das Unternehmen hofft, dass seine Marktchancen in Deutschland mit der jüngsten Pflegereform weiter steigen.

Auch im Bundesfamilienministerium gab es im vergangenen Jahr Initiativen, um berufstätigen Angehörigen diese neue, zunehmende Form der »Vereinbarkeit von Pflege und Beruf« zu ermöglichen. Seit Anfang 2012 gilt das Gesetz zur Familienpflegezeit, von dem in einem späteren Kapitel noch ausführlich die Rede sein wird. Doch das System ächzt bisher an allen Ecken und Enden. Für die Betroffenen – Menschen, die von jetzt auf gleich einen Angehörigen pflegen müssen – ist das im Alltag trotz aller wirklichen und vermeintlichen Hilfen eine Herkulesaufgabe, wie das folgende Kapitel zeigt.

# 15. Von guten Herzen und ruhigen Händen

Um einen alten Menschen zu pflegen, brauche es nichts außer »einem guten Herzen und einer ruhigen Hand«, hat der ehemalige Arbeitsminister Norbert Blüm einmal gesagt. Wenn Ute Schmitz-Benninghoven das hört, denkt sie entnervt: Wahrscheinlich hat Blüm noch nie ein Sauerstoffgerät anschließen müssen. Als die 41-Jährige vor einigen Monaten genau das im Haus ihrer Eltern versuchte, brach sie irgendwann vor Verzweiflung zusammen. »Das Gerät wurde geliefert, als ich leider nicht da war. Die Leute vom Sanitätshaus stellten es kommentarlos bei meinen Eltern ab. Ohne Anleitung, wie man es bedient oder wie lange mein Vater eigentlich daran angeschlossen werden darf«, erzählt sie.

Telefonisch zu erreichen war erst einmal niemand. Und als die Tochter endlich jemanden an die Strippe bekam, war die Auskunft: »Schauen Sie einfach in die Bedienungsanleitung.« In einem Gespräch mit der Hausärztin ihres Vaters erfuhr Schmitz-Benninghoven dann eher zufällig, dass das Gerät alle drei Tage von den entstehenden Keimen gereinigt werden muss. Und dass der Vater nur zehn Minuten am Stück beatmet werden darf, sonst kann das Gerät lebensgefährlich werden. »Niemand hielt es für nötig, uns darauf hinzuweisen«, sagt sie und schüttelt den Kopf. »Wären meine Eltern auf sich allein gestellt gewesen, sie wären grandios gescheitert.«

Schmitz-Benninghoven aus dem Düsseldorfer Vorort Haan ist eine von rund einer Million Deutschen, die pflegebedürftige Angehörige versorgen und sich tagtäglich – ohne jegliche Form von Ausbildung – mit solch scheinbar kleinen Problemen herumschlagen. Und sie gehört zur wachsenden Gruppe derjenigen, die gleichzeitig noch arbeiten und Geld verdienen müssen. Mit dem demografischen Wandel und der steigenden Zahl an Pflegebedürftigen wächst auch die Zahl der Menschen, die Erwerbstätigkeit und Angehörigenpflege vereinbaren müssen. Mit ihrer Vollzeitstelle als Versicherungsangestellte in Düsseldorf wäre dieser organisatorische und zeitliche Aufwand unmöglich zu stemmen gewesen, sagt Schmitz-Benninghoven. Doch im Gegensatz zu den meisten Betroffenen hat sie einen Arbeitgeber, der die Möglichkeit bietet, eine freiwillige Pflegeauszeit zu nehmen. Die Mitarbeiter können sich dort bis zu zwölf Monate freistellen lassen, erhalten in dieser Zeit aber 50 Prozent ihres Gehalts weiter. Anschließend arbeiten sie Vollzeit zum halben Lohn, bis der Saldo wieder ausgeglichen ist.

Solche Angebote an die Mitarbeiter seien ein »klarer Wettbewerbsvorteil«, sagt Ulf Mainzer, der Personalvorstand ihres Arbeitgebers, des Versicherungskonzerns Ergo. »Dadurch steigen Motivation und Zufriedenheit. Und das macht uns wiederum zu einem attraktiven Arbeitgeber für potenzielle Mitarbeiter.« Wie schwer ein gutes Image zu erhalten ist, musste die Ergo-Versicherungsgruppe im Mai 2011 schmerzvoll erfahren. Damals deckte das *Handelsblatt* auf, dass die Ergo-Tochterfirma Hamburg-Mannheimer für ihre besten Versicherungsvertreter vier Jahre zuvor eine rauschende Sexparty in Budapest organisiert hatte. Der Mutterkonzern räumte schnell ein, dass es eine solche »Incentive-Reise« gegeben habe – konnte aber trotz ihrer offenen Informationspolitik nicht vermeiden, dass sich über Wochen der Spott der Nation über das Unternehmen ergoss.

Damals rückte in den Hintergrund, dass das Unternehmen als solches – trotz der rückständigen Firmenpolitik der Tochterfirma – durchaus Fortschrittliches zu bieten hat, wofür die Angebote für pflegende Angestellte ein gutes Beispiel sind. Neben der zwölfmonatigen Auszeit bietet die Firma zum Beispiel auch die Umwandlung von Sonderzahlungen in Freizeit an und vermittelt den Angestellten Kurse, in denen sie lernen, bei der Pflegekasse Hilfsmittel wie Badewannenlifter oder Krankenbetten zu beantragen.

Auch einige andere Unternehmen haben das Thema für sich entdeckt und reagieren darauf, dass immer mehr Mitarbeiter sich gleichzeitig um kranke Eltern oder Ehepartner kümmern müssen. Der Autokonzern Ford und der Konsumgüterhersteller Henkel etwa bieten ihren Mitarbeitern Beratungsnetzwerke an, organisieren Selbsthilfegruppen und Infoabende. Der Medizintechnikhersteller B. Braun lässt Angestellte bei vollem Gehalt bis zu drei Jahre in Teilzeit arbeiten, wenn sie zu Hause gebraucht werden.

## Die Wirtschaftskrise mahnt zum Sparen an den Alten

Bundesfamilienministerin Kristina Schröder (CDU) machte die familiären Probleme bei der Pflege Anfang März 2010 erstmals öffentlichkeitswirksam zum Thema. Damals forderte sie das staatlich verordnete Recht für Arbeitnehmer auf eine bis zu zweijährige Pflegezeit ein. Die Ministerin sagte dem Magazin *Stern*, sie wolle die zweijährige Pflegezeit trotz Schuldenkrise einführen. »Die Unternehmen sehen doch, dass sie mittelfristig gutes Personal nur noch bekommen, wenn die Mitarbeiter auch die Chance haben, mit Pflegefällen in ihrer Familie zu leben«. Niemand werde einen Ingenieur ablehnen, so Schröder, »weil er oder sie irgendwann eventuell Pflegezeit in Anspruch nimmt«. Auch die Grünen-Bundestagsfraktion brachte damals einen eigenen Antrag zur Pflegezeit in den Bundestag ein. Sie forderte eine dreimonatige Auszeit für Angestellte, wenn ein Angehöriger zum Pflegefall wird – quasi als Erstmaßnahme, um beispielsweise einen ambulanten Hilfsdienst oder einen Platz in einem Pflegeheim organisieren zu können. Die Angestellten sollten laut dem Vorschlag aus Steuermitteln 50 Prozent ihres Nettogehalts erhalten.

## Der Pflegefall kommt oft von jetzt auf gleich

Für Ute Schmitz-Benninghoven kamen all diese Vorstöße zu spät. Ihr 77-jähriger Vater, ein ehemaliger Landwirt, der schon seit Jahren mit schwerem Rückenleiden im Rollstuhl saß, wurde Ende 2009 vollends bettlägerig. Er konnte seither nicht mehr allein essen, sich nicht mehr waschen oder anziehen. Seine 78-jährige Frau, ebenfalls krank, schaffte die Pflege nicht allein. Und der ambulante Dienst, der morgens und abends für jeweils 20 Minuten vorbeischaute, reichte bei Weitem nicht aus. Also waren die Kinder, Schmitz-Benninghoven, ihr Bruder und ihr Mann, von heute auf morgen gefordert.

Eine Umfrage des Instituts für Demoskopie Allensbach im Auftrag des Familienministeriums ergab 2010, dass mehr als die Hälfte aller Berufstätigen damit rechnet, sich in den kommenden fünf bis zehn Jahren um pflegebedürftige Angehörige kümmern zu müssen. 65 Prozent aller Berufstätigen würden die Angehörigen gern zu Hause pflegen, fast 80 Prozent glauben aber, dass sich Pflege und Beruf nicht gut vereinbaren lassen.

Für Schmitz-Benninghoven kam eine Fremdunterbringung dennoch nicht infrage. »Wir haben nie daran gedacht, unseren Vater in ein Heim zu geben. Er hat sein ganzes Leben so viel für uns getan, da würde ich das als Abschiebung empfinden, als undankbar«, sagt sie. Auch wenn es für den Vater nur schwer zu ertragen sei, dass er, der früher immer der Starke in der Familie war, sich nun wie ein Kind von den eigenen Kindern pflegen lassen muss: »Er zeigt es zwar uns gegenüber nicht – aber ich weiß, dass er in den ersten Wochen abends oft geweint hat deswegen.«

Das Sauerstoffgerät war nur eine von vielen Herausforderungen, die die zierliche blonde Frau in den vergangenen Monaten meistern musste. Da war auch noch das Heben des großen, schweren Vaters vom Bett in den Rollstuhl, das sie sich beim Pflegedienst abschauen musste, der Papierkrieg mit der Krankenkasse. Und der Urologe. Der legte ihrem Vater nach Problemen beim Wasserlassen einen Katheter und war dann wochenlang nicht mehr erreichbar, um ihn wieder zu entfernen. »An dem Katheter hing aber nur ein winziger Beutel, der alle zwei Stunden gewechselt werden musste. Nachts, wenn ich nicht da war, musste meine alte Mutter also alle zwei Stunden aufstehen, um den Beutel zu leeren«, sagt Schmitz-Benninghoven und gerät bei dem Gedanken daran in Rage: »Der Arzt hat wahrscheinlich in meinem Vater nur den alten Patienten gesehen, der zu viel Aufwand bedeutet und zu wenig Geld einbringt.«

Die ersten drei Monate nach dem Eintritt der Pflegebedürftigkeit hat Schmitz-Benninghoven nur wenig geschlafen. Sie stand jeden Tag im Morgengrauen auf, fuhr dann eine halbe Stunde zum Haus ihrer Eltern, machte sauber, kochte und sorgte dafür, dass das Elternhaus zu einer behindertengerechten Wohnung umgebaut wurde, was nur mithilfe des Bruders und des Ehemanns möglich war. Die Garage wurde zum ebenerdigen Badezimmer umgebaut, ein Pflegebett beantragt, ein Schlafzimmer im Erdgeschoss eingerichtet. Immer wieder gab es Gerangel mit Ärzten und Pflegekasse ums Geld. »Wir haben eine ganze Menge Hilfsmittel beantragt, die dann von der Kasse abgeschmettert wurden«, sagt sie. Die drei Monate Freistellung, die Schmitz-Benninghoven in Anspruch genommen hat, sind eine kurze Zeit angesichts der Tatsache, dass ein Pflegebedürftiger im Schnitt acht Jahre gepflegt werden muss. Trotzdem sei die Auszeit enorm hilfreich gewesen, urteilte sie anschließend:

> »Es war erst einmal ein Schock, dass mein Vater zum Pflegefall wurde, und zwar für ihn selbst genau so wie für uns. In dieser schweren Anfangszeit einfach da zu sein und sich auf die neue Lebenssituation einzustellen – das ist für jeden Angehörigen Gold wert.«

# 16.  Die ambulanten Pflegedienste – Sizilien in Deutschland?

Das Glück, eine Tochter zu haben, die rund um die Uhr da ist und die Dinge in die Hand nimmt, hat bei Weitem nicht jeder. In Deutschland sind Hunderttausende alte Menschen auf sich allein gestellt, wenn sie pflegebedürftig werden. Single-Haushalte, kinderlose Pflegebedürftige, häufige Ortswechsel im Lebenslauf: Viele Faktoren tragen dazu bei, dass der klassische Generationenvertrag, bei dem Kinder und Eltern die Alten im gemeinsamen Haushalt versorgen können, nicht mehr funktioniert. Eine stetig steigende Zahl an Bundesbürgern muss deshalb im Alter die Hilfe von ambulanten Pflegediensten in Anspruch nehmen. Schon heute werden laut offizieller Pflegestatistik bundesweit 567.000 Menschen komplett oder teilweise von solchen Dienstleistern versorgt, vom Lieferdienst für »Essen auf Rädern« bis zur 24-Stunden-Intensivpflege für Schwerstpflegebedürftige. Das Geschäft ist lukrativ: An einem schwer Pflegebedürftigen verdienen die ambulanten Pflegedienste im Schnitt 1.500 bis 2.000 Euro pro Monat. Bei der wachsenden Zahl an Pflegefällen, die rund um die Uhr Betreuung brauchen, etwa Wachkomapatienten oder Langzeitbeatmete, sind die Summen sogar etwa dreimal so hoch.

Die Zahl derer, die auf ambulante Pflegedienste angewiesen sind, wird in den nächsten Jahren überproportional stark wachsen. Daten aus dem aktuellen »Barmer BEK Pflegereport« belegen, dass innerhalb des Pflegesektors eine Verschiebung von der stationären hin zur ambulanten Pflege stattfindet. Im Jahr 2009 ging demnach erstmals der Zuwachs der Heimbewohner an allen Pflegebedürftigen leicht zurück, während die Zahl der ambulant Gepflegten im gleichen Zeitraum um zehn Prozent stieg. Auch die Kapazitäten im ambulanten Dienst wachsen stärker als die der Heime. Von 2007 bis 2009 stieg die Zahl der Betten in Pflegeheimen um knapp fünf Prozent, die Zahl der in ambulanten Diensten Beschäftigten dagegen um fast 15 Prozent.

Auf dem Markt für ambulante Pflegedienste tummeln sich rund 12.000 Unternehmen. Die Branche ist wichtig für den deutschen Arbeitsmarkt: Sie hat fast 270.000 Beschäftigte. Weil die Arbeitskräfte in der Branche beinahe ausschließlich Frauen sind – und häufig un- oder angelernte Hilfskräfte – ist der Sektor extrem wichtig als Wiedereinstiegsmodell in den Job nach der Babypause. Fast drei Viertel der Angestellten arbeiten laut offizieller Pflegestatistik in Teilzeit, was den Job für Mütter zusätzlich attraktiv macht. Die Pflegedienste sind mittlerweile auch eine ernstzunehmende Wirtschaftsmacht. Zusammen rechnen sie pro Jahr rund neun Milliarden Euro mit den Pflegekassen ab. Zwei Drittel der Pflegedienste sind Privatunternehmen, doch auch kirchliche Träger wie Diakonie und Caritas sind auf dem Markt aktiv. Viele dieser Firmen, vor allem diejenigen in privater Hand, sind mikroskopisch klein. Fast zehn Prozent der ambulanten Dienste versorgen nur einen bis zehn Pflegebedürftige. Entsprechend wenig professionalisiert geht es dort zuweilen zu. Knapp ein Fünftel aller Beschäftigten hat keinen Berufsabschluss vorzuweisen.

Die schiere Zahl der Anbieter und ihre Struktur lassen zweierlei vermuten: Wo viele, vor allem kleine Unternehmen sich tummeln, gibt es in der Regel auch viel Wildwuchs – zumal in einem Geschäft, dessen Preiskalkulationen und Kostenstrukturen für Außenstehende kaum zu durchschauen sind. Und: Bei einer derart großen Zahl an Anbietern kommen die Kontrollbehörden kaum hinterher. Die staatlichen Heimaufsichten haben hier keine Handhabe – schließlich sind sie, wie der Name schon sagt, lediglich für stationäre Altenheime zuständig. Qualitätskontrollen machen lediglich der MDK und die kommunalen Sozialämter – jedenfalls dann, wenn sie einen

Teil der Dienstleistungen zahlen. Die Kontrolleure sehen jedoch wegen der Kleinteiligkeit des Sektors oft »den Wald vor lauter Bäumen nicht mehr«, wie der Leiter der Betrugsstelle einer großen Krankenkasse sagt. Das, sagen Pflegeexperten, öffne Betrug und Abzocke Tür und Tor. Der Münchener Sozialpädagoge Fussek urteilt: »In der häuslichen Pflege haben wir praktisch einen rechtsfreien Raum.«

## Drei Staatsanwälte gegen die Korruption

Bei der Generalstaatsanwaltschaft Frankfurt am Main gibt es seit 2009 eine »Zentralstelle zur Bekämpfung von Vermögensstraftaten und Korruption im Gesundheitswesen«. Drei Staatsanwälte beschäftigen sich dort ausschließlich mit Betrügereien im Gesundheits- und Pflegesektor. Die Idee, die dahintersteht, ist, dass die Strafverfolgungsbehörden sich nicht mehr nur mit wenigen, exponierten Einzelfällen beschäftigen sollen, sondern mit der Vielzahl kleiner und mittelgroßer Rechtsverstöße, die sich im Bereich rechtlicher Grauzonen bewegen. Die Staatsanwälte beschäftigen sich mit Apotheken oder Praxisgemeinschaften von Ärzten, sie bearbeiten zwischen 200 und 500 Verfahren pro Jahr. Sie kämpfen im Wesentlichen um Geld, das den Krankenkassen durch falsche Abrechnung entgangen ist, und auch ihre Hinweise bekommen sie in neun von zehn Fällen von den Kassen.

Ein Thema, das die Beamten dabei immer wieder auf dem Schirm haben, sind die ambulanten Pflegedienste. Im vergangenen Jahr, teilt die Ermittlungsstelle auf Anfrage mit, waren 17 von 216 bearbeiteten Fällen solche, die sich mit ambulanten Pflegediensten beschäftigten. Das war fast jeder zehnte Fall, in dem die Stelle ermittelte. Theoretisch könnten es noch mehr sein, sagen die Ermittler. Doch das verhinderten die begrenzten personellen Kapazitäten. Die Tatsache, dass viele der Pflegedienste ihre Dokumentation bisher ausschließlich auf Papier führten, mache den Ermittlern die Arbeit

schwer: »Es ist stets erforderlich, die umfangreichen Abrechnungs-
unterlagen händisch auszuwerten. Dabei müssen die Rechnungen
mit den bei Kranken- und Pflegekassen eingereichten Leistungs-
nachweisen und darüber hinaus mit weiteren Unterlagen des Pflegedienstes (Durchführungskontrollen, Pflegeberichten, Dienst- und
Tourenplänen) abgeglichen werden. Diese Arbeit ist sehr zeitauf-
wendig«, teilt die Zentralstelle mit. Und weiter: »Die Auswertung
muss aus verfahrensökonomischen Gründen daher regelmäßig auf
wenige Klienten des Pflegedienstes und einen überschaubaren Tat-
zeitraum beschränkt werden. Der auf diese Weise ermittelte Schaden beläuft sich je nach Fall auf einige Hundert bis wenige Tausend
Euro.«

Mit anderen Worten: Die altmodische Dokumentation vieler Unternehmen verhindert, dass Betrüger zu harte Strafen bekommen. Nur
in einem einzigen Fall seit dem Bestehen der Zentralstelle, so die Ermittler, kam es im Bereich ambulanter Pflege zu einer Verurteilung.

## Es gibt viele Möglichkeiten, zu betrügen

Die Möglichkeiten, mit illegalen Methoden Geld aus dem System
abzuschöpfen, sind vielfältig: Unseriöse Pflegedienste geben zum
Beispiel alte Menschen als Kunden an, die gar nicht pflegebedürftig
sind – sondern unter Anleitung der Pflegedienste nur so tun als ob,
wenn die Kontrolleure von MDK oder Sozialamt vorbeischauen. Einen solchen Fall beschrieb die *Financial Times Deutschland* in einem
ausführlichen Bericht im Herbst 2011. Ein serbischer Kriegsflücht-
ling war in seinem Stadtteil, Berlin-Neukölln, von einem Mitarbeiter
eines türkischen Pflegedienstes auf der Straße angesprochen worden. Man wolle ihm helfen, habe der Mann gesagt. Er müsse nichts
weiter tun, als zu sagen, er sei krank, wenn ihn jemand frage. Der
Mann willigte ein, gab dem Pflegedienst sogar einen Schlüssel zu
seiner Wohnung. Plötzlich saßen jeden zweiten Tag fremde Männer

und Frauen in seiner Küche, die ihm zwar nicht halfen, seinen Alltag zu bewältigen, dafür aber seine Post und seine Finanzen regelten. Sie machten ihn auf dem Papier zu einem Pflegefall und kassierten 3.400 Euro pro Monat, bis der Fall bei einem Behördenbesuch schließlich aufflog.

## Wilder Westen

Es scheint, als ob in Ballungsräumen wie Berlin im Pflegedienstsektor Zustände wie im Wilden Westen herrschen. Der Staatssekretär für Soziales im Berliner Senat, Michael Büge, spricht von »mafiösen Strukturen«. Laut den Recherchen der Zeitung sollen in der Bundeshauptstadt vor allem kleine private Pflegedienste ein engmaschiges Netz aus Ärzten, Psychologen, Betreuern und Anwälten gesponnen haben, die »mit großer krimineller Energie« zusammenarbeiten. Sie sprächen systematisch Neuankömmlinge aus Russland, dem Balkan oder der Türkei an, machten sie zu Pseudopflegefällen und kassierten so das Geld von Pflegeversicherungen und Sozialämtern. Häufig bekämen die Alten ein paar Euro von der ergaunerten Summe ab, würden so zu Mittätern – und schwiegen. Von einem solchen Fall berichtet auch die Zentralstelle zur Korruptionsbekämpfung bei der Frankfurter Generalstaatsanwaltschaft. Dort habe ein Pflegedienst bei einem Klienten lediglich Hauswirtschaftsleistungen erbracht, jedoch zusätzlich Pflegeleistungen wie Körperpflege abgerechnet. Dem Kunden sei eine Gewinnbeteiligung in Aussicht gestellt worden. Solche Fälle, sagt der Staatsanwalt, würden nur selten bekannt, weil sie durch die gemeinsame Sache, die Kunde und Pflegedienst machten, so gut wie nie angezeigt würden.

In Berlin, wo Abrechnungsbetrug offenbar besonders weit verbreitet ist, stieg die Zahl der Pflegedienste innerhalb von gut zehn Jahren sprunghaft an, von 310 auf 505 Unternehmen. 200 Millionen Euro geben demnach die Berliner Behörden Jahr für Jahr für Pflegedienstleistungen aus. Die *Frankfurter Allgemeine Sonntagszeitung* schrieb beispielhaft von Betrugsfällen, die Kontrolleure der Berliner Sozialämter in den Monaten seit Anfang 2010 aufdeckten: Eine Frau, die angeblich an Inkontinenz litt, aber keine Windeln im Haus hatte. Ein Dienst, der regelmäßig das Baden eines Patienten abrechnete, obwohl es in der Wohnung gar keine Badewanne gab. Ein Mann, der vorgab, bewegungsunfähig und bettlägerig zu sein, aber beobachtet wurde, wie er allein zwei Sechserpacks Wasser vom Supermarkt nach Hause trug. Und ein Arzt, der für bis zu achtzig unterschiedliche Patienten dieselbe Diagnose stellte – und teilweise vergessen hatte, von einem zum nächsten Gutachten das Geburtsdatum auszutauschen.

Dennoch wurde bislang in Berlin kein einziger ambulanter Pflegedienst geschlossen. Das Problem ist, wie so oft in der Pflegebranche: Selbst wenn die Kontrolleure von MDK oder Sozialamt einen Betrugsfall aufdecken und selbst wenn die Staatsanwaltschaft die Ermittlungen aufnimmt, können sie den Betrug in der Regel nicht nachweisen. Sie scheitern daran, dass Aussage gegen Aussage steht. Rechtsanwälte vermuten, dass bei den Staatsanwaltschaften bisher zu wenig Expertenwissen zum Thema Abrechnungsbetrug in der Pflege vorhanden sei. Und: Im Vergleich zu Delikten wie schwerem Raub, Körperverletzung oder all den anderen Dingen, mit denen die oft überlasteten Staatsanwälte sich sonst beschäftigten müssen, erschienen solche Taten als Bagatellen. In Berlin, wo die öffentlichen Kassen der Sozialämter jährlich 200 Millionen Euro für Pflegedienstleistungen an Bewohner mit niedrigen Einkommen zuschießen, hat nun das Landeskriminalamt mehrere Ermittler und einen Staatsanwalt abgestellt, die sich tief ins Thema einarbeiten sollen – Ausgang offen.

Im Herbst 2011 berief der Berlin-Neuköllner Sozialstadtrat Büge gemeinsam mit seinem Amtskollegen Stephan von Dassel, zuständig für den Bezirk Mitte, eine Pressekonferenz in der Hauptstadt ein, die für Aufsehen sorgte. Die beiden stellten Statistiken vor, laut denen in Berlin jeder dritte ambulante Pflegedienst Abrechnungsbetrug begehe. Um ihre Schilderungen zu unterstreichen, hatten die beiden Politiker sechs Pflegekräfte mit zur Pressekonferenz gebracht, vom Pflegediensthelfer bis zur Pflegedienstleiterin. Einen Teil der Verantwortung für die weite Verbreitung von Betrugsfällen würden die Kontrolleure der Krankenkassen tragen, sagten die Pfleger, denn diese würden sich vor Terminen zur Einstufung Pflegebedürftiger in Pflegestufen stets Tage vorher bei den Diensten anmelden. Ein Vorwurf, dem Sprecherin Grote vom MDK-Spitzenverband MDS entgegnet, allein aus praktischen Gründen müsse man sich terminlich absprechen. Ein Generalverdacht gegen Pflegedienste, grundsätzlich manipulieren zu wollen, sei unangebracht.

## Die Pflegerinnen werden mutiger

Manchmal wehren sich Pflegekräfte per Gericht gegen die Zustände bei ihren Arbeitgebern. Es scheint, als steige die Zahl derer, die sich mit Missständen in ihrem Berufsstand nicht mehr abfinden wollen, sondern sich mutig dagegenstellen. Die bekannteste unter ihnen ist Brigitte Heinisch. Die examinierte Altenpflegerin arbeitete beim Klinikkonzern Vivantes in der Hauptstadt und erlebte dort nach eigenen Aussagen Erschreckendes: Bewohner, die aus Personalmangel stundenlang im eigenen Urin und Kot liegen mussten, Fixierungen im Bett ohne richterlichen Beschluss, Senioren, die Hunger und Durst litten, weil niemand Zeit hatte, ihnen beim Essen und Trinken zu helfen. Heinisch beschwerte sich. Erst bei den Vorgesetzten, das war im Jahr 2002. Acht Mal schrieb sie sogenannte Überlastungsanzeigen, um zu dokumentieren, dass ihre Arbeit nicht zu schaffen war. Dann, als das nichts half, beschwerte sie sich beim MDK. Der stellte bei einer unangemeldeten Kontrolle eklatante Mängel fest, die Kassen drohten sogar mit einer Kündigung des Versorgungsvertrags für die Einrichtung – das schärfste Schwert, das ihnen zur Verfügung steht. Trotzdem besserten sich die Zustände nicht, wie Heinisch später schilderte.

Also zeigte sie ihren Arbeitgeber konsequenterweise an. Das Verfahren wurde jedoch nach kurzer Zeit eingestellt. Heinisch bekam 2005 die fristlose Kündigung. Sie klagte dagegen in mehreren Instanzen und verlor. Trotzdem machte sie weiter, ging bis zum Europäischen Gerichtshof für Menschenrechte, wo ihr Fall 2011 schließlich verhandelt wurde – und bekam Recht. Arbeitsrechtliche Sanktionen durch Arbeitgeber, so das Urteil der Richter in Straßburg, etwa eine Kündigung, verstießen gegen das Recht auf freie Meinungsäußerung.

Heute gilt Brigitte Heinisch als so etwas wie eine Heldin in der Branche, wurde vor einigen Jahren mit dem »Whistleblower-Preis« der Vereinigung Deutscher Wissenschaftler (VDW) ausgezeichnet. Die Pflegerin hat heute wieder einen neuen Job bei einer Pflegeeinrichtung in Berlin.

## Der Fall Konietzko

Doch längst nicht immer erreichen Whistle-Blower aus der Altenpflegebranche das erhoffte Ergebnis. Ein besonders drastischer Fall ist der von Angelika-Maria Konietzko, ebenfalls aus Berlin, der sich seit Jahren hinzieht. Im Sommer 2012 hat die Altenpflegerin schon das zwölfte Mal gegen ihren ehemaligen Arbeitgeber vor Gericht gestanden. Über Monate drohte der Frau, die Missstände bei ihrem Arbeitgeber anprangerte, sogar die Erzwingungshaft. Eigentlich sollte sie im Frühjahr 2012 eine Haftstrafe antreten, zwei Mal wurde diese jedoch jeweils kurz vorher ausgesetzt. »Wahrscheinlich haben mein ehemaliger Arbeitgeber und seine Anwälte kalte Füße bekommen, weil sie befürchten, dass es dann unangenehme Zeitungsberichte geben könnte«, vermutet Konietzko.

Der Pflegerin wurde zum Verhängnis, dass sie es wagte, sich über die Arbeitsbedingungen bei ihrem Arbeitgeber zu beschweren, einem ambulanten Pflegedienst in der Hauptstadt. Konietzkos Geschichte begann 2001, als sie einen Arbeitsvertrag als Nachtwache in einer Demenz-WG in Berlin-Mitte unterschrieb. Der Pflegedienst warb gegenüber seinen Kunden damit, eine 24-Stunden-Betreuung für die Senioren anzubieten. In Konietzkos Arbeitsvertrag dagegen stand, dass sie, bis auf drei Stunden, anstatt regulären Dienstes nur den wesentlich schlechteren »Bereitschaftsdienst« verrichten solle. Eine Situation, die die Pflegeexpertin Adelheid von Stösser, die später in dem Fall als Sachverständige eingeschaltet wurde, als potenziell »gefährliche Pflege« beurteilte. Schließlich müssten gerade bei Demenzkranken die Nachtwachen aktiv nachsehen, ob einer der Bewohner sich in eine Situation gebracht haben könnte, in der er Hilfe benötigt. Eine der Bewohnerinnen, sagte die Pflegerin, wurde beispielsweise per Magensonde ernährt und musste mehrfach durch Absaugen vor dem Ersticken bewahrt werden.

Konietzko schildert ihren Fall so: Sie habe zunächst mehrmals versucht, das Unternehmen auf die Situation aufmerksam zu machen, sei als Folge gemobbt worden und habe zwei Abmahnungen erhalten. Als sie Hilfe bei Organisationen wie von Stössers Selbsthilfeverband suchte, habe der Arbeitgeber rechtliche Schritte gegen sie eingeleitet. Die gerichtlichen Auseinandersetzungen ziehen sich bereits seit 2007 hin. Das Landesarbeitsgericht Berlin-Brandenburg wies Konietzkos Klage aus formalen Gründen zurück und teilte 2010 mit, man folge der Argumentation des Arbeitgebers. Dieser argumentierte, in einer Rund-um-die-Uhr-Betreuung sei eine Nachtwache weder gesetzlich vorgeschrieben noch medizinisch oder pflegerisch erforderlich. Mittlerweile sind die Gerichtskosten auf knapp 1.000 Euro angewachsen, und Konietzko, die sich weigert, diese zu übernehmen und damit einzugestehen, dass sie im Unrecht wäre, erklärte auf einer Pressekonferenz im Februar, dass sie bereit sei, die Haftstrafe anzutreten. »Ich will damit auf unhaltbare Arbeitsbedingungen im Pflegebereich aufmerksam machen«, sagte sie. Später fügt sie in einem Telefonat hinzu, sie könne die geforderten 1.000 Euro nicht zahlen – denn dies, schildert Konietzko, würde sie in die Privatinsolvenz stürzen. »Selbst, wenn ich das Geld hätte, würde ich nicht zahlen. Aus Prinzip«, sagt sie. Zuletzt hat sie sich einen neuen Anwalt genommen, finanziert durch Prozesskostenhilfe. Es ist dieselbe Kanzlei, die Brigitte Heinisch vertreten hat. Und auch Konietzko sagt, sie sei bereit, bis vor den Europäischen Gerichtshof zu ziehen.

## Gefährliche ambulante Pflege

Berlin ist keine Ausnahme. Nicht nur hier herrschen teilweise eklatante Mängel, was die Qualität und die Kontrolle ambulanter Pflegedienste angeht. In Hamburg etwa wurde im Frühjahr 2012 ein erschreckender Fall von Pflichtverletzung vor Gericht verhandelt. Dort reichten die Angehörigen einer Pflegebedürftigen Klage gegen einen Pflegedienst ein. Das Unternehmen war laut Vertrag verpflichtet, die ältere Dame dreimal am Tag zu besuchen und sie zu versorgen. Dass diese Vereinbarungen offenbar über Monate nicht eingehalten worden waren, und der Pflegedienst in Wahrheit teilweise mehrere Tage am Stück gar nicht kam, bekamen die Angehörigen lange Zeit nicht mit. Es fiel erst auf, als die Patientin einen Schlaganfall erlitt – und offenbar mehrere Tage ohne Hilfe auf dem Fußboden liegend verbrachte; unfähig, wieder auf die Beine zu kommen oder Hilfe zu rufen. Dass sie den Vorfall überlebte und nicht an Dehydrierung starb, war nach Aussage von Ärzten, die sie später untersuchten, nur der Tatsache zu verdanken, dass sie zufällig eine Wasserflasche in Greifweite hatte.

Dass es zu solchen Fällen kommen kann, hat manches Mal mit Verstrickungen zwischen Pflegekassen-Aufsichtspersonal und Pflegediensten zu tun. Denn häufig sind die Kontrolleure des MDK ehemalige Mitarbeiterinnen der Heime oder Pflegedienste, die sie kontrollieren sollen. Der Rollenwechsel geht schnell: Ein Altenpfleger, der als Honorarkraft MDK-Aufseher werden will, muss sich lediglich einen Tag lang schulen lassen und anschließend zwei Wochen mit einem erfahrenen Kollegen mitlaufen, bevor er selbst auf Kontrollgang gehen kann. Wenn sich jedoch Pflegedienst und Aufseher persönlich kennen, vielleicht sogar duzen, kann es schon einmal vorkommen, dass bei der Kontrolle ein Auge zugedrückt wird. Sogar Bestechung soll hin und wieder im Spiel sein. Der Medizinische Dienst Berlin-Brandenburg ermittelte vergangenes Jahr per Innenrevision gegen mehrere seiner Mitarbeiter. Sie sollen jeweils 500 Euro für ein Pflegestufengutachten von privaten Diensten kassiert haben, um die Patienten in höhere Pflegestufen einzugruppieren. Laut MDK-Pressesprecher Hendrik Haselmann wurden auch diese Ermittlungen jedoch letztendlich ohne Ergebnis eingestellt. »Die Vorwürfe konnten aufgrund der Beweislage nicht erhärtet werden«, sagt Haselmann. Eine der beiden Mitarbeiterinnen, gegen die ermittelt wurde, sei noch für den MDK tätig. Es handele sich um eine bewährte, langjährige Kollegin, sagt er.

# 17. Endstation Beatmungs-WG

Die Tatsache, dass die Zahl der Pflegebedürftigen immer weiter steigt, führt auch dazu, dass die Nachfrage nach Pflegedienstleistungen immer differenzierter wird – und sich somit ständig neue Dienstleistungen innerhalb des weiten Spektrums der ambulanten Pflege eröffnen. Das erschwert allerdings auch die Kontrollmöglichkeiten für die Aufsichtsbehörden von Kranken- und Pflegekassen und staatlicher Heimaufsicht, wie das Beispiel der sogenannten Beatmungs-WGs zeigt.

## Wenn die Kriminalpolizei ermittelt

Wenn sich in Köln das Kriminalkommissariat 11 der Polizei mit einem Fall beschäftigt, dann geht es um Kapitalverbrechen, Mord oder Totschlag. Die meisten Fälle spielen sich im Drogenmilieu ab oder sind Beziehungstaten. Im Frühjahr 2012 ermittelten die Beamten jedoch über mehrere Wochen in einem ungewöhnlichen Fall. Im Zentrum der Ermittlungen standen mehrere Mitarbeiter eines ambulanten Pflegedienstes. In der sogenannten Beatmungs-WG, in der die Pfleger arbeiteten, starb Mitte Februar eine 44-jährige Frau. Der Anfangsverdacht der Staatsanwaltschaft lautete auf fahrlässige Tötung, sagte ein Staatsanwaltschaftssprecher. Der Fall wirft ein Schlaglicht auf den Bereich der Intensivpflegedienste, die momentan eines der größten Wachstumssegmente innerhalb der Branche sind. Alle paar Wochen öffnet bundesweit eine neue Station, manche davon angeschlossen an Krankenhäuser, andere als »Wohngemeinschaften«, die von ambulanten Pflegediensten organisiert werden. Der Bundesverband privater Anbieter sozialer Dienste schätzt, dass bundesweit rund 600 ambulante Pflegedienste Intensivpflege betreiben, zu der häufig die Langzeitbeatmung gehört. Das wären fast doppelt so viele wie noch vor fünf Jahren, als ein Fachverlag in einer Umfrage ermittelte, dass rund 340 solcher Dienste auf diesem Gebiet tätig seien.

Das Geschäftsmodell der Stationen besteht darin, Menschen, die aus eigener Kraft nicht mehr atmen können, dauerhaft zu versorgen, nachdem sie aus den Intensivstationen der Krankenhäuser entlassen werden. Sei es, weil die Patienten nach einer schweren Schädel-Hirn-Verletzung im Wachkoma liegen, sei es, weil sie sich im fortgeschrittenen Stadium einer schweren Lungenerkrankung befinden. Gemeinsam haben die Patienten, dass ihre Genesungsprognose schlecht ist. Wer in eine Beatmungs-Station einzieht, wird sie mit hoher Wahrscheinlichkeit nicht mehr verlassen.

Das Geschäft ist lohnend: Für die Versorgung eines Beatmungspatienten erhalten die Anbieter von den Kranken- und Pflegekassen mindestens 7.000 Euro pro Monat, in vielen Fällen sind es sogar weit über 10.000 Euro. Besondere politische Relevanz gewann das Thema Mitte Februar 2012, als Bundesgesundheitsminister Bahr im Gesetzesentwurf für die aktuelle Pflegereform ankündigte, künftig Pflege-WGs finanziell fördern zu wollen. Demnach solle jeder Wohngemeinschafts-Bewohner künftig einen monatlichen Zuschuss für die Beschäftigung einer Pflegekraft in Höhe von 200 Euro bekommen. Zudem sei bei der Gründung einer solchen Wohngruppe ein einmaliger Zuschuss pro Bewohner in Höhe von 2.500 Euro geplant. Dieser solle zur bereits bestehenden Einmalleistung von bis zu 2.557 Euro pro Person für »Wohnumfeld verbessernde Maßnahmen« hinzukommen. Somit könnte eine vierköpfige WG bei ihrer Gründung mehr als 20.000 Euro Förderung erhalten.

Die Zahl der Langzeitbeatmeten und damit der Markt wachsen. Eine europaweite Befragung unter Beatmungsstationen vor einigen Jahren kam zu dem Ergebnis, dass deutschlandweit etwas über eine halbe Million Menschen außerhalb von Krankenhäusern beatmet wird. In der Branche gilt als allgemeingültiger Schätzwert, dass jedes Jahr rund 2.500 neue Langzeitbeatmete dazukommen. »Die Zahl der Patienten hat in den vergangenen Jahren erheblich zugenommen«, sagt Professor Michael Pfeifer vom Universitätsklinikum Regensburg, Generalsekretär der Deutschen Gesellschaft für Pneumologie. Das liege daran, dass immer mehr Menschen dank der stetig verbesserten medizinischen Versorgungsmöglichkeiten mit schwersten Erkrankungen länger leben. »Wir erleben heute außerdem viele Fälle von Lungenerkrankungen bei 80- bis 90-Jährigen, die sich früher nicht entwickelt hätten, weil die Patienten dieses Alter gar nicht erst erreicht hätten.«

Das eröffnet neue Geschäftsfelder für die Anbieter von Beatmungsdienstleistungen. Auf dem Markt mischen kleine ambulante Dienste ebenso mit wie der Dax-Konzern Linde. Doch die Qualitätsunterschiede sind riesig, wie der Todesfall in der Kölner Beatmungseinrichtung zeigt, die nach dem Vorfall geschlossen wurde. Der Kölner Fall ist nicht der erste derartige, in den sich die Aufsichtsbehörden einschalten mussten. Im nordrhein-westfälischen Herne stoppte die Stadtverwaltung Ende 2010 eine »Beatmungs-WG«. In solchen Einrichtungen, in denen manchmal drei, manchmal sieben Patienten leben, sind die Beatmeten offiziell Mieter einer Wohnung. Den ambulanten Pflegedienst, der sie rund um die Uhr betreut, beauftragen sie unabhängig von ihrem Mietverhältnis.

Dieses Konstrukt hat für die Betreiber den Vorteil, dass sie weniger kontrolliert werden als gewöhnliche Pflegeheime, in die regelmäßig die staatliche Heimaufsicht kommt. Auch gesetzliche Vorgaben wie die vorgeschriebene Fachkraftquote von 50 Prozent – jeder zweite Pfleger muss demnach in einem Heim examinierter Alten- oder Krankenpfleger sein – umgehen solche WGs. Auch im Kölner Fall war offenbar lange strittig, ob die Heimaufsicht die Einrichtung kontrollieren dürfe oder nicht. In vielen Fällen dürfen in solchen Einrichtungen lediglich die Pflegekassen nach dem Rechten schauen, von denen die Einrichtungen finanziert werden. In Berlin, kritisiert etwa der dortige Senator für Gesundheit und Soziales, Mario Czaja, sei es möglich, »in Marzahn acht Wohngruppen in einem Wohnhaus übereinander anzusiedeln und für alle Etagen zusammen nur eine einzige Nachtwache einzusetzen«. Trotzdem könne bei der Kasse so abgerechnet werden, als gebe es für jede Wohngruppe eine eigene Nachtwache.

In Bayern hat sich der MDK mit dem Thema Beatmungs-WGs vor ein paar Jahren ausführlich beschäftigt. Er schätzt, dass in einem Viertel aller Einrichtungen »deutliche Mängel« bestehen. Die Kranken- und Pflegekassen schließen trotzdem mit immer weiteren Beatmungs-WGs Verträge ab, was unter anderem daran liegen dürfte, dass sie mit Tagessätzen um die 240 Euro oft weit günstiger sind als zum Beispiel an Krankenhäuser angeschlossene Beatmungs-Stationen. Und sie sind vor allem weit billiger als die Versorgung von Langzeitbeatmeten zu Hause, für die ein Intensivpflegedienst rund um die Uhr eine Eins-zu-eins-Betreuung organisieren muss. Eine solche Betreuung kostet die Kassen pro Monat zwischen 20.000 und 26.000 Euro.

Die Schwester eines ehemaligen Bewohners einer Beatmungs-WG berichtet, ihr Bruder habe dort vor Monaten einen Atemaussetzer gehabt und sei blau angelaufen. Der herbeieilende Pfleger wusste nicht, was zu tun sei. Letztendlich habe sie selbst mit dem Handy den Notarzt angerufen, der dem Bruder das Leben gerettet habe. Heute lebt der Bruder in einer stationären Beatmungsstation.

## Viel zu wenige Ausgebildete

Zu eklatanten Mängeln kommt es auch immer wieder, weil viel zu wenige Pfleger für Beatmungspflege ausgebildet sind. Das gilt offenbar insbesondere für Ballungsräume wie Berlin, in denen sich besonders viele Anbieter tummeln. Stellenanzeigen wie diese gibt es in Internet-Jobportalen im Dutzend: »Für unseren Auftraggeber, eine ambulante Intensiv- und Beatmungsstation in Berlin-Treptow, suchen wir ab sofort Unterstützung. Ihr Profil: Abgeschlossene Berufsausbildung im oben genannten Bereich oder solide Erfahrungswerte.« Bei der Berliner Personalagentur, die für die Anzeige verantwortlich ist, heißt es auf Nachfrage, für solche Ausschreibungen gebe es kaum Rücklauf. »Die Kunden sagen uns anfangs immer, dass sie jemanden mit Fachweiterbildung suchen, aber letztendlich nehmen sie dann doch jemanden ohne«, sagt die zuständige Vermittlerin. Häufig werden die Altenpfleger in eintägigen Crash-Kursen zu Beatmungspflegern geschult und müssen dort innerhalb weniger Stunden lernen, wie man den Patienten notfallversorgt, wenn zum Beispiel eines der sensiblen Beatmungsgeräte ausfällt. Bei den schwerkranken Patienten, die in solchen Einrichtungen leben, kann aber schon ein winziger Behandlungsfehler zum Tod führen.

Mit dem Personalmangel in der Branche hat auch Peter Kalin zu kämpfen, Marketingmanager der Beatmungspflegekette Remeo. Sein Unternehmen mit Hauptsitz in Unterschleißheim bei München gehört zum Dax-Konzern Linde. Deutschlandweit sind sechs Remeo-Beatmungszentren bereits eröffnet oder noch in Planung. Doch in einer der Einrichtungen hat sich die Eröffnung verschoben, weil noch nicht genug Fachkräfte gefunden wurden, in anderen stünden deshalb unfreiwillig Betten leer. »Die Suche nach qualifiziertem Personal ist an manchen Standorten schwierig«, sagt Mediziner Kalin. »Man bräuchte eigentlich Krankenpfleger aus den Intensivstationen von Krankenhäusern, aber für viele ist der Wechsel in eine solche Pflegestation nicht sehr attraktiv. Es gibt wenig Abwechslung, die Pflege auf einer solchen Station ist nur auf ein Gebiet beschränkt und zudem ist man auf sich selbst gestellt.«

Für den Linde-Konzern sei die Beatmung ein interessantes Wachstumsfeld, weil der Konzern durch seine Beatmungsgeräte schon Know-how auf diesem Gebiet besitzt, erklärt Kalin. Die Sparte Remeo sei für das Unternehmen eine Weiterentwicklung: Es kann auf den Stationen seine Beatmungsgeräte einsetzen und die Patienten, falls sie irgendwann nach Hause können, ebenfalls weiter betreuen. Die Patienten auf ein eigenständiges Leben, möglichst zu Hause, vorzubereiten, sei bei Remeo erklärtes Ziel – im Gegensatz zu den Beatmungs-WGs, in denen die Aufenthalte der Patienten auf Dauer angelegt seien.

## Die Qualitätsunterschiede sind immens

Doch auch in den Einrichtungen für Langzeitbeatmete, die keine Hoffnung auf Besserung haben, sind die Qualitätsunterschiede immens. In einem ehemaligen Schwesternwohnheim in der Kölner Südstadt hat vor einem dreiviertel Jahr die »Beatmungspflegeeinrichtung St. Severinus« eröffnet, angeschlossen ans katholische Krankenhaus der Augustinerinnen. 22 Patientenbetten stehen dort auf zwei Etagen bereit, doch bisher ist die obere Etage noch komplett leer, kalkulierte Anlaufverluste seien das, sagt der Pflegedienstleiter Hubert Andert, während er durch die Gänge führt. Der in freundlichen Pastellfarben gestrichene Flur, der modern eingerichtete Frühstücksraum mit bodentiefen Fenstern, alles erinnert an ein Altenheim. In den Bewohnerzimmern dagegen herrscht Krankenhausatmosphäre: Neben den Intensivbetten stehen die Beatmungsapparaturen, die einen großen Teil des Raumes einnehmen, Sauerstoffschläuche ragen aus der Wand. Nur wenige der Besucherzimmer, durch die Andert und seine Kollegin Stephanie Armbrecht führen, sind mit eigenen Möbeln oder Bildern der Bewohner eingerichtet. Die Leute wollten sich nicht mit der Endgültigkeit abfinden, erklären die beiden. Das sei auch der Grund, warum die Beatmungs-Station ihren Namen nach nur wenigen Monaten von »Beatmungspflegeheim« in »Beatmungspflegeeinrichtung« geändert hat. Dabei sind unter den Patienten, hier heißen sie Bewohner, schwere Fälle. Ein Wachkomapatient, zwei weitere, die nicht ansprechbar sind.

Andert erklärt, warum die Qualität bei ihnen besser sei als in so mancher Beatmungs-WG: Der direkte Anschluss ans Krankenhaus spiele eine große Rolle, falls es einen Notfall gebe oder man zum Beispiel ein Röntgenbild machen lassen müsse. Einen Unterschied mache auch die technische Ausstattung: In der Beatmungsstation gebe es computergestützte Überwachungssysteme in jedem Zimmer. In manchen Beatmungs-WGs dagegen gibt es ambulante Dienste, die einfach Babyphones neben jedes Bett stellen. Für die Krankenkassen sei der Aufenthalt eines Patienten auf der Station um zwei Drittel günstiger als eine 24-Stunden-Versorgung durch einen Pflegedienst im eigenen Heim. Einfach deshalb, weil ein Pfleger mehrere Patienten gleichzeitig überwachen könne.

Doch der Wettbewerb um die Patienten ist groß, nicht nur in Köln – gerade durch die billigeren Beatmungs-WGs. Eine Berliner Krankenhausärztin berichtet, die ambulanten Intensivpflegedienste versuchten teilweise, sich in den Krankenhäusern mit dem Pflegepersonal zu vernetzen, um an neue Kunden zu kommen.

> »Typisch ist, dass man einen Anruf bekommt nach dem Motto: Wir haben noch freie Kapazitäten, und wenn ihr uns einen Beatmungspatienten weiterleitet, habt ihr wieder mehr Betten für neue Patienten frei.«

Angesichts der häufig überlasteten Intensivstationen komme dieses Argument bei vielen Kollegen und beim Pflegepersonal in den Krankenhäusern gut an.

Mittlerweile hat sich aus diesem Bedarf – eine steigende Zahl an Intensivpflegepatienten einerseits, übervolle Krankenhausbetten andererseits – eine neue Berufssparte entwickelt: sogenannte Überleitungsmanager, die ihren Lebensunterhalt mit der Vermittlung von Pflegebedürftigen an Heime oder Beatmungs-WGs verdienen. Die meisten von ihnen sind allerdings nicht unabhängig, sondern Tochterfirmen von Pflegediensten oder Krankenkassen, andere gehören zu Sanitätshäusern oder zu Herstellern technischer Geräte. Von den WGs, an die sie die Patienten übermitteln, bekommen sie Provisionen: Prämien in Höhe von mehreren Tausend Euro pro Person. Es gibt aber auch unabhängige Vermittler. Eine davon ist die Unternehmerin Ute Grap aus dem nordrhein-westfälischen Düren, die ihre Dienste im Rheinland und bei Bedarf auch in anderen Regionen anbietet. Grap sagt, sie sei die einzige von Unternehmen völlig unabhängige Überleitungsmanagerin Deutschlands. Auch sie lebt von den Provisionen, die Intensivpflegedienste, ambulante Pflegedienste oder Beatmungs-Wohngemeinschaften für die erfolgreiche Vermittlung von Patienten zahlen. Die Gefahr, dass sie den Patienten nicht an die beste Einrichtung vermittelt, sondern an die, die am besten zahlt, sieht Grap nicht – denn die Aufwandspauschale, die sie für eine erfolgreiche Vermittlung verlangt, sei für jeden Anbieter gleich hoch. Und sie stellt den Kunden, also den Angehörigen, nach einer Vorprüfung mehrere Anbieter zur Auswahl vor. »Die Dienste von Überleitungsmanagern in Anspruch zu nehmen, ist in der Branche nicht ungewöhnlich«, sagt sie. Natürlich könne auch sie nicht zu hundert Prozent garantieren, dass in einer Einrichtung, in die sie Patienten vermittelt, nur ausgebildetes Fachpersonal arbeitet und die Qualität der Versorgung zu jeder Zeit gleich hoch sei. Sie lasse sich jedoch von den Einrichtungen schriftlich bestätigen, dass dort nur Fachpersonal arbeite – auch zur eigenen Absicherung.

## Die Verantwortung der Kassen

Einen großen Teil der Verantwortung für die schlechte Qualität in manchen solcher Wohngemeinschaften tragen nach Ansicht von Brancheninsidern allerdings die Pflegekassen. Ein anderer Überleitungsmanager berichtet, gerade kleine Krankenkassen würden die Anbieter teilweise kräftig im Preis drücken.

>>Gerade vor ein paar Wochen hatte ich einen Fall, in dem eine kleine Hamburger Kasse einem Kölner Pflegedienst gesagt hat: Du kannst die Pflege dieses Patienten übernehmen, aber wir zahlen dir dafür weniger als deinen normalen Preis. Kein Wunder, wenn unter solchen Bedingungen keine hochwertige Pflege gewährleistet werden kann.<<

Ganz Ähnliches berichtet der Geschäftsführer eines bayerischen Intensivpflegedienstes. Seine Firma nahe Regensburg betreibt sieben Wohngruppen und hat rund 60 Einzelpatienten. Er behauptet, die AOK Bayern zahle weit weniger für die Versorgung ihrer Versicherten als alle anderen Kassen. Ambulante Dienste, die keinen Rahmenvertrag mit der Gesundheitskasse abgeschlossen hätten, erhielten für die Betreuung und Behandlung der Bewohner pro Stunde zwischen 23 und 31 Euro. Bei den anderen bayerischen Kassen liege der Stundensatz bei mindestens 30 Euro. Bei 23 Euro pro Stunde Betreuungszeit, rechnet der Betreiber vor, mache ein ambulanter Intensivdienst aber Verlust, schließlich koste schon die examinierte Pflegekraft 14 Euro pro Stunde – plus Zulagen. Die Konsequenz für sein Unternehmen sei, keine bei der AOK Bayern versicherten Patienten mehr aufzunehmen, und eine Handvoll weiterer Intensivpflegedienste habe es ihm gleichgetan. Für die Pflegebedürftigen bedeute dies allerdings, dass sie auf billigere Anbieter ausweichen müssten, oft mit niedrigerer Qualität. Er sagt, einige seiner Konkurrenten könnten mit den niedrigeren Preisen nur haushalten, weil sie Hausfrauen oder ungelernte Kräfte aus Osteuropa in der Pflege einsetzten und diese abrechneten, als seien es examinierte Pflegekräfte. Die Kasse, behauptet er, drücke beide Augen zu.

Die AOK Bayern streitet diese Vorwürfe ab. Sie teilt mit, jeder ambulante Pflegedienst erhalte einen anderen Stundensatz, je nachdem, was er mit der Kasse ausgehandelt habe. Es sei nicht richtig, dass es feste geltende Sätze für alle Vertragspartner gebe. Das Thema Intensivpflege sei sogar eines, das innerhalb der Kasse sehr wichtig genommen werde.

# 18. Pflegedienste mit beschränkten Möglichkeiten

Hausfrauen, die eingesetzt und abgerechnet werden wie ausgebildete Altenpfleger: Diese »Sparmaßnahme« gibt es offenbar bei so manchem ambulanten Pflegedienst. In Köln etwa schaltete im August 2011 die Stadtverwaltung in einem solchen Fall die Staatsanwaltschaft ein und stellte Strafanzeige wegen Betrugs. Bei der Staatsanwaltschaft bestätigt man auf Nachfrage, dass die Ermittlungen zum Zeitpunkt der Anfrage bereits etwa ein dreiviertel Jahr andauerten.

Das Unternehmen, das seinen Hauptsitz in Köln hat und unter anderem Palliativpflege, Wundversorgung, Demenzbetreuung und Hauswirtschaft anbietet, soll laut der Strafanzeige bei der Abrechnung betrogen haben. Aus anderen Quellen ist zu erfahren, dass es für Pflegeleistungen ungelernte Kräfte eingesetzt haben soll, diese aber so abgerechnet, als seien es examinierte Altenpfleger. Dies habe allein das Kölner Sozialamt in einem Monat mehrere Tausend Euro gekostet. Weit höher soll jedoch der Schaden sein, der den Kranken- und Pflegekassen entstand. Deshalb leitete die AOK Rheinland im Frühjahr 2012 eigene, interne Ermittlungen gegen den Pflegedienst ein.

Ein unscheinbares Bürohaus in einem Kölner Gewerbegebiet. Hier hat der ambulante Pflegedienst sein Büro. Vor der Tür steht die Autoflotte des Unternehmens, eine Handvoll Kleinwagen, mit denen die Pflegekräfte zu ihren Einsatzorten fahren. Auf die Bitte, sich zu den von der Staatsanwaltschaft erhobenen Vorwürfen zu äußern und ihre Sicht der Dinge zu schildern, reagiert die Firmenchefin abwehrend. Zunächst sagt sie widerstrebend zu, sie werde einen Gesprächstermin gewähren. Bevor dieser Termin zustande kommt, schaltet sie – wie so viele Unternehmen in der Pflegebranche es tun, wenn sie sich bedroht fühlen – stattdessen ein Kölner Anwaltsbüro für Medienrecht ein. Der zuständige Anwalt droht in einem Schreiben mit rechtlichen Schritten bis hin zu Schadensersatzklagen. Er schreibt:

> »Es handelt sich bei den unseren Mandantinnen bekannten und bislang in keiner Weise erwiesenen Strafrechtsvorwürfen selbst für den Fall einer tatsächlichen Begehung um Bagatellfälle aus der Alltagskriminalität, die sich in keiner Weise von alltäglichen Fällen abheben.«

Deshalb, so die Argumentation, sei eine Berichterstattung »unverhältnismäßig«.

## Wenn Rechtsverstöße zum Alltag gehören

Dass der Anwalt damit argumentiert, es handele sich um »Alltagskriminalität«, sagt über die Branche einiges aus. Es gibt in Deutschland nicht viele Bereiche, in denen Rechtsverstöße – zumindest der Auffassung mancher Unternehmen nach – zum Tagesgeschäft gehören. Die Geschädigten sind in solchen Fällen häufig die Patienten, für die krasse Formen von Abrechnungsbetrug gefährlich sein können. Im hessischen Bad Hersfeld kam vor ein paar Jahren ein Fall vor Gericht, in dem eine ungelernte Kraft einem Patienten mit schweren Durchblutungsstörungen das Bein wickelte. Anstatt das jedoch fachmännisch zu tun, wickelte sie dem Mann einfach nach Gutdünken Mullbinden um die Beine – mit dem Ergebnis, dass ein Bein amputiert werden musste.

Geschädigt sind natürlich auch die Krankenkassen, die für Leistungen zahlen, die so nicht erbracht wurden, und damit letztlich die Beitragszahler. Besonders scharf geht deshalb die AOK Hessen seit einigen Jahren gegen Abrechnungsbetrug vor. Von 2003 bis 2006 überprüfte die Kasse 307 ambulante Pflegedienste und kam zum Ergebnis, dass jedes zweite dieser Unternehmen Dienste abgerechnet hatte, die nicht erbracht wurden. Insgesamt habe dies der Kasse einen Schaden in zweistelliger Millionenhöhe verursacht. Auch Bremen gilt bundesweit als Vorreiter in der Bekämpfung der Falschabrechnung. Dort gibt es bereits seit elf Jahren eine eigene Ermittlergruppe der gesetzlichen Krankenkassen gegen Abrechnungsbetrug, die seit ihrer Gründung nach eigenen Angaben sechs Millionen Euro von schwarzen Schafen in der Branche zurückholen konnte – entweder durch eigene Verhandlungen mit den jeweiligen Pflegediensten oder durch Gerichtsentscheide.

Die Möglichkeiten zur Falschabrechnung sind mannigfaltig: Da werden Pflegeleistungen für Patienten berechnet, die nachweislich zum fraglichen Zeitpunkt im Urlaub waren, im Krankenhaus lagen oder gar nicht pflegebedürftig sind; Blutdruckmessungen werden doppelt veranschlagt, in Absprache mit dem Patienten. Dienste werden aufgeschrieben, die gar nicht geleistet wurden. Kommt eine solche Geschäftspraxis ans Licht, stehen die Pflegedienstbetreiber stets als plumpe Betrüger da, die sich zulasten der sozialen Gesundheitssysteme in die eigenen Kassen wirtschaften – und die aggressive Haltung in Fällen wie dem des Kölner Pflegedienstes verstärkt diesen Eindruck.

Trotzdem lohnt sich eine differenziertere Betrachtung der Ursachen für die breite Masse solcher Falschabrechnungen. Denn ganz so schwarz-weiß sind die Zusammenhänge nicht. Vielfach stehen die Pflegedienste unter großem finanziellem Druck – ausgelöst durch die knappen Budgetvorgaben der Kranken- und Pflegekassen. Fragt man die Mitarbeiter der ambulanten Dienste, wieso Falschabrechnungen so weit verbreitet seien, sagen viele von ihnen: Die Kassen kalkulieren so knapp, dass darunter vor allem die Pflegebedürftigen leiden. Deshalb können wir gar nicht anders, als uns die Vorgaben der Kassen zurechtzubiegen, wollen wir guten Gewissens pflegen.

Und: Nicht jede Falschabrechnung ist gleich ein Betrug – denn nicht jede geschieht in betrügerischer Absicht.

Eine ambulante Pflegerin, die so argumentiert, ist Anja Backhaus aus Frankfurt am Main. Sie arbeitet seit mehreren Jahren als Angestellte eines mittelgroßen Pflegedienstes, erst als ungelernte Hilfskraft, später absolvierte sie neben ihrem Job eine Ausbildung zur Altenpflegerin. »Es gibt Leistungen, die sind dringend nötig, aber die Kassen zahlen sie einfach nicht«, sagt sie. Ein Beispiel sei das Durchspülen von Kathetern – den Gummischläuchen, die viele bettlägerige Patienten zum Wasserlassen gelegt bekommen, wenn sie nicht zur Toilette gehen könnten. Backhaus sagt, es sei dringend nötig, solche Katheter regelmäßig durchzuspülen, weil sie sonst verstopften und sich Bakterien ablagerten, was zu Harnwegsinfektionen führen könne. »Aber die Kasse sieht diese Spülung nicht vor.« Also sei man als Pflegedienstmitarbeiter gezwungen, andere Leistungen dafür aufzuschreiben, zum Beispiel »Hilfe beim Toilettengang«. Bei der AOK Hessen entgegnet man allerdings auf Anfrage, das Spülen von Kathetern selbst könne Harnwegsinfektionen hervorrufen und sei deshalb nicht vorgesehen.

## Wo beginnt Betrug?

Die Frage bleibt: Sind solche Fälle schon Betrug? Und ist es fair – und vor allem ökonomisch sinnvoll – sie strafrechtlich zu verfolgen? »Wir machen das nicht, um zu betrügen, sondern um den Patienten etwas Gutes zu tun«, sagt Backhaus. »Wir selber haben ja gar keinen Vorteil daraus.«

Ähnlich argumentiert der Unternehmensberater Ralph Wißgott. Seine Firma im niedersächsischen Winsen hat sich auf die Beratung von Pflegeeinrichtungen spezialisiert. Sie berät gleichzeitig circa 30 ambulante Pflegedienste. Insgesamt, sagt Wißgott, haben bisher mehr als 270 Dienste seine Beratung in Anspruch genommen.

»Das System der Leistungsabrechnung durch die Kassen nötigt die Anbieter, zu schauen, wie sie über die Runden kommen. Für viele ist das reiner Selbsterhaltungstrieb.«

Der Berater erklärt, das System sei deshalb so kompliziert und für Laien schwer durchschaubar, weil Pflegebedürftige Leistungen sowohl aus der gesetzlichen Pflegekasse bezahlt bekommen als auch von den Krankenkassen, von denen es bundesweit Hunderte gibt. In jedem Bundesland gibt es für die Pflegedienste unterschiedliche Vergütungsmodelle. Die Leistungen der Pflegekasse heißen »Grundpflege« und sind im Sozialgesetzbuch (SGB) 11 definiert, die der Krankenkassen heißen »Behandlungspflege« und sind in SGB 5 festgelegt.

In jedem Bundesland legt eine Pflegesatzkommission aus Kassen und ambulanten Diensten eigene Leistungskataloge fest, in denen definiert ist, welche Leistungen ein ambulanter Dienst anbieten und wie viel Geld er dafür abrechnen darf. In Nordrhein-Westfalen etwa heißt das tägliche Waschen eines Patienten, zu dem Duschen, Zähneputzen, Haar- und Nagelpflege gehören, »Ganzwaschung«. Wie viel Geld ein einzelner Dienst dafür berechnen darf, hängt dort von einem komplizierten Punktesystem ab, in das Dienste in Einzelverhandlungen eingestuft werden. Deshalb schwanken die Preise enorm. In NRW bekommt ein Dienst etwa 16 bis 19 Euro für eine »Ganzwaschung«.

In Hessen, dem Bundesland von Pflegerin Anja Backhaus, heißt diese Dienstleistung »große Pflege«. Und auch an diesem Beispiel lasse sich gut erklären, warum das System nicht gut funktioniere, sagt sie. Laut der Wirtschaftlichkeitsrechnung ihres Arbeitgebers dürfe die gesamte Prozedur nur 30 Minuten dauern. Jeder Pflegedienst, egal, ob privat oder öffentlich betrieben, hat eine solche Wirtschaftlichkeitskalkulation. Das heißt, er rechnet sich aus, wie hoch die Pflegesätze sind, die die Kassen für eine spezielle Dienstleistung bezahlen – Medikamente verabreichen, Haare bürsten, Kompressionsstrümpfe anziehen – und wie viele Minuten der Mitarbeiter maximal brauchen darf, damit für den Dienst am Ende noch ein Gewinn bleibt. Unternehmensberatungen wie die von Ralph Wißgott werden von Firmen damit beauftragt, solche Wirtschaftlichkeitsrechnungen zu erstellen. Ein ambulanter Dienst, erklärt er, habe im bundesweiten Durchschnitt pro Stunde Kosten für Personal, Steuern, Miete etc. von 38 bis 48 Euro. Erst, wenn der Umsatz darüberliege, komme das Unternehmen in die Gewinnzone. Da macht es schon einen spürbaren Unterschied, ob eine Mitarbeiterin pro Stunde zwei Kunden waschen und anziehen kann oder nur eineinhalb.

Tatsächlich, sagt Pflegerin Backhaus., brauche sie aber für eine »große Pflege« in etwa 40 Minuten, deutlich mehr als das, was sich für den Dienst rechne. Ähnlich sei es mit der Fahrzeit von einem Patienten zum nächsten, sagt die Frankfurter Pflegerin. Acht Minuten, so die interne Kalkulation ihres Pflegedienstes, darf ein Mitarbeiter von der Wohnung eines Patienten zur nächsten brauchen, damit der Dienst rentabel arbeiten könne. »Das ist aber unmöglich zu schaffen im Frankfurter Stadtverkehr«. Deshalb müsse man an anderer Stelle zusätzliche Leistungen abrechnen, damit der Pflegedienst überhaupt unter dem Strich ein Plus mache.

## Die Rechnungen werden mit Leistungen »gefüllt«

Wißgott sagt, in der Branche nenne man solche abgerechneten Leistungen, die vor allem dazu dienten, die Bilanzen der Dienste ins Lot zu bringen, »Füllleistungskomplexe«. In NRW sei ein solches Modul, das die Pflegedienste dann auf die Rechnung schreiben, zum Beispiel die im Leistungskatalog vorgegebene »Mobilisation«. Laut Krankenkassenkatalog gehört dazu, einem Pflegebedürftigen beim Aufstehen zu helfen, beim Treppensteigen oder beim Anlegen von Prothesen. Ob das tatsächlich gemacht wird oder ob der Pfleger sich die dort veranschlagten 15 Minuten nimmt, um den alten Menschen mit mehr Ruhe zu waschen, sich dabei mit ihm zu unterhalten, lässt sich von der Pflegekasse kaum überprüfen – und im Grunde genommen könnte es ihr auch gleichgültig sein, zahlt sie so oder so für einen Pflegebedürftigen, der etwa in Pflegestufe 1 eingeteilt ist und von einem ambulanten Dienst versorgt wird, immer den selben Satz: 450 Euro pro Monat.

Tatsächlich gelten solche »Füllleistungskomplexe« aber als Falschabrechnung und können die Dienste bis vors Sozialgericht bringen. Ein anderes Beispiel dafür sind die »Hauswirtschaftsmodule«, die in Hessen in den Leistungskatalogen der Kassen stehen: Angenommen, ein Patient bittet die Altenpflegerin, ihr jeden Tag beim Hereinkommen die Post mit hochzubringen und beim Verlassen der Wohnung den Müllbeutel mitzunehmen, und beides zusammen kostet die Pflegerin pro Tag drei Minuten Zeit. Als logische Lösung erschiene es in diesem Fall, dass der Dienst einmal pro Woche, zum Beispiel immer freitags, das Modul »Hauswirtschaft, Mindesteinsatzdauer 15 Minuten« abrechnet. Auch das aber wäre schon Falschabrechnung, sagt Wißgott – schließlich wurde die Leistung nicht komplett zu dem Zeitpunkt erbracht, an dem sie berechnet wurde. Betrachtet man solche Fälle, erscheinen Statistiken wie die der AOK Hessen, laut der jeder zweite Dienst Leistungen falsch abrechnete, in einem anderen Licht.

## Lange Fahrtzeiten drücken auf die Bilanzen

Das Problem, das Pflegerin Backhaus schildert, dass die Fahrten von einem Patienten zum nächsten die Wirtschaftlichkeit einschränken, haben auch Pflegedienste in anderen deutschen Städten. Doch nicht alle von ihnen rechnen deshalb an anderer Stelle Leistungen ab, die so nicht erbracht wurden – sondern versuchen auf anderem Wege, die Effizienz zu steigern. So wie der Pflegedienst Carola Leyendecker in der Kölner Innenstadt, der seit seiner Unternehmensgründung vor rund 15 Jahren die Mitarbeiterinnen nur mit Fahrrädern anstatt mit Autos ausstattet. Das verkürzte zwar die Fahrtzeit zu den Patienten, schließlich standen die Pflegerinnen nicht im Stau oder mussten lange Parkplätze suchen – doch es schlauchte sie, legt doch eine Pflegerin 30 bis 35 Kilometer Strecke pro Tag zurück. Um dieses Dilemma zu lösen, schaffte das Unternehmen sich schließlich Elektrofahrräder an und konnte so seine durchschnittliche Anfahrtszeit von zehn auf sieben Minuten reduzieren. Insgesamt macht das über alle Mitarbeiter hinweg pro Tag 450 eingesparte Minuten aus, rechnet Pflegedienstleiterin Anne Illig vor.

Illig sitzt in ihrem Büro im Ladenlokal im Kölner Eigelsteinviertel am Computer und zeigt auf dem Bildschirm, wie ein Pflegedienst genau seine Kalkulation macht. In Spalten sind die Namen der Kunden eingetragen, dahinter die Minutenzahl, die täglich eingeplante Fahrtzeit zu diesem Patienten, dann die Minutenzahl, die der Pfleger braucht, um den entsprechenden Kunden zu versorgen. Bei manchen Kunden stehen dort 40 Minuten – für eine »Ganzwaschung«, wie Illig erklärt, das umfasst unter anderem Zahnpflege, Duschen, Rasieren, An- oder Ausziehen und das Anlegen von Prothesen. Bei anderen Kunden bleiben die Pfleger laut Computerprogramm nur zwei Minuten. Das liege daran, erklärt Illig, dass die sogenannten grundpflegerischen Leistungen wie das Waschen und Anziehen eine Pflegehilfskraft erledigen dürfe, während die Behandlungspflege, dazu gehört etwa das Anziehen von Kompressionsstrümpfen, nur examinierte Pfleger erledigen dürfen – denn nur diese sind dafür ausgebildet, erste Anzeichen für Thrombosen zu erkennen. »In der Praxis bedeutet das«, sagt Illig, »dass eine Hilfskraft auf ihrer Tour die Strümpfe anziehen darf und später am Tag eine Pflegefachkraft, die auf ihrer eigenen Tour unterwegs ist, vorbeischaut, den richtigen Sitz überprüft und einmal über die Beine streicht.« Das dauere nun einmal nicht länger als zwei Minuten. Manche Konkurrenten, vermutet sie, sparten diesen Kurzbesuch der Fachkraft aus Kostengründen ein. In Illigs Pflegedienst gibt es keine genaue Minutenvorgabe, wie lange einer ihrer Pfleger für welche Verrichtung brauchen darf. In der Liste auf ihrem Computer sind etwa bei einer Patientin für die morgendliche Wäsche 40 Minuten eingetragen, bei einer anderen 25. »Bei uns ist es eine Mischkalkulation. Eine Patientin kann sich besser bewegen und aktiv mithelfen, da sind wir schneller fertig, eine andere ist unbeweglicher und es dauert länger.« Es stimme aber, dass viele Konkurrenzunternehmen ihren Mitarbeitern Pauschalwerte vorgeben, 30 Minuten für die große Wäsche zum Beispiel.

Solche Mischkalkulationen, wie Illigs Dienst sie anbietet, könnten allerdings bald unmöglich werden. Denn das Anfang 2013 in Kraft tretende Pflegeneuausrichtungsgesetz sieht vor, dass demnächst Pflegedienste nicht mehr nur nach Leistungspauschalen abrechnen dürfen, sondern auch nach Stunden und Minuten – beziehungsweise, dass sie beide Abrechnungsarten sogar anbieten müssen. Dann, glaubt Unternehmensberater Wißgott, drohe vielen Firmen der Bankrott.

»Wenn Sie als Pflegedienst beides anbieten müssen, Abrechnung nach Minuten oder nach Fallpauschale, dann passiert nämlich Folgendes: Die Kunden, bei denen eine große Wäsche lange dauert, werden die Pauschale wählen und diejenigen, die schnell fertig sind, weil sie noch fit sind, die Abrechnung nach Minuten. Dann bleibt den Anbietern natürlich keine Möglichkeit mehr, teurere Patienten durch günstigere auszugleichen.« Dabei liege eine sinnvolle Lösung ganz nahe, sagt er: eine Abrechnung der Grundpflege und Hauswirtschaft ausschließlich nach Zeit.

## Betrügen private Dienste häufiger?

Einige Pflegedienste, vor allem private, sparen offenbar Geld, indem sie die Fahrtzeiten auf ihre Mitarbeiter abwälzten. Das erzählt zumindest die Leiterin eines kirchlichen Pflegedienstes in einem kleinen Ort in Hessen. »Bei uns gilt die Fahrtzeit von einem Patienten zum nächsten grundsätzlich als Arbeitszeit. Bei einigen privaten Diensten in der Umgebung ziehen die Dienste sie dagegen als Freizeit des Mitarbeiters ab.« Das bedeute bei den teilweise langen Fahrtzeiten über Land, dass eine Pflegerin, die sieben Stunden auf Tour ist, vom Arbeitgeber zuweilen nur vier Stunden tatsächliche Arbeitszeit angerechnet und bezahlt bekomme.

Auch Abrechnungsbetrug gegenüber den Kassen, glaubt die Pflegerin, die schon seit 25 Jahren im Geschäft ist, käme bei privatwirtschaftlichen Einrichtungen häufiger vor. Einfach deshalb, weil der finanzielle Druck für einen Unternehmer größer sei als für eine kirchliche Einrichtung, die zur Not Zuschüsse aus anderen Bereichen erhalten könne. Das führe zum Beispiel dazu, dass bei der privaten Konkurrenz in ihrem Umfeld typischerweise bei der Abrechnung der Wundversorgung getrickst werde. »Angenommen, ein Patient kommt mit einem Dekubitus aus dem Krankenhaus nach Hause, einer wundgelegenen Stelle, die versorgt werden muss. Dann bekommt er von der Kasse zunächst eine Erstgenehmigung für die Versorgung für 14 Tage. Danach wird die Versorgung in der Regel quartalsweise genehmigt.« Was aber, wenn die Wunde schon vor Ablauf des Quartals nicht mehr behandlungsbedürftig ist – obwohl die Kassen zugesagt haben, den Rest der Zeit noch zu zahlen? »Dann rechnen viele Dienste die Behandlung natürlich noch weiter ab. Das überprüft doch kein Mensch. Noch nicht einmal der Patient selber erfährt davon.«

## Kreative Abrechnung

Wirtschaftlich sein müsse natürlich auch ein kirchlicher Dienst, sagt die Pflegerin. Und das bedeute zuweilen: kreativ abrechnen. Ein typisches Beispiel sei die Grundpflege. In Hessen gibt es von der Krankenkasse als Abrechnungsmodule entweder die »kleine Pflege«, die »große Pflege« oder die »große erweiterte Pflege«. Ihr Dienst, erklärt sie, kalkuliere nun so: Die kleine Pflege dürfe 20 Minuten dauern, dann sei der Einsatz »wirtschaftlich im Rahmen«. Dauere sie 30 Minuten, mache ihr Dienst keinen Cent Gewinn, und dauere sie noch länger, mache er Verlust. »Wir können aber nicht bei jedem Patienten so schnell raus. Es gibt Leute, die haben 15 verschiedene Cremetiegel im Badezimmer stehen und möchten mit jeder einzeln eingecremt werden. Eine fürs Gesicht, eine Bodylotion, eine Creme für die Hornhaut an den Füßen.« Andere Patienten, schildert sie, kämen jeden Tag mit Sonderwünschen, die nicht bezahlt würden: Schwester, können Sie mir schnell noch die Post raufholen, den Müll runterbringen, die Vorhänge zurückziehen, nachschauen, was ich noch im Kühlschrank habe? »Das ist natürlich oft nur ein Ausdruck der Einsamkeit – der alte Mensch will nicht, dass sein Besuch so schnell wieder weg ist.« Die Pflegerin und ihre Kollegen nennen solche Kunden »Draufleger« oder »Defizitpatienten«.

Was also tun, wenn der Patient nur eine »kleine Pflege« wünscht, die kalkulierte Zeitspanne der Pflegerin aber weit überzieht? Was, wenn er noch tausend Extrawünsche hat? Sich aber mit seiner kleinen Rente keine private Zuzahlungspauschale leisten kann? Dann, sagt sie, müsse man mit dem Patienten und seinen Angehörigen verhandeln. Zum Beispiel darüber, einen zusätzlichen Posten in der monatlichen Rechnung einzufügen: »Große Pflege« abrechnen, obwohl nur die kleine erbracht wird. Ein anderes praktisches Beispiel für Situationen, die zur Kreativität zwängen, sei das Stellen von Medikamenten.

»Wir haben zum Beispiel gerade eine Patientin, die bekommt von vier verschiedenen Ärzten verschreibungspflichtige Medikamente. Keiner dieser Ärzte überprüft aber, was die alte Dame von den Berufskollegen bekommt und welche Wechselwirkungen es geben könnte. Das müssen wir vom Pflegedienst tun. Wir müssen auch dafür sorgen, dass die Patienten neue Rezepte bekommen, diese Rezepte im Zweifelsfall beim Arzt abholen, dann zur Apotheke gehen und die Medikamente besorgen. Dafür bekommen wir gerade mal etwas über drei Euro pro Tag.«

Bei manchen Patienten dauere das Medikamente Stellen aber bis zu zwei Stunden jede Woche. Die einzige Möglichkeit, um sich selbst und einer Patientin mit kleiner Rente zu helfen, sei eigentlich, zum zeitlichen Ausgleich einen anderen Posten auf die Rechnung zu schreiben, zum Beispiel eben »Hauswirtschaftsdienstleistungen«. Das sei aber schon Betrug.

Das Beispiel zeigt, dass es für Unternehmen in der Pflegebranche fast unmöglich ist, alles korrekt abzurechnen und dann auch noch wirtschaftlich arbeiten zu können. Die Leiterin des kirchlichen Pflegedienstes in Hessen sagt: »Wenn Sie es als Kasse oder als Staatsanwaltschaft darauf anlegen, werden Sie bei jedem Pflegedienst ein Haar in der Suppe finden.« Manchmal, sagt sie, müsse ihr Dienst sogar Patienten ablehnen, aus rein wirtschaftlichen Überlegungen. Das gelte entweder für Anfragen von Kunden, die zu weit entfernt wohnten und bei denen die Anfahrt zu teuer werde – oder für manche Todkranke.

> »Wenn wir einen neuen Palliativpatienten bekommen, müssen wir für seine Versorgung drei ausgebildete Palliativschwestern anlernen, das ist eine Investition. Wenn uns beim Kennenlernen mit dem Patienten das Gefühl sagt, dass dieser Mensch vielleicht weniger als 14 Tage zu leben hat, dann werden wir möglicherweise die Behandlung ablehnen. Denn ein Patient, der nach drei Tagen stirbt, bedeutet, dass wir Hunderte Euro draufgelegt haben.«

Auch Pflegedienstleiterin Illig aus Köln bestätigt, dass gerade Palliativpatienten für die Dienste teuer sind, denn für einen Patienten, der nur noch wenige Tage vor sich habe, müsse man den gleichen Verwaltungsaufwand betreiben wie für einen, der mehrere Jahre Kunde bleibt: Begehung machen, Kostenvoranschlag erstellen, Computerprofil anlegen.

Doch was tun, wenn man einen Pflegedienst für seine schwer kranke Mutter braucht und keinen findet, der einen annimmt – oder den man sich leisten kann?

# 19.  Letzte Hilfe: die illegale Polin

Der Bus aus Breslau kommt viermal pro Woche. Früh morgens, nach 15 Stunden Fahrt, torkeln die 60 schlaftrunkenen Passagiere in die Aachener Innenstadt. Die Frauen sind gekommen, um die Häuser der Aachener zu putzen, den Haushalt zu machen oder die Kinder zu hüten. Schwarz. Die meisten Polinnen kommen aber wegen der Alten. Die nächsten Wochen werden sie mit einem Greis im Haus wohnen, ihn anziehen, waschen, bekochen und betütern. Sich nachts aus dem Bett klingeln lassen, wenn der alte Mensch auf die Toilette muss, tagsüber mit ihm spazieren gehen, sich Launen gefallen lassen. Das alles für Kost und Logis, die Busfahrkarte – hin und zurück 93 Euro – und etwa 1.000 Euro in bar. Einen freien Tag oder eine Mittagspause gibt es nur, wenn es der Arbeitgeber gut mit der Frau meint. Denn Rechte hat man als Schwarzarbeiterin keine.

Die Alterung der Bevölkerung und die zunehmende Pflegebedürftigkeit lassen auch den Bedarf an Pflegern steigen, die, weil sie billig sind, aus dem Ausland kommen. Schon heute betreuen in der Bundesrepublik 150.000 Frauen aus Osteuropa alte Menschen. Viele von ihnen werden von halb legalen Agenturen vermittelt. Andere kommen auf eigene Faust. Im April 2012 hat sich Bundesgesundheitsminister Bahr mit den Frauen aus dem Osten beschäftigt. Er forderte in einem Zeitungsinterview, die Zuwanderungsregeln für ausländische Pflegekräfte weiter zu lockern. Denn angesichts der steigenden Zahl alter und verwirrter Menschen werde Deutschland die Nachfrage nach gut ausgebildeten Pflegern kaum decken können. Bahr verwies dabei auf eine Gesetzesnovelle, die zum 1. April in Kraft getreten war: Darin wurde das Mindesteinkommen, das Zuwanderer hierzulande erzielen müssen, um eine Aufenthaltsgenehmigung zu bekommen, von bisher 66.000 Euro auf 45.000 Euro Brutto-Jahres-einkommen gesenkt. Für Pfleger bringe diese Absenkung nichts, er-klärte Bahr – denn sie verdienten häufig nur 30.000 Euro im ganzen Jahr. »Wenn Deutschland die Zuwanderung von qualifizierten Pfle-gekräften nicht erleichtert, werden andere Länder sie abwerben«, glaubt er.

Maria, die in Wirklichkeit anders heißt, kam vor 14 Jahren zum ers-ten Mal mit dem Bus. Die 44-Jährige arbeitet schwarz in Aachen, um für ihr krankes Kind sorgen zu können. Ihr 15-jähriger Sohn lei-det an einer angeborenen Krankheit der Atemwege, ständig lagert sich Schleim ab, der abgesaugt und abgehustet werden muss. Marias Sohn braucht jeden Monat Medikamente für mehrere Hundert Eu-ro. »Die Krankenkasse zahlt aber nur ein Drittel davon, von man-chen Medikamenten sogar nichts«, klagt sie. Momentan braucht er ein Nasenspray, das 90 Euro im Monat kostet, dazu Salzlösung zum Spülen für 50 Euro. Da, wo Maria herkommt, ist das viel Geld. Vie-le von Marias Freunden arbeiten in einem Vorort von Breslau in der Fernseherfabrik eines asiatischen Elektronikkonzerns. Für zehn Stunden am Tag bekommen sie netto 300 Euro im Monat. Die Mie-te kostet in der Region etwa 100 Euro. Bleiben 200 Euro zum Leben.

Seit die hübsche, blonde Frau mit den dunkel geschminkten, et-was müden Augen regelmäßig nach Deutschland kommt, ist sie die Hauptverdienerin der Familie. Sie lebt immer im gleichen Takt: bleibt jeweils sechs Wochen, arbeitet von frühmorgens bis spät-abends, fährt dann wieder nach Hause zu ihrer Familie. Die ersten Jahre putzte sie in den Häusern der Aachener Familien, oft drei oder vier Wohnungen am Tag, jeweils drei Stunden, immer für sechs Wo-chen am Stück. Dann kam eine andere Frau aus Polen und löste sie ab. In ihrer Heimat sei es völlig normal, auf diese Weise den Lebens-unterhalt zu bestreiten, sagt sie. Millionen Polen arbeiten in Irland, Italien, England, Deutschland. Eine ganze Generation polnischer Kinder wächst bei Großeltern oder Verwandten auf.

Maria brachte sich Deutsch mit einem kleinen, mittlerweile sehr zerfledderten Wörterbuch bei, das sie immer bei sich hat. »Wäre mein Kind nicht krank, hätte ich das hier niemals gemacht«, sagt sie. Zu Hause geht ihr Mann jeden Tag zur Arbeit, abends macht er den Haushalt und kümmert sich um den Sohn. Sie lebt derweil bei einem Ehepaar, der Mann ist 94 Jahre alt, die Frau 87. Die Helferin aus Polen macht den beiden den kompletten Haushalt, kauft ein, kocht, geht mit der Frau spazieren, hilft dem Mann beim Anziehen, hört zu. »Putzen ist für den Körper härter, aber Pflege ist viel anstrengender für die Seele«, sagt Maria.

Für das alte Ehepaar ist die geduldige Frau ein Segen, für die deutschen Zollbehörden einfach eine Schwarzarbeiterin. 6.500 Beamte verfolgen bundesweit Schwarzarbeiter: Nachtwächter, Taxifahrer und Bauarbeiter. Und seit einigen Jahren häufiger Altenpfleger. Im Visier der Ermittler stehen dabei jedoch nicht die osteuropäischen Pflegekräfte, sondern deren Arbeitgeber – die Pflegebedürftigen und ihre Familien. Ihnen drohen hohe Bußgelder und die Nachzahlung von Sozialversicherungsbeiträgen. »Die Ermittlungen in solch einem Fall sind schwierig«, sagt Klaus Salzsieder, Sprecher der Finanzkontrolle Schwarzarbeit (FKS) in Köln. »Im Gegensatz zu einer Baustelle, auf der ein Zollbeamter unangemeldeten Zutritt hat, darf er ein Privathaus nicht ohne Weiteres betreten und nachschauen: Wohnt da eine Osteuropäerin im Gästezimmer?« Stattdessen versucht der Zoll, seine »Beweise zu verdichten«. Das heißt im Klartext: Der Zollbeamte wälzt Akten und prüft, ob pflegebedürftige Menschen im Haushalt wohnen. Er fährt dann zum betreffenden Wohnhaus und schaut von außen: Ist es überhaupt groß genug, um ein Gästezimmer haben zu können? Eine mühselige Arbeit, die selten zu Ergebnissen führt. Rund 80.000 Anzeigen gehen pro Jahr wegen Schwarzarbeit bei den Behörden ein. Nur ein paar Hundert davon beziehen sich auf Altenpflege. Salzsieder sagt:

»Diese Anzeigen kommen zum Beispiel von Nachbarn, die beobachten, dass plötzlich eine fremde Frau mit im Haus gegenüber wohnt. Oder von ambulanten Pflegediensten, denen ein Kunde den Vertrag gekündigt hat und die nun ihre Felle davonschwimmen sehen.«

Erika Kämmerer, die in einem kleinen Ort im Odenwald lebt, hat es mit legalen Pflegekräften versucht. »Ich habe eine Apotheke, man kennt mich hier vor Ort, da wollte ich kein Risiko eingehen«, sagt sie. Deshalb engagierte sie für ihre 95-jährige Mutter einen ambulanten Pflegedienst. »Das war knallteuer«, schimpft Kämmerer, und noch heute wird sie vor Aufregung ganz atemlos, wenn sie vorrechnet: »Der Pflegedienst kostet mindestens fünf Mal so viel wie eine Polin. Da verpulvert man in einem Jahr den Wert einer kleinen Eigentumswohnung.« Ihre Mutter ist von der Pflegeversicherung in Pflegestufe 1 eingeteilt, die niedrigste. Sie bekommt von der Kasse pro Monat gerade einmal 225 Euro Zuschuss. Also rief Kämmerer die Firma Seniocare24 an. Das Unternehmen ist eines von mehreren Dutzend in der Bundesrepublik, das Osteuropäerinnen zur Altenpflege vermitteln. Das Geschäftsmodell: Der Kunde zahlt eine Vermittlungsgebühr von 850 Euro pro Jahr und bekommt dafür eine Handvoll von Bewerbungsschreiben übermittelt. Er wählt eine der Bewerberinnen aus – je nach Deutschkenntnissen kostet ihr Honorar 1.300 bis 1.800 Euro pro Monat – und muss dann nur noch Anreisekosten und ein Zimmer zur Verfügung stellen.

Nun lebt seit ein paar Wochen Liliana bei den Kämmerers. Bis vor zwei Jahren hat die 57-Jährige als Laborantin in einer Chemiefabrik in ihrer Heimatstadt Thorn gearbeitet, eineinhalb Stunden nördlich von Warschau. Jetzt, im Ruhestand, verdient sie sich etwas dazu, wie viele ihrer Bekannten. »Geld braucht man in Polen immer«, sagt sie, »hier ist es schon in Ordnung.« Liliana gehe zum Glück nur selten aus dem Haus und bestehe nicht auf regelmäßigen freien Tagen, freut sich Frau Kämmerer, »im Gegensatz zu so manchen jungen

Polinnen, die wir schon hatten«. Mit Liliana seien sie und ihre Mutter zufrieden, nur leider sei ihr Deutsch ziemlich schlecht.

Frauen, die von Agenturen wie Seniocare24 vermittelt werden, sind offiziell bei Firmen in ihren Heimatländern angestellt und werden nach Deutschland »entsandt«. Sie zahlen Steuern und Sozialabgaben. Nach EU-Recht sei das legal, sagen die Agenturen. »Die deutschen Familien sind nicht die Arbeitgeber der Frauen, sondern lediglich Auftraggeber der Firmen, bei denen sie angestellt sind«, sagt Geschäftsführerin Renate Föhry. »Die Pflegekräfte führen lediglich vorher genau definierte Tätigkeiten aus.« Gegen Schwarzarbeiter spreche sie sich »in aller Deutlichkeit aus«.

Aus Sicht des Zolls arbeiten aber auch die von Agenturen vermittelten Pflegerinnen illegal. »In der Praxis ist es unmöglich, dass eine Familie eine Pflegerin beschäftigt und ihr nie einen konkreten Auftrag gibt. Also ist die Familie der Arbeitgeber«, sagt Zollsprecher Salzsieder. »Oder glauben Sie, die Leute rufen jedes Mal beim offiziellen Arbeitgeber in Warschau an und sagen: ›Die Ludmilla soll bitte den Opa auf den Balkon schieben‹?« Für die Kunden ist das ein Problem. Schon eine Arbeitsanweisung wie »Hol mal Brötchen« kann ein Beleg für die Beschäftigung von Schwarzarbeitern sein. In einem Fall in Freiburg verurteilte das Gericht eine Familie zur Nachzahlung von Sozialabgaben in Höhe von 17.000 Euro und Bußgeld in gleicher Höhe.

Der einzige legale Weg, eine Pflegerin aus Osteuropa zu beschäftigen, führte bis vor Kurzem über die Agentur für Arbeit. Deren Angebot nutzen in Deutschland pro Jahr aber nur 3.000 Familien – die Zahl zeigt, dass die Lösung am Bedarf vorbeigeht. Für vermittelte Arbeitskräfte gilt das deutsche Arbeitsrecht, sie müssen Sozialabgaben zahlen, eine Rund-um-die-Uhr-Betreuung ist verboten. Auch die seit dem 1. Mai 2011 geltende neue EU-Dienstleistungsrichtlinie hat an der Situation kaum etwas geändert. Zwar dürfen nun Arbeitnehmer aus mittel- und osteuropäischen Staaten wie Ungarn, Tschechien oder der Slowakei uneingeschränkt nach Deutschland einreisen, hier wohnen und arbeiten, eine Aufenthaltsgenehmigung und Arbeitserlaubnis sind nicht mehr nötig. Da die Mehrzahl der osteuropäischen Pfleger jedoch ohnehin ohne solche Papiere arbeitet, macht die neue Gesetzeslage in der Praxis keinen Unterschied. Und auch die Vermittlungsagenturen für Pfleger aus diesen Ländern empfehlen ihren Kunden, weiter beim alten, halblegalen Modell zu bleiben – bedeute es doch weniger Bürokratieaufwand.

Trotz der schwierigen Lage für die Angehörigen sind sich die meisten politischen Parteien noch immer einig, dass die Pflegegastarbeit nicht legalisiert werden darf. Stattdessen müsse das inländische Arbeitskräftepotenzial ausgeschöpft werden. Was die Politiker übersehen: Kaum ein Deutscher wäre bereit, von morgens früh bis abends spät einen Menschen zu pflegen – jedenfalls nicht für 1.000 Euro im Monat.

# Teil III:  Warum die Politik die Probleme des Pflegesystems nicht in den Griff bekommt

Das deutsche Pflegesystem krankt an allen Enden: Die Qualitätskontrollen von Heimen und Pflegediensten sind unzureichend, die Pflegelobby ist zu mächtig, als dass dies geändert werden könnte – und das von Politikern konstruierte Finanzkonstrukt aus Kranken- und Pflegekassen ist zu klamm, um die Missstände ernsthaft ändern zu können oder zu wollen. Wie desolat die finanzielle Lage der Pflegeversicherung wirklich ist, rechnete vor ein paar Monaten die Stiftung Marktwirtschaft, in deren Vorstand der renommierte Ökonom Bernd Raffelhüschen sitzt, in ihrer letzten Veröffentlichung zur deutschen Generationenbilanz eindrucksvoll vor:

> »Entgegen dem allgemeinen Trend hat sich die Nachhaltigkeit der Sozialen Pflegeversicherung im Jahresvergleich verschlechtert. (…) Gleichzeitig sind die Ausgaben der SPV mit 6,5 Prozent stark gestiegen.«

Mit anderen Worten: Die Pflegeversicherung steuert auf eine massive finanzielle Schieflage zu. Im Jahr 2030 wird es in der Bundesrepublik geschätzte 3,4 Millionen Pflegefälle geben, noch einmal 20 Jahre später laut den am weitesten gehenden Schätzungen schon 4,7 Millionen.

Angesichts des enormen Geldbedarfs, der auf das Pflegesystem zurollt, müssten die Verantwortlichen in der Bundespolitik auf Hochtouren an einer Lösung arbeiten. Und das so schnell wie möglich.

Sollte man meinen. Tatsächlich passiert in der Politik erschreckend wenig. Wissenschaftler Raffelhüschen und seine Kollegen stellen der schwarz-gelben Regierungskoalition – und auch ihren Vorgängerregierungen – ein denkbar schlechtes Zeugnis aus:

> »Obwohl es nicht an entsprechenden Absichtserklärungen mangelte, hat die Politik in den vergangenen Legislaturperioden keinen übermäßigen Reformwillen im Hinblick auf die nachhaltige Ausgestaltung der Sozialen Pflegeversicherung gezeigt.«

Mit ihrer Untätigkeit bei diesem Riesenthema folgt die Koalition der Tradition ihrer Vorgängerregierungen. Schon der Koalitionsvertrag der rot-grünen Koalition aus dem Jahr 1998 sah vor, einen Kapitalstock zu bilden, der dazu dienen sollte, die kommende Generation – die dann die große Welle an Pflegebedürftigen finanziell schultern muss – zumindest etwas zu entlasten. Und der Koalitionsvertrag der Großen Koalition aus dem Jahr 2005 kündigte den Aufbau einer sogenannten Demografiereserve an. In beiden Fällen blieb es jedoch bei den vollmundigen Absichtserklärungen. Eine Lösung des riesigen Problems, wie künftig 69 Millionen Menschen 4,7 Millionen Pflegebedürftige per Umlagesystem finanzieren sollen, bei dem die Pflegefälle mit dem Geld versorgt werden müssen, das dann die Beitragszahler verdienen, ist nicht in Sicht. Nimmt man an, dass 2050 derselbe Anteil der Bevölkerung erwerbstätig sein wird wie heute, rund 56 Prozent, müssten dann acht Erwerbstätige gemeinsam einen Pflegebedürftigen versorgen. Zahlt jeder von ihnen nur zwei Prozent seines Bruttoeinkommens, würde das vielleicht gerade mal für einen Besuch des Pflegedienstes einmal in der Woche reichen. Ein Heimplatz, in dem der Alte auch noch persönliche Ansprache bekommt, wäre mit diesen Mitteln schlicht unmöglich.

Fast jeder Ökonom, der sich mit dem Thema Pflege beschäftigt, wird nach heutigem Stand bestätigen: Das deutsche Pflegesystem steuert durch die Untätigkeit der Politik auf eine Katastrophe zu. Es lässt sich ohne viel Fantasie ausmalen, womit wir selbst für die Zukunft im schlimmsten Fall rechnen müssten. Wer nicht das Glück hat, bei einem seiner Kinder unterzukommen, würde sich wahrscheinlich mit einem kleinen Zimmer in einer Alten-WG begnügen müssen, in dem vielleicht alle paar Tage ein ambulanter Pfleger vorbeischaut. Körperwäsche gäbe es nur noch einmal in der Woche. Anstatt regelmäßiger Toilettengänge bekäme jeder Pflegebedürftige einen Dauerkatheter verpasst, und damit nicht zeitraubend das Essen angereicht werden muss, dazu noch eine PEG-Sonde, durch die auch die Medikamente eingeflößt werden. Es könnte auch die Zeit eingespart werden, die mühsam aufgewendet werden muss, um einen alten Menschen jeden Tag an- und wieder auszuziehen. Stattdessen ließe man Tag und Nacht denselben praktischen Trainingsanzug an – was keinen Unterschied machen würde, da man als Gehbehinderter ohnehin nicht mehr aus dem Haus käme. Wer sollte Zeit für einen Spaziergang haben?

Kein Wunder, dass sich angesichts des Reformstaus in der Bevölkerung Unsicherheit breit macht. Eine kürzlich durchgeführte Befragung des Instituts für neue soziale Antworten (INSA) in Erfurt unter über 50-Jährigen ergab, dass 62 Prozent der Befragten sich vor Demenz fürchten. 48 Prozent wollen demnach später nicht in einem Altenpflegeheim leben. Und 59 Prozent, fast zwei von drei Befragten, gaben an, dass sie später nicht in der Lage sein würden, die Kosten für ihre Pflege zu zahlen.

## Reformvorschläge gibt es en masse

Der Stillstand in der Politik sollte eigentlich verwundern. Denn wenn es der Bundesrepublik an einem nicht mangelt, dann an kreativen Vorschlägen von Politikern, wie man das Pflegesystem reformieren könnte. Ein gutes Beispiel dafür ist die im Gutachten der

Stiftung Marktwirtschaft angesprochene Demografiereserve. Im Grunde stimmen all jene Politiker, die sich mit der Materie beschäftigen, überein: Ein solches Finanzpolster, das man heute anlegt, um in ein paar Jahrzehnten den zusätzlichen Schwall an Pflegefällen versorgen zu können, wäre eine gute Sache. Die Ersatzkasse KKH-Allianz mahnte bereits 2007 in einer Veröffentlichung:

> »Die Notwendigkeit einer Demografiereserve in der sozialen Pflegeversicherung ist unbestritten.«

Sogar konkrete Umsetzungsvorschläge existieren genügend. Der gesundheitspolitische Sprecher der Union etwa, Jens Spahn, brachte im Herbst 2011 die Idee des »Zukunftsfünfers« in die politische Diskussion ein. Das wäre eine Pauschalprämie in Höhe von fünf Euro pro Monat. Geld, mit dem laut Spahn ein temporärer Kapitalstock aufgebaut werden solle, zur »Untertunnelung« des zukünftigen »Pflegebergs«. So kämen pro Jahr drei Milliarden Euro zusammen, rechnete der Politiker vor. Das Geld solle angelegt werden und sich mit Zins und Zinseszins vermehren, um dann als Puffer dienen zu können, sobald die Zahl der Pflegebedürftigen in gut 20 Jahren die genannten Spitzenwerte erreicht haben wird.

Auch andere Politiker forderten in der vor wenigen Monaten verabschiedeten aktuellen Pflegereform unter Daniel Bahr eine Demografiereserve, wieder einmal. Darunter die sogenannte Junge Gruppe innerhalb der Union, der neben Spahn auch Philipp Missfelder angehört, der einst durch seine Forderung von sich reden machte, keine Hüftgelenke mehr für 90-Jährige zu finanzieren. Ihre Vertreter versuchten Ende des Jahres, sich direkt an Bundeskanzlerin Angela Merkel zu wenden und sie davon zu überzeugen, dass eine solche Demografiereserve dringend geboten ist – zuvor hatte sich auf Koalitionsebene bereits abgezeichnet, dass die Reserve auch in dieser Reformrunde wieder keine Chance haben würde. Kein Wunder, denn das würde höhere Beiträge bedeuten und ist damit für Politiker, die ja wiedergewählt werden möchten, in höchstem Grade unattraktiv. Das Beispiel demonstriert, wie Berufspolitiker ticken: Wenn der Staat seine Ausgaben anhebt, dann für populäre, öffentlichkeitswirksame Dinge, die sofort Wirkung zeigen und die solchen Wählergruppen zukommen, die eine breite Lobby haben – seien es die Kinder, seien es die Ärzte, sei es die Autoindustrie. Pflegebedürftige Alte dagegen, dazu noch solche, die es heute noch gar nicht gibt, sondern die erst in Jahrzehnten virtuell alt sind? Kein sehr attraktives Ziel für Ausgabensteigerungen.

Die jungen CDU-Politiker kämpften jedoch im eigenen Interesse. Schließlich sind sie selbst potenziell Betroffene. All jene Pflegebedürftigen, die im Jahr 2035 oder noch später Deutschlands Pflegeheime bevölkern werden, sind heute noch jung – was zu der verblüffenden Situation führt, dass es fast ausschließlich jüngere Politiker sind, die sich auf Bundesebene für eine umfassende Reform der Altenpflege einsetzen. Frei nach dem Motto: Jeder ist sich selbst der Nächste. Gekommen ist die Demografiereserve auf Drängen der jungen Unionspolitiker übrigens nicht. An Bundeskanzlerin Merkel, die gerade vollends mit der Rettung des Euro und Europas beschäftigt war, perlte das Thema ab.

# 20. Warum stecken wir nicht einfach Arbeitslose ins Altenheim?

Es gibt auch noch ein anderes Pflegethema, das deutsche Berufspolitiker immer mal wieder aus der Schublade ziehen, vor allem in Wahlkampfzeiten. Besonders beliebt ist es in Regionen mit hoher Langzeitarbeitslosigkeit. Der Vorschlag klingt so einfach wie genial: Wir haben auf der einen Seite viele Arbeitslose und auf der anderen Seite viele Pflegebedürftige, die unterversorgt sind. Also schmeißen wir die beiden Gruppen in einen Topf, rühren einmal um und haben das Problem gelöst. Oder?

Die Arbeit von Thomas Wahle ist anstrengend, für den Körper und die Seele. Im Frühdienst wuchtet der Altenpfleger meist sechs oder sieben stark pflegebedürftige Heimbewohner aus ihren Betten. Er wäscht sie, zieht sie an, hilft ihnen auf die Toilette. »Und dann ist es gerade erst Zeit fürs Frühstück«, sagt er. Wahle ist Pfleger im Justina von Cronstetten Stift, einem kleinen Altenpflegeheim mit rund 40 Bewohnern, das am Rand der Frankfurter Innenstadt liegt.

Es ist Zeit fürs Mittagessen, heute gibt es Kasseler. Die meisten Bewohner sitzen erwartungsvoll im Speisesaal, Messer und Gabel fest umklammert. Durch die Eingangstür des Speisesaals schiebt sich langsam ein stetiger Strom an Gehwagen. Wahle muss gleich das Essen austeilen. Sein Tagesablauf ist voll hektischer Routine. Wahle ist einer von rund 350.000 Altenpflegern in Deutschland, und die Politik will ihnen immer wieder Helfer an die Seite stellen. Die Politiker, die dies vorschlagen, denken dabei an Menschen, die seit Jahren nicht gearbeitet haben. Solche, deren berufliche Fähigkeiten so verblasst sind oder nie vorhanden waren, dass sie auf dem sogenannten ersten Arbeitsmarkt keine Chance mehr haben. Aber für Pflegeheime scheinen Langzeitarbeitslose noch geeignet.

Als etwa SPD-Politikerin Hannelore Kraft im Jahr 2010, damals als Spitzenkandidatin ihrer Partei in Nordrhein-Westfalen, entsprechende Vorschläge äußerte, waren Menschen wie Wahle darüber heftig erzürnt. »Den Job mache ich seit 20 Jahren«, erzählt der Pfleger. Und obwohl die Arbeit mit den Alten manchmal zermürbt, macht er ihn gern. »Ob man es glaubt oder nicht: Mein Beruf gibt mir viel. Es stimmt zufrieden, wenn man alten Menschen den Alltag erleichtern und etwas schöner machen kann«, sagt er. Wahle macht der stetig wiederkehrende Vorschlag, Arbeitslose ins Altenheim zu stecken, wütend. »Solche Äußerungen sind herabwürdigend. Für uns als Pfleger und ebenso auch für die alten Menschen«, schimpft er. Schließlich, meint er, würde wohl kein Politiker auf die Idee kommen, unvermittelbare Arbeitslose in der Kinderbetreuung einzusetzen. »Für die Alten sind sie aber gut genug?« So wie er empfinden viele der Altenpfleger, die in deutschen Altenheimen arbeiten. Ohnehin leiden die Pfleger unter einem schlechten Ansehen, das wiederum nicht zuletzt durch die niedrigen Löhne verursacht wird. Wenn dann auch noch Politiker Hartz-IV-Empfänger zum Einsatz im Altenheim verdonnern wollen, betrachten das viele Altenpfleger als Angriff auf die Berufsehre: Das, was ihr tut, kann nun wirklich jeder. So lautet die Botschaft, die Menschen wie Wahle vernehmen.

## Die Zahlen sind verführerisch

Es sind Zahlenreihen, die in der Politik immer wieder dazu verführen, solche Vorschläge zu unterbreiten. Hannelore Kraft etwa rechnete damals vor, dass jeder vierte Hartz-IV-Empfänger zum Lager der nicht vermittelbaren, aber grundsätzlich arbeitsfähigen Menschen ohne Job gehört. 1,2 Millionen wären das. Die Bundesagentur für Arbeit spricht von 933.000 Kunden mit »Vermittlungshemmnissen«, also Arbeitslosen, die keine Berufsausbildung haben, Sprachprobleme oder häufige Krankheiten. Diese Menschen sollten, wie Kraft es nannte, »gemeinwohlorientierte« Tätigkeiten verrichten: Straßen sauber halten, in Sportvereinen helfen – oder eben in Altenheimen die Bewohner bespaßen. Und während der demografische Wandel für einen ständigen Zuwachs an Pflegebedürftigen sorgt, gibt es in einigen Regionen viel zu wenige Pflegekräfte. Das Image des Berufs sei einfach zu schlecht, um genügend Auszubildende anzulocken, sagen Experten. Auch hier gilt: Die schlechte Bezahlung – das Einstiegsgehalt liegt bei rund 1.800 Euro brutto – tut ihr Übriges.

Der reine Blick auf die Zahlen lässt somit die Idee gar nicht so unvernünftig erscheinen, den Mangel durch den Einsatz von Arbeitslosen auszugleichen. Neu ist der Vorschlag ebenfalls nicht. Schon 1995 äußerte der damalige Bundesarbeitsminister Norbert Blüm (CDU) in einer Bundestagsdebatte:

> »Um einen 70-Jährigen zu füttern, brauche ich keine sechs Semester Psychologie. Dazu brauche ich ein gutes Herz und eine ruhige Hand.«

Professionelle Altenpfleger, die eine dreijährige Ausbildung hinter sich haben, müssen dies als Hohn empfinden.

Entsprechend erboste Reaktionen rief auch der Vorschlag Krafts hervor. Als »unsäglich« bezeichnete ihn Elisabeth Scharfenberg, Sprecherin der Grünen-Bundestagsfraktion für Pflege- und Altenpolitik. »Man kann nicht einfach die Lücken beim Pflegepersonal schließen, indem man Laien einsetzt. Hier ist Qualifizierung notwendig«, sagt die gelernte Sozialarbeiterin. »Anstatt Notpflaster zu kleben, müssen wir das Image des Berufs aufwerten und Menschen für eine Ausbildung begeistern. Vorschläge wie der aktuelle werten das Bild des Berufs aber weiter ab, anstatt es zu stärken.« Auch Pfleger Thomas Wahle und seinem Chef Michael Graber-Dünow fallen eine Menge Argumente gegen unausgebildete Kräfte in der Altenpflege ein. Graber-Dünow ist der Heimleiter des Frankfurter Altenstifts. Er findet den Plan nicht nur unvernünftig, sondern geradezu haarsträubend.

> »Was würden Sie sagen, wenn Sie Ihr Auto in die Werkstatt bringen, und anstatt eines professionellen Automechanikers erwartet Sie eine Hilfskraft, die sagt: ›Von Motoren verstehe ich nichts, aber ich bin zur Arbeit hier eingeteilt worden‹«?

## »Das Vorlesen schaffen wir dann auch noch selber«

Die Arbeit erfordere Zusammenhalt zwischen den Mitarbeitern und ein hohes Maß an Empathie, sagt der Heimleiter. Er hält es nicht nur für ausgeschlossen, dass unvermittelbare Hartz-IV-Empfänger ohne Ausbildung alte Menschen pflegen oder waschen könnten. »Dafür braucht es eine Ausbildung, zum Beispiel, wie man richtig hebt oder behandlungsbedürftige Druckstellen erkennt.« Auch Krafts Idee, wonach die Langzeitarbeitslosen Heimbewohnern vorlesen sollten, empfindet er als befremdlich. »Vorlesen ist nicht mit dem Aufschlagen des Buches getan «, sagt Pfleger Wahle. »Sie müssen die Leute aus ihren Zimmern holen und sie erinnern, dass heute Vorlesestunde ist. Dann müssen Sie sie zum Aufenthaltsraum begleiten, mit ihnen noch mal auf die Toilette, ein Glas Wasser besorgen – und, und, und.« Das reine Vorlesen aus einem Buch, sagt er, »das schaffen wir dann auch noch selber«.

Gerade bei den vielen Demenzkranken in den Altenheimen sei es geradezu respektlos, ihnen unausgebildete Hilfskräfte vorsetzen zu wollen, findet Graber-Dünow. »Alzheimerpatienten haben ihre eigene Sprache, und die muss ein Betreuer verstehen lernen – sonst kann er die Situation sogar noch verschlimmern.« Wenn ein Demenzkranker zum Beispiel sage, er wolle zu seiner Mutter, dann meine er damit: Ich brauche Geborgenheit. »Wenn Sie dann in solch einer Situation als Unausgebildeter antworten: ›Überleg mal, das ist doch Quatsch, du bist 90 Jahre alt, deine Mutter lebt schon lange nicht mehr‹, dann hat der Patient da mit Sicherheit nichts von.« Ein Arbeitsloser, der zwangsweise verpflichtet werde, mit Alten zu arbeiten, nütze keinem etwas, glaubt Graber-Dünow. »Das beschert unseren Pflegern sogar noch zusätzliche Arbeit.«

Wie verquer das Verständnis einiger Politiker über die Materie Pflege ist, zeigt ein Vorstoß aus dem Sommer 2012. Wieder aus NRW. Und wieder aus den Reihen der Sozialdemokraten. Diesmal meldete sich der nordrheinwestfälische Justizminister Thomas Kutschaty zu Wort. Seine Botschaft platzierte er öffentlichkeitswirksam ins mediale Sommerloch hinein. Kutschaty stellte seine Leitlinien für den Strafvollzug in NRW vor. Er verkündete, er wisse, mit welchen Sozialtechniken man Straftäterkarrieren verhindere, das Ideal der Resozialisierung umsetze und dabei auch noch Geld in die öffentlichen Kassen spüle: Der Minister möchte Straftäter vor allem »im gärtnerischen Bereich oder in der Pflege« einsetzen. Er vermutet, »im Wohlfahrtsbereich« gebe es viel Bedarf, nachdem der Zivildienst weggefallen ist.

# 21. Rohrkrepierer Pflegereform

Ein warmer Spätsommervormittag im August 2011. Die Sonne steht auf den Fenstern des Büros des Bundestagsabgeordneten, die Vorhänge sind fest zugezogen. Im Inneren des Raumes ist die Luft stickig, und der Mann, der dort hinter seinem Schreibtisch sitzt, rückt sich ungeduldig den Hemdkragen zurecht, um sich Luft zu verschaffen. Was ihn, den Unionspolitiker, der sich zum Hintergrundgespräch über die Pflegereform bereit erklärt, in Fahrt bringt, sind die derzeit in Berlin laufenden Vorbereitungen für die nächste Pflegereform. Von seinem Büro in der Provinz verfolgt er die internen Diskussionen, die momentan am Berliner und Bonner Sitz des Ministeriums ablaufen, aus der Ferne. Das scheint ihn nervös zu machen. »Wir brauchen diesmal endlich einen großen Wurf, eine wirklich umfassende Reform«, sagt er. Was im Reformkonzept von Daniel Bahr stehen müsse, sei klar, sagt er, darüber seien sich alle Experten in der Regierungskoalition im Grunde einig: Eine kräftige Anhebung der Beitragssätze werde kommen, 0,4 bis 0,5 Prozentpunkte.

Bemerkenswert ist diese Gesprächsnotiz, weil sie eines zeigt: In der Bundespolitik sind sich die Fachleute aller Parteien einig darüber, dass kräftig Geld ins Pflegesystem gehievt werden muss. Und das so schnell wie möglich. Denn die Soziale Pflegeversicherung platzt aus allen Nähten. Seit über einem Jahrzehnt, dem Jahr 1999, ist das System in der Schieflage. Die Ausgaben sind immer wieder weit höher als die Einnahmen, in manchen Jahren war die Diskrepanz beängstigend groß: Der Spitzenverband der gesetzlichen Krankenversicherung warnte schon mehrmals, dass das System bald pleite wäre, sollte sich nichts Grundlegendes an der Struktur von Einnahmen und Ausgaben ändern. Die Politiker auf Bundesebene reagierten in der Vergangenheit darauf, indem sie die riesigen Finanzierungslöcher mit Notfallmaßnahmen flickten, immer wieder: 2005 führten sie einen Zusatzbeitrag für Kinderlose ein. 2006 beschlossen sie, die Fälligkeit der Beitragssätze vorzuziehen, sodass eine 13. Monatseinnahme entstand. 2008 gab es eine Beitragsanhebung von damals 1,7 Prozent der Einkommen auf die nun geltenden 1,95 Prozent.

Genutzt hat das alles nichts. In Regierungskreisen wurde damit gerechnet, dass das Pflegeversicherungssystem 2012 trotz aller Flickschusterei wieder mehr Geld ausgeben als einnehmen und spätestens 2014 seine Rücklagen aufgebraucht haben wird. Schuld daran sind offenbar nicht die zu hohen Ausgaben, sondern ein strukturelles Problem bei den Einnahmen: Diese gehen in jedem Jahr real, also bereinigt um Inflationseffekte, um ein halbes Prozent zurück. Was wiederum daran liegt, dass es immer weniger sozialversicherungspflichtig Beschäftigte im Land gibt, die in die Sozialen Sicherungssysteme einzahlen. Ein stetig wachsender Teil der arbeitenden Bevölkerung zieht es vor, ins private Kranken- und Pflegesystem zu wechseln. Die Abwanderer aus der Sozialversicherung sind aber diejenigen, die das meiste Geld verdienen.

Um es ganz klar zu sagen: Wenn nicht bald kräftig mehr Geld ins System gesteckt wird, dann ist die Soziale Pflegeversicherung bald pleite. Und kräftig Geld, auch darüber sind sich die Pflegeexperten im Bundestag mit allen Branchenexperten einig, das bedeutet nicht 0,1 Prozent oder umgerechnet grob eine Milliarde Euro – wie in der aktuellen Pflegeversicherungsreform beschlossen. Sondern es bedeutet mindestens vier oder fünf Milliarden Euro zusätzlich pro Jahr. Wichtig ist die Feststellung, dass dies nicht nur die Oppositionspolitiker von SPD und Grünen seit Jahren gebetsmühlenartig fordern. Sondern dass diese Forderung zunehmend auch innerhalb der Regierungskoalition drängender vorgetragen wird. Warum also packt die Regierung das Problem nicht bei den Wurzeln? Warum kam beim Pflegeneuausrichtungsgesetz (PNG), das in diesem Jahr verabschiedet wurde, anstatt dem angekündigten großen Wurf nur eine mickrige Beitragsanhebung von 0,1 Prozentpunkten heraus?

## Wie Norbert Blüm zum ersten Profiteur der Pflegeversicherung wurde

Es war das Jahr 1995, als Norbert Blüm einen seiner größten Erfolge feierte. Nach jahrelangem Ringen und gegen den erbitterten Widerstand der Wirtschaftslobby – die sich dagegen wehrte, dass Arbeitgeber die Hälfte der Beiträge zahlen sollten – setzte er durch, dass das deutsche Sozialsystem um eine fünfte Säule ergänzt wurde: die umlagefinanzierte Soziale Pflegeversicherung. Blüm wurde damals als christdemokratischer Kämpfer für die Rechte der armen Senioren gefeiert, der scheinbar dafür sorgte, dass auch mittellose Alte von der Solidargemeinschaft versorgt werden. Dabei hatte die FDP erfolgreich verhindert, dass auch Demenzkranke damals schon Leistungen aus der Pflegeversicherung hätten beziehen können. Und: Die Einführung der Pflegeversicherung war im Grunde genommen nur eine Verschiebung von Kosten von einem Staatssäckel ins nächste.

Damals lebten zwei Drittel aller Heimbewohner von Sozialhilfe – weil die Pflegeheimplätze mehr kosteten als die Rente hergab. Das brachte die für die Sozialhilfe zuständigen Kommunen in arge Bedrängnis. Die Wochenzeitung *Die Zeit* rechnete damals vor, dass die deutschen Städte und Gemeinden zusammen jährlich rund 20 Milliarden Mark für die Heimplätze der Pflegebedürftigen zahlen mussten. Der Popularität Blüms, dem »Vater der Pflegeversicherung«, tat dies keinen Abbruch.

## Mehr Schein als Sein

An der Diskrepanz zwischen Wirkung und Inhalt hat sich bis heute nicht viel getan. Altenpflege ist nach wie vor ein beliebtes Wahlkampfthema. So auch im Bundestagswahlkampf von 2009. Vor allem
die CDU/CSU-Fraktion hatte sich damit profilieren wollen. Mehr
Geld in die Pflege, eine bessere Versorgung für die Alten. Natürlich
läuft diese Forderung, bei der die Frage nach der Herkunft des zusätzlichen Geldes stets ausgeblendet wird, in Wahlkämpfen immer
gut und stößt gerade bei der steigenden Zahl älterer Wähler auf gro-
ßes Interesse. Das Kalkül ging auf. Im folgenden Koalitionsvertrag
zwischen Union und FDP rief entsprechend den Wahlkampfankün-
digungen der damalige Bundesgesundheitsminister Philipp Rösler
(FDP) das Jahr 2010 zum »Jahr der Pflege« aus. Schließlich sei dies
ein »Megathema«, wie Rösler befand.

Es schien zunächst, als gehe er die Pflege tatsächlich mit Elan an. Rösler rief einen »Pflege-Dialog« aus, in dem er sich mit Patientenvertretungen und Berufsverbänden zusammensetzte. Und er versprach
den Pflegebedürftigen einen umfassenden Katalog an zusätzlichen
Leistungen. Darunter mehr Geld für Selbsthilfeorganisationen, Ku-
ren für Pflegebedürftige, und vor allem: eine umfassende Absicherung für Demenzkranke, die bisher in Deutschland kaum bestand.
Ökonomen rechneten damals aus, dass all die von Rösler verspro-
chenen Leistungen, wenn sie denn tatsächlich so umgesetzt würden,
zusammen fast zehn Milliarden Euro kosten würden. Was bereits er-
ahnen ließ, dass mit einer Umsetzung in der angekündigten Form
kaum zu rechnen wäre.

Eines der damals, wieder einmal, diskutierten Themen war die Umsetzung eines neuen »Pflegebedürftigkeitsbegriffs«: Wer gilt in
Deutschland als pflegebedürftig? Sind Alzheimerpatienten ebenso Pflegefälle wie Menschen, die klar im Kopf sind, aber nicht mehr
laufen können? Dass diese neue Definition und vor allem ihre Um-

setzung kostspielig würde, war absehbar. Für Rösler war das Thema dennoch scheinbar wichtig. Dass Deutschland angesichts der
schnell wachsenden Zahl an Demenzkranken eine bessere Versorgung für sie bieten muss, lässt sich nicht wegdiskutieren.

Heute bekommen Zehntausende Altersverwirrte in der Bundesrepublik keinerlei Leistungen aus dem System, obwohl ihre Angehörigen,
die dabei an ihre Grenzen gehen, sie rund um die Uhr betreuen müssen: Das betrifft all jene, bei denen zur Demenz keine körperlichen
Gebrechen hinzukommen. Der Koalitionsvertrag ging auch einen
weiteren pflegepolitischen Dauerbrenner an: Die Reform sollte eine »verpflichtende, individualisierte und generationengerecht ausge-
staltete« private Zusatzversicherung enthalten. Es sollte der Anfang
vom Ausstieg aus der umlagefinanzierten Pflegeversicherung werden.

Angekündigt war Röslers Reform für den Sommer 2011. Doch dann
kam in der Bundesregierung die Personalrochade vom Frühjahr desselben Jahres. Ausgelöst durch eine verheerende Wahlniederlage in
Baden-Württemberg, in deren Folge ein Machtkampf innerhalb der
FDP ausgebrochen war, Rainer Brüderle sein Amt als Bundeswirt-
schaftsminister aufgeben musste – und Rösler in eben diesen Posten
aufstieg. Sein Amt im Gesundheitsministerium, und damit die Verantwortung für die Pflegereform, übernahm der bisherige Staatssekretär Daniel Bahr. Das war im Mai 2011. Bis die Bahr'sche Pflegereform kam, ging fast ein Jahr ins Land: Erst Ende März 2012 beschloss
das Bundeskabinett das Paragrafenwerk, das letztendlich unter anderem folgende Punkte umfasste: Der Beitragssatz wird zum 1. Januar
2013 um 0,1 Prozentpunkte steigen, auf 2,05 Prozent des Bruttoeinkommens (bei Kinderlosen 2,35 Prozent). Das soll den Pflegekassen
ein Einnahmeplus von rund 1,1 Milliarden Euro im Jahr bescheren.
Aus diesem Topf sollen künftig eine halbe Million Menschen mehr
Leistungen als bisher erhalten. Für die ambulante Pflege gibt es etwas mehr Geld und auch viele Demenzkranke – aber bei Weitem
nicht alle – sollen erstmals überhaupt Anspruch auf Leistungen aus

dem Pflegesystem erhalten. In Pflegeheimen wird es künftig zusätzliche Vergütungen für Ärzte geben, um einen Anreiz zu schaffen, sich stärker um die Bewohner zu kümmern als bisher. Damit insgesamt ein kleinerer Teil der Menschen in die stationäre Pflege gehen muss, soll der Umbau von Wohnungen zu »Alten-WGs« finanziell gefördert werden. Auch soll die Bürokratie abgebaut werden: Die Pflegekassen werden verpflichtet, Anträge auf Pflegeleistungen schneller als bisher zu bearbeiten. Alles Stellschrauben, die mal hier, mal da kleinere Veränderungen bringen sollen.

Nicht mehr im Gesetz finden sich allerdings die großen Pläne, die ursprünglich im Zentrum der Reform stehen sollten: eine obligatorische private Zusatzversicherung für alle, eine Demografiereserve, ein neuer Pflegebedürftigkeitsbegriff. Letzteren verschob die Regierung ein weiteres Mal auf einen späteren Zeitpunkt. Stattdessen setzte sie eine Kommission ein, die nun diesen Begriff noch genauer entwickeln soll. Ein Zeitgewinn. Der Pflegemanager Axel Hölzer, der früher die Marseille-Kliniken AG leitete und seit Kurzem die Berliner Heimkette Cura, kommentierte süffisant: »Wenn ich nichts mehr weiß, bilde ich einen Arbeitskreis.«

Wäre die Pflegereform in der umfassenden Form durchgesetzt worden, die ursprünglich unter Rösler angekündigt war, hätte dies die sozialversicherungspflichtig Beschäftigten im Schnitt gerade mal 7,50 Euro pro Monat zusätzlich gekostet. Angesichts der brummenden Konjunktur im Frühjahr 2012 hätte es der Bundesregierung leicht wie selten sonst fallen müssen, eine solche Zusatzbelastung durchzusetzen – sollte man meinen. Doch gilt offenbar nach wie vor die Maxime, dass die Arbeitskosten am Standort Deutschland so niedrig wie möglich gehalten werden sollen. Koste es die Alten, was es wolle.

Dabei wird diese Verlagerung des politisch unpopulären Themas Pflege von einer Legislaturperiode in die nächste dem Willen der Wähler schon längst nicht mehr gerecht. 82 Prozent aller Deutschen sagten im 2011 veröffentlichten Gesundheitsreport des Marktforschungsinstituts Allensbach, dem Thema werde von der Politik »nicht ausreichend Bedeutung zugemessen«.

## Die Reaktionen waren überwältigend – schlecht

Die öffentlichen Reaktionen auf das sogenannte »Pflegeneuausrichtungsgesetz« waren überwältigend – überwältigend schlecht. Die Grünen-Fraktionsvorsitzende Renate Künast und die Pflegeexpertin der Partei, Scharfenberg, kommentierten, die Reform sei »krachend gescheitert«. »Dieses Gesetz als Neuausrichtung zu bezeichnen, verleumdet das Wort«, schimpften die Politikerinnen, denn anstatt einer wirklichen Reform gebe es vor allem Geschenke an die schwarz-gelbe Wählerklientel. Gemeint waren zum Beispiel die höheren Vergütungen für Ärzte, die in Pflegeheimen behandeln. Der gesundheitspolitische Sprecher der SPD-Fraktion Karl Lauterbach sagte, die Regierungskoalition habe »keinen Handschlag für die Dementen getan«. Anstatt mit einem umfassenden neuen Pflegebegriff die Altersverwirrten endlich spürbar besser abzusichern, sehe die Reform lediglich »Almosen« für die steigende Zahl der Betroffenen vor. Und auch die Pflegebranche war enttäuscht. Der Bundesverband privater Anbieter sozialer Dienste (bpa) kommentierte, eine Beitragsanhebung um 0,1 Prozentpunkte sei ganz und gar kein »großer Wurf«, und dabei sei doch »die Pflege der soziale Kitt unserer Gesellschaft«, wie bpa-Präsident Bernd Meurer es formulierte.

Der übereinstimmende Kommentar in den Medien lautete: Diese Reform hat eine Halbwertzeit von gerade mal zwei bis drei Jahren. Denn wie schon einige seiner Vorgänger habe Bahr keine wirkliche Reform gestemmt, sondern nur die größten Löcher in der Finanzierung des bestehenden Systems gestopft. Der Bundesgesundheitsminister selbst kommentierte: »Wir können nicht auf einen Schlag alle Probleme lösen.« Und: »Klar ist, dass die Erwartungen bei Themen, die viele Menschen betreffen, besonders hoch sind.« Sein Staatssekretär Thomas Ilka sagte zum Thema am Rande einer Podiumsdiskussion in Berlin lapidar: »Natürlich wären fünf Millionen Euro zusätzlich besser als eine Milliarde – aber wir müssen uns nun einmal mit der Realität arrangieren.«

Auch die Arbeitgeber bezeichneten die Reform als verfehlt, allerdings aus einem anderen Grund: Arbeitgeberpräsident Dieter Hundt sagte, der geplante Anstieg der Lohnnebenkosten sei zu hoch. »Es ist unverantwortlich, neue Leistungen in die Pflegekassen einzuführen, wenn noch nicht einmal die Finanzierung des heutigen Leistungskatalogs gesichert ist«, so Hundt. Immerhin, die Reflexe aller betroffenen Interessengruppen funktionierten wie immer.

Am Tag, nachdem der Bundestag das neue Pflegegesetz für rund eine Milliarde Euro beschloss, diskutierten in Berlin die Bundespolitiker darüber, ob der Euro-Rettungsschirm auf eine Billion Euro ausgeweitet werden oder es bei nur 800 Milliarden Euro bleiben solle.

## Wie die Bundesregierung ihre eigene Reform zerrieb

Woran aber liegt es, dass der Bundesgesundheitsminister die als »große Pflegereform« angekündigte Gesetzesnovelle zu einem winzigen Reförmchen hat zusammenschrumpfen lassen?

Die Antwort liegt in den Realitäten des politischen Berlins. Sie liegt im zähen Ringen der Regierungskoalition – und in der Ohnmacht von Ministern wie Daniel Bahr, die gern viel verändern würden und dann von der Realität eingeholt werden.

Eine erste Idee davon gibt eine Begebenheit aus dem November 2011. Damals tritt der damalige parlamentarische Geschäftsführer der CDU-Bundestagsfraktion und heutige Bundesumweltminister, Peter Altmaier, vor die Presse und verkündet stolz, die Koalition stünde nach einem kurz zuvor eilig einberufenen Gipfel so »geschlossen, wie sie es lange nicht war«. Wovon er sprach? Die Mitglieder der schwarz-gelben Koalition hatten sich darauf geeinigt, das »Jahr der Pflege« kurz vor dessen Auslaufen doch noch mit einem handfesten Beschluss zu beenden, und zwar dem »Pflege-Bahr«, einer – in Anlehnung an die »Riester-Rente« benannten – freiwilligen privaten Zusatzversicherung, für die die Beitragszahler mit steuerlichen Vorteilen gelockt werden sollten.

Was Altmaier an diesem Tag wohlweislich nicht sagte: Der Pflege-Bahr, für den wenig später eine staatliche monatliche Förderung von fünf Euro verkündet wurde, war nicht mehr als ein fauler Kompromiss. Schließlich war im Koalitionsvertrag angekündigt worden, es solle eine verpflichtende Zusatzversicherung für alle geben. Die FDP hatte dafür bis zuletzt gekämpft – ohne Erfolg. Sie verbuchte es auf ihrem Konto dennoch als Teilerfolg. Schließlich hatten die Liberalen seit der Einführung der Pflegeversicherung 1995 immer wieder darauf gepocht, diese ausschließlich als kapitalgedecktes System zu konstruieren, wo jeder für sich selbst Rücklagen anspart. Sie waren immer wieder gescheitert. Die Pflegeversicherung ist so konstruiert wie die Krankenversicherung: Der Großteil der Versicherten ist im gesetzlichen System pflichtversichert, die privat Krankenversicherten müssen bei ihrem Versicherer verpflichtend zusätzlich pflegeversichert sein. Nun, so der Tenor innerhalb der FDP nach der Einigung auf den Pflege-Bahr, gebe es endlich einen ersten zaghaften Ansatz, die gesetzliche Umlageversicherung in eine kapitalgedeckte umzuwandeln. Immerhin.

Das eigentliche Ziel, das eine Pflicht-Zusatzversicherung für alle hätte bringen sollen, nämlich die Entlastung der sozialen Sicherungssysteme, wurde aber ganz klar verfehlt. Eine freiwillige Zusatzversicherung wird nach Ansicht der meisten Pflegeexperten nur eine kleine Minderheit der Versicherten abschließen – Steuerförderung hin oder her. Gerade einkommensschwächere Haushalte werden sich diese Versicherung nicht leisten wollen oder können – und werden dann, wenn der Pflegefall eintritt, Sozialhilfe brauchen. Wahrscheinlich werden den Pflege-Bahr vor allem die besser Situierten abschließen, und dafür die fünf Euro Förderung mitnehmen, obwohl sie auch ohne diese öffentlichen Gelder klarkämen. Dazu kommt ein gigantischer Bürokratieaufwand: Von den kalkulierten Kosten von insgesamt 90 Millionen Euro soll laut Schätzungen der Bundesregierung etwa jeder zehnte Euro in die Verwaltung der neuen privaten Vorsorgeform fließen.

Hinter der von Politiker Altmaier geäußerten Geschlossenheit steckte wohl vor allem eines: die Erleichterung, bei aller Zerrüttung innerhalb der Koalition der vergangenen Monate endlich mal wieder eine Entscheidung als »gemeinsam« verkaufen zu können, und sei ihre Bedeutung noch so gering. Koalitionsfrieden als Bestimmungsfaktor für die Bundespolitik.

## Der Amtswechsel und die Reform

Will man versuchen, die Geschichte der Pflegereform unter Schwarz-Gelb zu verstehen, beginnt man am besten mit dem 12. Mai 2011. Es ist der Tag, an dem Bundesgesundheitsminister Bahr seinen Posten antritt. Der bisherige parlamentarische Staatssekretär im Gesundheitsministerium ist bei seinem Amtsantritt gerade mal 34 Jahre alt. Bahr, gelernter Bankkaufmann und studierter Volkswirt, hat zu diesem Zeitpunkt bereits eine veritable Parteikarriere hinter sich: Als Jugendlicher den Jungen Liberalen beigetreten, diente er sich hoch bis zum Bundesvorsitzenden, ein Amt, das er fünf Jahre lang ausübte. Gleichzeitig gelang ihm auf diesem Weg der Einstieg in den FDP-Bundesvorstand. Seine Verbindung zur Gesundheitspolitik ist in der DNA seiner Familie angelegt: Bahrs zehn Jahre älterer Bruder Thomas ist Mediziner.

Nachdem Bahr den Chefposten angetreten hat, so sagen es zumindest Insider aus dem politischen Berlin, passiert im Bundesgesundheitsministerium in Bezug auf die Pflegereform erst einmal: gar nichts. Bahr arbeitet auf anderen, einfacheren Baustellen. Er führt eine elektronische Gesundheitskarte ein, deren wesentliche Neuerung in einem Foto neben dem Namen und der Versicherungsnummer besteht. Er doktert am Transplantationsspendegesetz herum. Er versucht, den Ärztemangel auf dem Land zu bekämpfen. Das unbequeme Thema Pflege schiebt er vor sich her, obwohl er weiß, dass das von seinem Amtsvorgänger großspurig angekündigte »Jahr der Pflege« in wenigen Monaten auslaufen wird und sich eine weitere Reform der Versicherung nicht umgehen lassen wird – steht sie doch im Koalitionsvertrag angekündigt. Ein Pflege-Lobbyist, der mit dem Ministerium eng zusammenarbeitet, sagt:

> »Den ganzen Sommer über hat Bahr sich um die Pflegereform kaum gekümmert, und dann auf einmal ganz hektisch damit angefangen.«

In der Fachabteilung des Ministeriums, dem sogenannten Referat G14, »Grundsatzfragen der Pflegeversicherung«, laufen die Drähte heiß: Die Referenten, ein Team von etwa zehn Leuten recherchiert, telefoniert und sammelt Informationen ein – unter anderem von den vielen Interessenvertretern, die ihre Vorstellungen über das, was die Reform enthalten soll, einbringen wollen: Arbeitgeber- und Wohlfahrtsverbände, Patientenorganisationen, Gewerkschaften. Ein Lobbyist, der in der aktuellen Reform versucht hatte, die Vorschläge seines Verbandes einzubringen, sagt: »Schon ganz am Anfang, bevor das Ministerium mit seinem Referentenentwurf begann, haben wir unser Arbeitspapier in der Fachabteilung platziert.« Ein enger Draht zu den verantwortlichen Referenten sei extrem wichtig, »das Kapital des Lobbyisten«, sagt er – denn welche Vorschläge in einen Gesetzesentwurf einflössen und welche nicht, hänge nicht nur davon ab, wie mächtig die Interessenvertretung sind und wie gut die unterbreiteten Ideen – sondern ebenso von persönlichen Sympathien.

Die Fachleute im Ministerium diskutieren auch darüber, was in der Reform dringend stehen müsste – und das, was politisch machbar sein könnte. Eine Anhebung der Pflegesätze um 0,3 Prozentpunkte soll zunächst als realistisch angenommen worden sein, verlautet aus dem Ministerium, davon würden 0,05 Prozentpunkte allein für die schwierige Umsetzung des neuen Pflegebedürftigkeitsbegriffs gebraucht – also dafür, dass das Geld demnächst gerechter und zielgenauer verteilt werden kann.

Während der kommenden Wochen pendeln die Referenten zwischen den beiden Ministeriumssitzen Bonn und Berlin, haben erste Sondierungstreffen mit den Referenten der anderen Ministerien. Mitte August 2011, nur drei Monate nach Bahrs Amtsantritt, kommen unliebsame Nachrichten aus dem Bundesfinanzministerium an die Presse. Der oberste Verantwortliche für die Staatsfinanzen, Bundesfinanzminister Wolfgang Schäuble, lasse seinen FDP-Amtskollegen »total auflaufen«, beklagen hochrangige Beamte des Ministeriums. Jeder Vorschlag, den das Bundesgesundheitsministerium auf Referentenebene habe anklingen lassen, sei bei Schäubles Leuten abgeblitzt. Sei es der angestrebte Aufbau der Demografiereserve, sei es die verpflichtende private Zusatzversicherung für gesetzlich Pflegeversicherte: Die Experten aus dem Gesundheitsministerium, berichtet ein Mitglied der Abteilung, hatten vorgeschlagen, dass jeder Beitragszahler pro Monat 10 bis 20 Euro einzahlen müsse.

Mit Schäubles Ministerium, stellt sich nun heraus, ist das aber nicht zu machen. Denn um die Idee einer Pauschale politisch umsetzbar zu machen, müsste es einen Zuschuss für Geringverdiener geben – was aber wiederum Steuergelder kosten würde. Völlig illusorisch angesichts der finanziellen Lage des Bundes, sagen die Referenten aus Schäubles Ministerium.

Schäuble und seine Sparreferenten residieren in der Berliner Wilhelmstraße, im ehemaligen Reichsluftfahrtministerium. Ein bombastischer Nazibau mit 2.000 Büroräumen, 1935 errichtet. In den Gängen des Bundesfinanzministeriums kann man sich leicht verlaufen, so lang sind sie und so sehr ähnelt ein Gang dem nächsten. Keine fünf Minuten entfernt, in der Friedrichstraße, ebenfalls in Mitte, hat Gesundheitsminister Bahr sein Berliner Büro, in einem modernen Glasbau. So nah die Behörden beieinanderliegen, die Distanz zwischen beiden Dienstherren könnte weiter kaum sein. In Berlin erzählt man sich, ein altgedienter Polit-Haudegen wie Schäuble könne nicht so recht verstehen, warum ein Mitte 30-Jähriger, und dann auch noch mit FDP-Parteibuch, Bundesminister sein müsse. Ähnliches ist für das Verhältnis zwischen Schäuble und Rösler übermittelt. Die *Frankfurter Rundschau* kommentierte im vergangenen Sommer angesichts Schäubles ablehnender Haltung gegenüber Bahrs Reformvorschlägen: Dem CDU-Politiker gehe es weniger um die Inhalte, sondern mehr darum, den ungeliebten Koalitionspartner zu zermürben:

>»Nicht wenige in der FDP meinen, Bundesfinanzminister Schäuble habe in seinem Berufsleben nur noch zwei Ziele: den Euro zu retten und die FDP kleinzukriegen.«

Im Bundesfinanzministerium bestreitet man die Vorwürfe und erklärt, es gehe lediglich um die Sache. Die Wahrheit dürfte irgendwo in der Mitte zwischen beiden Polen liegen: nachhaltige Sparpolitik einerseits, parteipolitisches Kalkül andererseits.

Schäubles Amt ist vielleicht das schwierigste im gesamten Regierungskabinett. Sein Job ist es, zu sparen. Der CDU-Politiker soll dafür sorgen, den stetig wachsenden Schuldenberg der Bundesrepublik abzubauen – weit mehr als zwei Billionen Euro sind das momentan – und gerät dabei gezwungenermaßen mit seinen Kabinettskollegen ständig in Konfrontation. Der Koalitionspartner FDP will, trotz leerem Staatssäckel, die Steuern senken, was dem von der Union erklärten Ziel des Schuldenabbaus diametral entgegensteht. In einem Interview mit der *Welt am Sonntag* fasste Schäuble die Zwickmühle, in der er steckt, so zusammen:

> »Viele kommen jetzt und sagen, wir wollen mehr Geld für Straßen. Oder mehr Geld für Lehrer. Und für neue Energien. Und Rentner. Und dann steht da der Finanzminister und sagt: Aber wir wollen doch weniger Schulden machen. Sparen kann man nur, wenn der Finanzminister öfter Nein sagt als Ja.«

## Der Sommer verstreicht ohne Ergebnis

Die Zeit verrinnt. Für den Sommer 2011 hat Bahr sein Konzept für die Pflegereform angekündigt, doch eine für Ende September angekündigte Vorstellung seiner Pläne sagt er kurzfristig ab – und gibt der Schuld daran der CSU, mit der ein »gemeinsamer Kompromiss in der Pflege nicht möglich« sei, wie Bahr schimpft. Vorangegangen ist ein heftiger Affront von CSU-Chef Horst Seehofer, der angekündigt hat, ein eigenes Reformkonzept vorstellen zu wollen. Der Streit geht, wie fast immer, ums Geld. Union und FDP können sich nicht darüber einigen, wie die vollmundigen Pläne für die Reform finanziert werden können. Die Christdemokraten lehnen die verpflichtende Zusatzversicherung strikt ab. Bei Nachfragen von Journalisten in diesen Tagen, wann die Eckpunkte denn nun kommen, weist das Ministerium wieder und wieder darauf hin, dass der Sommer erst am 23. September ende. Doch auch dieses Datum, das sich viele in der Pflegebranche rot im Kalender angemarkt hatten, verstreicht ohne Veröffentlichung. Und ebenso der Großteil des Oktobers.

Es ist der 12. Oktober, und noch immer ist kein Entwurf für die Pflegereform veröffentlicht. Die Stimmung im Bundesgesundheitsministerium, ist zu hören, sei angespannt. Schließlich warten politische Öffentlichkeit und Medien ungeduldig auf die längst überfälligen Pläne.

In diese Situation hinein platzieren Bernd Raffelhüschen und seine Kollegen von der »Stiftung Marktwirtschaft« ihre aktuelle Veröffentlichung zur »Generationenbilanz«, die sich diesmal das Thema Pflegeversicherung vorgenommen hat. Es wird eine Art Appell an das ökonomische Gewissen der Nation. Die Ökonomen rechnen vor, wie angespannt die Lage des Bundeshaushaltes ist und wie wenig Deutschland sich jetzt eine Ausweitung der Leistungen für die Pflegebedürftigen leisten könne. Die dringende Empfehlung der Wirtschaftswissenschaftler lautet: Geld bei der Pflege sparen, nicht noch mehr ausgeben. Konkret sei eine »Karenzzeit« ein sinnvoller Beitrag zur Reform des Systems. Der Vorschlag lautet, es solle ein »leistungsfreier Zeitraum« zwischen dem Entstehen der Pflegebedürftigkeit und dem tatsächlichen Beginn der Versicherungsleistung geschaffen werden. Mit anderen Worten: Wer zum Pflegefall wird, soll erst einige Monate hingehalten werden, bevor er Leistungen beziehen darf – falls er dann noch lebt.

> »Da im Verlauf einer durchschnittlichen ›Pflegekarriere‹ ein relativ großer Anteil der Pflegefälle bereits im Verlauf des ersten Jahres der Pflegebedürftigkeit verstirbt, würde die Einführung einer Karenzzeit die Zahl der Leistungsempfänger der Sozialen Pflegeversicherung spürbar verringern.«

So klingt es, wenn persönliche Schicksale ins Korsett volkswirtschaftlicher Gesamtrechnung gepresst werden. Die Veröffentlichung wirkt wie Wasser auf die Mühlen von Sparminister Schäuble. Wenige Wochen später lässt er verlauten, er werde maximal 500 Millionen Euro aus dem Bundesetat zur Pflegereform zuschießen.

Anfang November endlich kommt der Referentenentwurf. Darin steht, dass der Beitrag zur Pflegeversicherung ab 2013 um gerade mal 0,1 Prozentpunkte steigen soll, was etwa 1,1 Milliarden Euro in die Pflegekasse spülen wird – dabei würde laut Schätzungen allein die bessere Versorgung der 1,3 Millionen Demenzkranken im Land rund fünf Milliarden kosten. »Getarnt als großer Wurf«, titelt die *Süddeutsche Zeitung*. Schnell zeichnet sich ab, dass die Pflegebranche – Arbeitgeberverbände, Kassen und Patientenvertretungen – über den Referentenentwurf nicht glücklich sind. Wie wenig Fachleute von den Reformplänen halten, zeigt eine Personalie von Mitte Dezember: Der prominente Sozialexperte Jürgen Gohde, Vorsitzender des Kuratoriums Deutsche Altenhilfe, lehnt den von Bahr angebotenen Posten als Vorsitzender des sogenannten Pflegebeirats ab – dem Gremium, das die Details der Reform ausarbeiten soll. Gohde sagt, er stehe nicht zur Verfügung, weil es der Regierung an »politischer Entschlossenheit« fehle.

In den kommenden Wochen bricht im Ministerium Hektik aus. Die Mitarbeiter der Fachabteilung Pflege müssen heftig Überstunden machen, um den Referentenentwurf zu überarbeiten, nachdem die ersten externen Experten ihn zu sehen bekommen und teils heftig kritisiert haben. Im Januar 2012 dringt der Gesetzesentwurf aus dem Ministerium. Mehrere Lobbyisten bekommen ihn aus der Behörde zugespielt, lange bevor ihn die Koalitionsmitglieder der Arbeitsgruppe Gesundheit im Bundestag zu sehen bekommen, und erhalten so erneut die Möglichkeit, Stellung zu nehmen und auf die Referenten einzuwirken.

Dabei ist der Entwurf zu diesem Zeitpunkt noch nicht einmal dem Bundeskabinett vorgelegt – wo er, wie sich zeigen wird, nicht nur inhaltliche Barrieren überwinden muss, sondern auch parteipolitische.

## Die Reaktionen wirken zuweilen wie choreografiert

Im Februar 2012 wird in Berlin über den kommenden Bundeshaushalt verhandelt. In den internen Debatten kämpft jedes Ministerium verbissen um seinen Etat, jeder Posten bedeutet zähes Ringen für Minister Schäuble: Arbeitsministerin Ursula von der Leyen (CDU) hat gerade ihr Bildungspaket für sozial schwache Familien im Wert von 1,6 Milliarden Euro auf den Weg gebracht, die CSU arbeitet am umstrittenen Betreuungsgeld, besser bekannt unter dem Namen Herdprämie, das laut Schätzungen rund 1,3 Milliarden Euro kosten soll – mehr als die gesamte Pflegereform.

Besonders erbittert diskutieren in diesen Tagen, wieder einmal, Schäuble und Bahr miteinander. Allerdings nicht über die Pflegereform, sondern über die gesetzliche Krankenversicherung (GKV) und ihre zentrale Geldsammelstelle, den Gesundheitsfonds. Schäuble fordert angesichts des Finanzpolsters der GKV in Höhe von 19,5 Milliarden Euro, den Zuschuss zu kürzen, den diese vom Bund erhält. Nach mehreren Wochen Verhandlungen lautet das Ergebnis, dass Bahr zwei Milliarden Euro aus dem Fördertopf abtreten muss, um zur Sanierung des Bundeshaushalts beizutragen. Im Gegenzug ringt er Schäuble allerdings ein Zugeständnis für die Pflege ab: der »Pflege-Bahr« soll künftig steuerlich gefördert werden.

Nur vier Tage später, mitten in die Haushaltsverhandlungen hinein, lässt das Bundesfinanzministerium jedoch eine neue Bombe platzen. Der *Welt* wird eine interne Stellungnahme von Schäubles Behörde zugespielt, laut der das Reformpapier nicht die im Koalitionsvertrag vereinbarten Eckpunkte zur Pflegereform umsetze. Denn dort war festgeschrieben, dass die Reform ausschließlich durch höhere Beiträge finanziert werden muss und nicht den Bundesetat zusätzlich belasten darf. Zudem, heißt es in dem Papier provokativ, seien die Reformvorschläge nicht ausreichend durchdacht. Denn die geplante Beitragsanhebung auf 2,05 Prozent der Bruttoeinkommen werde die Steuereinnahmen des Bundes sinken lassen – weil das verfügbare Einkommen der Haushalte sinkt und damit zum Beispiel weniger Mehrwertsteuern in den Staatssäckel fließen. Das Gesundheitsministerium hatte den Effekt auf den verschwindend niedrigen Betrag von einer Million Euro angegeben. Schäubles Finanzexperten rechnen nach und kommen ihrerseits auf jährlich 135 Millionen Euro Mindereinnahmen fürs Steuersystem. Alles in allem, resümieren die Experten, könne das »Bundesfinanzministerium dem Gesetzesentwurf in der vorliegenden Form nicht zustimmen«. Offensichtlich erzielt die Veröffentlichung den gewünschten Effekt: Oppositionspolitiker und Medien freuen sich diebisch darüber, dass Schäuble seinen jungen Kollegen »nachsitzen lasse«.

Die Veröffentlichung wirkt wie choreografiert, kommt sie doch wenige Wochen vor den Landtagswahlen im Saarland. Vier Tage zuvor hatte bereits ein weiteres CDU-geführtes Ministerium seine Zustimmung zu den Reformplänen in der aktuellen Ausgestaltung verweigert: das Bundesarbeitsministerium unter Ursula von der Leyen.

Die Querelen innerhalb des Regierungskabinetts zeigen, in welcher Zwickmühle der Bundesgesundheitsminister steckt: Einerseits erwartet der Wähler von ihm, den großen Pflegereformierer zu geben. Andererseits sind ihm in vielerlei Hinsicht die Hände gebunden, weil die Koalition sich das Sparen auf die Fahnen geschrieben hat und die Regierung insgesamt unter Kanzlerin Merkel andere Prioritäten setzt. Das Amt lässt Bahr die hohen Erwartungen einfach nicht erfüllen: Wenn die Partei für Steuersenkungen einsteht, ist es für den Bundesgesundheitsminister nun einmal schwer, als Anwalt der Pflegebedürftigen einzustehen.

Auf die Frage, wer konkret die verpflichtende private Zusatzversicherung verhindert habe, wiegelt im Rückblick Gesundheitsstaatssekretär Thomas Ilka im Mai 2012 bei einer Podiumsdiskussion ab: »Ich betreibe keine Vergangenheitsbewältigung, und aus internen Diskussionsrunden gebe ich auch keine Auskunft«, sagt er. Die Verhandlungen innerhalb der Koalition, so Ilka, seien jedoch »nicht vergnügungssteuerpflichtig« gewesen.

Trotzdem: In der Pflegebranche reibt man sich verwundert die Augen darüber, wie es sein kann, dass die langfristige Planung über die Pflege in der Bundesrepublik derart dilettantisch angegangen wird. »In jedem großen Unternehmen gäbe es dafür eine strategische Langfristplanung, in der Bundespolitik aber nicht«, meint Branchenkenner Axel Hölzer. »Besonders verwundert, dass kein Fahrplan bis 2030 existiert: Wie viel Prozent der Menschen sollen dann stationär versorgt werden und wie viel ambulant?« Ohne eine solche Schätzung, wie viele Betten in Altenheimen dann gebraucht würden und ob diese staatlich gefördert würden, erklärt der Manager, ließen sich heute nur schwer Investoren für den Bau der dringend benötigten neuen Heime begeistern. »Es gibt überhaupt keine Planungssicherheit.« Das sei beispielsweise in Frankreich, Spanien oder Italien anders. Dort wird die Anzahl der benötigten Betten über ein Lizenzierungsmodell gesteuert. »Das führt erstens zu höheren Belegungsquoten – die Voraussetzung für stabiles Wirtschaften sind, zweitens wird dadurch wiederum Planungssicherheit für Investoren gewährleistet.«

Der Stillstand in der Bundespolitik überrascht auch deshalb, weil seit Jahren Ideen kursieren, die so umfassend wie naheliegend sind – so wie die im folgenden Kapitel beschriebene.

# 22. Von guten und schlechten Risiken

Leben wir in der Bundesrepublik in einer Zwei-Klassen-Gesellschaft? Diese Frage wird vor allem in der Gesundheitspolitik seit Jahren mit Leidenschaft diskutiert. Es geht dabei stets um Aufregerthemen wie Wartezeiten beim Arzt, Terminvergabe, gut verdienende Arztpraxen, die nur Privatpatienten annehmen, Einzelzimmer und Chefarztbehandlung im Krankenhaus. Wenig öffentlich diskutiert ist dagegen bisher, wie stark das Phänomen der Zwei-Klassen-Gesellschaft im Bereich Pflege verbreitet ist. Wer privat pflegeversichert ist, der zahlt, ebenso wie bei der Krankenversicherung, nicht ins umlagefinanzierte System ein, sondern sorgt, kapitalgedeckt, für den eigenen Pflegefall vor.

Diese Möglichkeit, sich den sozialen Sicherungssystemen zu entziehen, erscheint seit einigen Jahren gerade Besserverdienern als attraktive Option – gerade mit bangem Blick auf den demografischen Wandel. Die massenhafte Abwanderung der gut Situierten aus dem umlagefinanzierten System führt jedoch dazu, dass dort nicht nur die Zahl der Beitragszahler von Jahr zu Jahr spürbar sinkt, sondern auch die durchschnittliche Beitragshöhe. Dieser Effekt wird noch dadurch verschlimmert, dass sich die Strukturen auf dem Arbeitsmarkt zunehmend wandeln: Es gibt immer weniger »normale« Arbeitsverhältnisse in Deutschland, also solche, bei denen ein sozialversicherungspflichtig Beschäftigter in Vollzeit arbeitet. Stattdessen nimmt die Zahl der geringfügig Beschäftigten stetig zu, und damit sinkt die Höhe der durchschnittlich ins gesetzliche Pflegesystem eingezahlten Beiträge real weiter.

Die Tatsache, dass sich die Besserverdiener dem Umlagesystem entziehen können, indem sie in die private Pflegepflichtversicherung wechseln, ist jedoch nicht das einzige Problem in dieser Konstruktion. Die Wohlhabenden profitieren noch aus einem anderen Grund: Sie werden statistisch gesehen seltener pflegebedürftig. Wirtschaftswissenschaftler sprechen von »guten« und »schlechten« Risiken für die Versicherungen. Warum dies so ist, darüber zerbrechen sich Experten seit Jahren die Köpfe. Die Theorie besagt, dass – ähnlich wie in der Krankenversicherung – die betuchteren Bürger seltener krank oder eben pflegebedürftig werden, weil sie sich besser ernähren, häufiger Sport treiben und weniger belastende Jobs ausüben. Sie werden zum Beispiel nicht Altenpfleger.

Entscheidend ist letztendlich das Resultat: Die Ausgaben pro Pflegefall sind in der sozialen Pflegeversicherung fast doppelt so hoch wie in der privaten. Während die gesetzlichen Pflegekassen finanziell am Stock gehen, haben deshalb die privaten Pflegekassen seit der Einführung des Systems 1995 jedes Jahr etwa eine Milliarde Euro an Rücklagen bilden können – einen Kapitalstock, der mittlerweile nach Angaben des Verbandes der Privaten Krankenversicherung (PKV) auf 24 Milliarden Euro angewachsen ist. Um dies in Relation zu setzen: In der klammen gesetzlichen Pflegeversicherung sind 89 Prozent aller Deutschen versichert. In der finanziell gut gepolsterten privaten Versicherung gerade mal elf Prozent.

»Unsinnig« nennt daher die Präsidentin des Sozialverbandes VdK, der obersten Interessenvertretung alter Menschen in Deutschland, Ulrike Mascher, die Trennung zwischen privater und gesetzlicher Pflegekasse. Und auch die Experten des »Barmer GEK Pflegereports« mahnten in ihrer letzten Veröffentlichung eindringlich:

> »Die Beseitigung oder zumindest Abschwächung dieser strukturellen Einnahmeschwäche erfordert eine Einbeziehung der gesamten Bevölkerung in die Sozialversicherung, um diese so

von Wanderungsbewegungen in Richtung Privatversicherung
unabhängig zu machen und gleichzeitig die einkommens-
starken (und risikoschwachen) Privatversicherten einzubezie-
hen (…).«

Sozialverbände wie die Caritas versuchen seit Jahren bei Pflegere-
formen immer wieder, die Politiker von einem Solidarausgleich zwischen beiden Systemen zu überzeugen: »Risikostrukturwahrschein-
lichkeitsausgleich« hieß dieser Vorschlag etwa im Arbeitspapier der
Caritas, das diese bei der Reform von 2010 ins Bundesgesundheitsministerium einbrachte. Die Ersatzkasse KKH-Allianz legte schon vor
Jahren einen Vorschlag vor, wie ein sinnvoller finanzieller Ausgleich
zwischen beiden Systemen aussehen könnte, ihr sogenanntes PKV-Integrationsmodell. Konkret fordern die Autoren, dass künftig die privat Versicherten denselben monatlichen Beitrag in die Pflegeversicherung einzahlen sollen wie die sozial Versicherten, also ebenfalls 2,05
Prozent ihres Bruttoeinkommens. Das zusätzlich gezahlte Geld der
Privatversicherten solle dazu dienen, die Wettbewerbsvorteile der privaten Pflegeversicherung auszugleichen – also die Tatsache, dass die
dort Versicherten nicht so häufig pflegebedürftig werden. Der Sozi-
alverband VdK fordert, die Überschüsse der privaten Pflegeversicherung zu nutzen, um Demenzkranke besser zu versorgen.

Beim PKV-Verband, der obersten Interessenvertretung der privaten
Pflegekassen, hält man natürlich wenig von der Idee – mit Hinweis
darauf, dass der aufgehäufte Kapitalstock von 24 Milliarden Euro
schließlich Eigentum der Versicherten ist und daher ein Solidarausgleich schon verfassungsrechtlich sicher nicht machbar wäre. Auch
in der Politik ist die Idee des Solidarausgleichs wenig populär. Bei
der aktuellen Pflegereform schaffte sie es nicht einmal in die ernsthafte Diskussion. Aus dem Bundesgesundheitsministerium verlaute-
te, in der aktuellen Reformrunde habe dieser Vorschlag »überhaupt
keine Rolle« gespielt, noch nicht einmal auf Referentenebene. Auch
für die kommende Bundestagswahlkampfrunde werden dieser revo-

lutionären Idee – die nicht mehr und nicht weniger bedeuten würde als eine grundlegende Änderung des Pflegeversicherungssystems – von keiner Seite ernsthafte Chancen eingeräumt. Fest steht: Unter einem liberalen Bundesgesundheitsminister wären politische Maßnahmen, die ins Privatvermögen eingreifen, wohl undenkbar.

Was die Finanzen des Pflegesystems angeht, ist ein großer Wurf offenbar nicht in Sicht. Anstatt die Pflegeversicherung auf solidere Füße zu stellen, gingen die Versuche der Bundesregierung zuletzt in eine andere Richtung: Pflegebedürftige zurück in die Familie. Mehr Menschen als bisher sollen künftig wieder im eigenen Heim gepflegt werden – was auch vernünftig zu sein scheint, um die überbordenden Kosten irgendwie in den Griff zu bekommen. Da erscheint es nur folgerichtig, dass sich Schwarz-Gelb in den letzten beiden Jahren daranmachte, Berufstätigen die Vereinbarkeit von Job und Pflege einfacher zu machen. Doch wie weit sind die Politiker damit tatsächlich gekommen?

## Wie aus der großen Idee zur Familienpflegezeit ein Gesetzchen wurde

Im Bundesfamilienministerium in Berlin war Ende Januar 2012 ein großer Fototermin mit der Wirtschaft angesetzt: CDU-Ministerin Kristina Schröder empfing Vertreter von Telekom, Post, Airbus und neun weiteren Unternehmen – »mit Gelegenheit für O-Töne«, wie in der Presseeinladung fett angekündigt wurde. Die Firmenvertreter und die Ministerin wollten sich von den Medien feiern lassen für das Gesetz zur Familienpflegezeit, das seit dem 1. Januar 2012 gilt. Es soll Berufstätigen, die Angehörige pflegen, eine Erleichterung im Alltag verschaffen. Für maximal zwei Jahre können Beschäftigte demnach ihre Arbeitszeit zum Beispiel auf halbtags reduzieren, in dieser Zeit aber 75 Prozent des Bruttogehalts weiterbeziehen – um schließlich, nach Ablauf der Pflegezeit, das Zeitkonto wieder auszugleichen. Im

Beispielfall müsste ein Arbeitnehmer wieder voll arbeiten, bekäme aber zunächst weiterhin nur drei Viertel des regulären Gehalts.

Die schon im Oktober 2011 beschlossene Gesetzesneuerung hat jedoch aus Sicht der Angehörigen und der Pflegebedürftigen einen entscheidenden Schönheitsfehler: Es ist für Arbeitgeber nicht verbindlich, sondern freiwillig. Der Effekt dieser Freiwilligkeit ist, dass die Angestellten nach wie vor vom guten Willen des Arbeitgebers abhängig bleiben. Zu einer obligatorischen Gesetzesregelung hat die Bundesregierung sich nicht durchringen können. Und das, obwohl es zunächst so angekündigt war. Und, obwohl die Firmen keinerlei unmittelbare finanzielle Einbußen befürchten müssen: Sie müssen zwar mit einem Teil des Gehalts in Vorleistung gehen, können aber zinslose Darlehen beantragen, die von der KfW zur Verfügung gestellt werden. Das Magazin *Cicero* kommentierte angesichts der Freiwilligkeit, das neue Gesetz zur Familienpflegezeit sei eine »für viele betroffene Familien eher enttäuschende Lösung, hatten sie doch, so wie Schröder es vor Beginn der Verhandlungen laut angedacht hatte, einen Rechtsanspruch auf die Pflegezeit erwartet, auf den sich pflegende Angehörige zukünftig berufen sollten, um eine Auszeit vom Beruf zu nehmen«.

Durch den fehlenden Rechtsanspruch droht auch die Familienpflegezeit zum Rohrkrepierer zu werden. Die Unternehmen, die zum Empfang zur der Ministerin geladen wurden, waren Anfang des Jahres, kurz nach dem Start der Reform, die einzigen, die sich zu einer freiwilligen Teilnahme durchringen konnten. Im Bundesfamilienministerium erklärte man damals auf Anfrage, es sei nicht bekannt, ob »der eine oder andere Mittelständler sich auch schon beteiligt«. Im Ministerium wollte man sich damals auch nicht dazu äußern, in welcher Höhe bislang Darlehen beantragt wurden – unter Berufung auf Datenschutzgründe. Auch über den maximalen Betrag, der bei der KfW für die Kreditvergabe zur Verfügung steht, gab es keine Auskunft. Beim für die Kreditanträge zuständigen Bundesamt für Familie und zivilgesellschaftliche Aufgaben in Köln hieß es, man sei von Anfragen nicht gerade überrannt worden, der große Ansturm sei zum Gesetzesstart ausgeblieben. Das Familienministerium selbst berichtete dagegen, es seien in den ersten Tagen des Jahres 2012 mehr als 22.000 Informationsbroschüren bestellt worden, das Interesse sei damit »mehr als zufriedenstellend«.

## Arbeitgeber haben Thema nicht auf dem Schirm

Die Mehrzahl der deutschen Unternehmen habe das Thema, wie Pflege und Beruf für Beschäftigte vereinbart werden können, nach wie vor nicht auf dem Radar, urteilte Stefan Becker, Geschäftsführer von berufundfamilie. Die Initiative der Hertie-Stiftung berät Unternehmen zu Vereinbarkeitsthemen. Eine Ende 2011 veröffentlichte Umfrage der Initiative unter 500 Unternehmen ergab, dass 71 Prozent aller Befragten noch nicht einmal mögliche Maßnahmen benennen konnten, die pflegenden Mitarbeitern eine Arbeitserleichterung versprächen, geschweige denn, solche Maßnahmen anbieten. 62 Prozent aller deutschen Arbeitgeber haben sich demnach noch nicht mit dem Thema »Vereinbarkeit von Beruf und Pflege« beschäftigt. Vier von fünf der befragten Unternehmer sagten, solche Angebote seien zu teuer, 85 Prozent halten sie für zu kostenintensiv. Die Autoren des »Barmer BEK Pflegereports« resümierten: »Viel – insbesondere der Widerstand des Arbeitgeberlagers gegen den Rechtsanspruch im ursprünglichen Gesetzesentwurf – spricht dagegen, dass die Familienpflegezeit auf freiwilliger Basis in großem Stil zum Einsatz kommen wird.«

## Von der großen Idee zum Reförmchen

Schuld daran, dass von der anfangs so mutigen Idee zur Familienpflegezeit so wenig blieb, ist unter anderem das Kompetenzgerangel zwischen Bundesgesundheits- und Familienministerium beim Thema

Pflege. Bundesgesundheitsminister Bahr ist der oberste Staatsbeamte für das Thema Pflegeversicherung, Bundesfamilienministerin Schröder dagegen soll dafür sorgen, dass »Vereinbarkeit« in Deutschland möglich ist. Die beiden Bundesministerien, eines FDP-, das andere CDU-geführt, müssen in enger Abstimmung arbeiten. Was zwangsläufig zum Hickhack zwischen den Ministerien führen muss – ganz abgesehen von den Grabenkämpfen, die später mit den Geldhütern aus dem Finanzministerium ausgetragen werden mussten.

Während die Referenten der Ministerien noch hinter verschlossenen Türen diskutierten, machten die Lobbyverbände der Wirtschaft öffentlich kräftig Stimmung. Sie investierten beispielsweise in eigens in Auftrag gegebene Studien, die belegen sollten, dass das unerwünschte Gesetz der deutschen Wirtschaft erheblich schaden wird. Das »Zentrum für Qualität in der Pflege« (ZQP), eine Stiftung des Verbandes der Privaten Krankenversicherung, gab zum Beispiel eine Studie in Auftrag, laut der die deutsche Wirtschaft erhebliche Nachteile durch die Einführung des geplanten Familienpflegegesetzes befürchte. Laut der Forsa-Umfrage äußerte wenige Monate vor der Einführung des Gesetzes jeder zweite Betrieb Bedenken gegenüber dem Entwurf. Laut der Studie befürchtete ein großer Teil der gut 200 befragten Unternehmen in Zukunft höhere Personalkosten durch das Gesetz. Zum einen müsse insgesamt mehr Personal vorgehalten werden, um die Ausfallzeiten auszugleichen, so die Befragten. Zum anderen befürchteten viele Studienteilnehmer, dass ein großer Teil der Beschäftigten nach dem Ablauf der maximal zweijährigen Pflegephase nicht in ihren Beruf zurückkehren, weil der Angehörige auch weiter gepflegt werden muss und die Arbeitgeber somit auf den gezahlten Vorschussleistungen, also 75 Prozent Gehalt für 50 Prozent Arbeitszeit, sitzen bleiben würden. Befürchtungen der Unternehmen, »dass sie dieses Geld nach abgelaufener Pflegezeit nie wieder sehen, weil der Beschäftigte danach vielleicht komplett ausfällt, muss man sehr ernst nehmen«, warnte Mario Ohoven, Präsident des Bundesverbandes der mittelständischen Wirtschaft.

Beim Gesetz zur Familienpflegezeit lief es ganz ähnlich wie bei der Pflegereform – und wie so oft bei neuen Gesetzesvorhaben: Angekündigt wurde ein großer Wurf, dann brüteten die Referenten über einem Entwurf, dann mischten sich die anderen Ministerien und die Politiker in der Regierungskoalition ein. Dann machten die Interessengruppen, in diesem Fall die Wirtschaftsverbände, so viel Druck, dass die Politik nicht standhalten konnte. In diesem Fall war es die FDP, die mit der Wirtschaft auf einer Linie lag und sich der Verbindlichkeit in den Weg stellte. Und am Schluss blieb vom ursprünglichen Plan, berufstätigen, pflegenden Angehörigen rechtsverbindliche Unterstützung von Seiten des Staates zu verschaffen, nur noch ein Lippenbekenntnis übrig, garniert mit Finanzzusagen des Bundes zwar, aber ohne verbindliche Verpflichtungen für die Wirtschaft.

Dass die Privatunternehmen sich derart vehement gegen die Familienpflegezeit wehrten, dürfte auch damit zusammenhängen, dass sie sich bereits durch ein anderes, erst wenige Jahre altes Gesetz arg gebeutelt sehen, das in eine ähnliche Richtung geht: das Elterngeld. Für ab dem 1. Januar 2007 geborene Kinder zahlt der Staat eine vom Einkommen abhängige Summe von bis zu 1.800 Euro monatlich und unterstützt damit, dass Mütter und Väter mehrere Monate nach der Geburt ihres Kindes dem Arbeitsplatz fern bleiben – was die Eltern freut, die Arbeitgeber aber vor teilweise enorme Probleme stellt. Das gilt vor allem für mittelständische Firmen mit wenigen Mitarbeitern, die den Wegfall einer einzelnen Arbeitskraft heftig spüren, wie der Chef einer PR-Agentur in Frankfurt am Main schildert:

> »Einer unserer männlichen Mitarbeiter ist momentan für sechs Monate in Elternzeit. Das trifft uns hart, denn wir mussen seine Stelle ja freihalten und können uns nicht leisten, jemand neu fest anzustellen. Und eine Arbeitskraft befristet für sechs Monate einzustellen und einzuarbeiten, lohnt sich nicht. Also bleibt die zusätzliche Arbeit an den Kollegen hängen.«

Die Familienpflegezeit, meint der PR-Chef, hätte denselben Effekt – kein Wunder sei es deshalb, dass sich angesichts der Freiwilligkeit kaum ein Mittelständler anschließe.

## Die Vordenker

Während sich Telekom und Konsorten damit brüsten, freiwillig ein Bundesgesetz umzusetzen, haben andere Unternehmen schon seit Jahren ohne derartige Öffentlichkeit sinnvolle Modelle entwickelt, um ihre Mitarbeiter zu unterstützen.

Im hessischen Melsungen gibt es Menschen, die halbtags arbeiten, aber für eine Vollzeitstelle bezahlt werden. Ihr Arbeitgeber, der Medizintechnik-Hersteller B. Braun, zahlt die Differenz – freiwillig, und das bis zu drei Jahre lang. »Wir tun das natürlich nicht aus rein altruistischen Motiven«, erklärt Personalleiter Jürgen Sauerwald, »sondern auch, weil es sich rechnet: Familienfreundlichkeit ist ein handfestes Argument für potenzielle Mitarbeiter, nach Melsungen zu ziehen und sich für uns als Arbeitgeber zu entscheiden.« Seit dem Jahr 2007 gilt bei B. Braun die »Konzernbetriebsvereinbarung zur Familienteilzeit«, die Angestellten mit kleinen Kindern ebenso helfen soll wie Mitarbeitern, die kranke Angehörige pflegen. Die Firma geht damit noch über das Familienpflegegesetz von Bundesfamilienministerin Schröder hinaus.

Damit steht sie allerdings recht allein auf weiter Flur. Laut einer im Frühjahr 2012 veröffentlichten Unternehmensumfrage des Berliner Zentrums für Qualität in der Pflege (ZQP), einer vom Verband der privaten Krankenversicherung errichteten Stiftung, halten zwar vier von fünf Firmenchefs es für wichtig, ihren Mitarbeitern Unterstützung bei der Vereinbarkeit von Job und Kindererziehung anzubieten. Nur die Hälfte aller Arbeitgeber dagegen hält auch die Unterstützung bei der Vereinbarkeit von Job und Pflege Angehöriger für wichtig und unterstützungswürdig. Und das, obwohl schon heute mehr Pflegebedürftige in Deutschland leben als Kinder unter drei Jahren. Das ZQP fasste das Ergebnis der Befragung zusammen mit dem lapidaren Satz: »Kind ist wichtiger als Oma«.

Politische Bedeutung hat dies, weil die betroffenen Angehörigen der zwei Drittel aller Pflegebedürftigen, die zu Hause gepflegt werden, sehr häufig damit überfordert sind, Job und Pflege gleichzeitig zu stemmen. Schließlich nimmt die sogenannte »Pflege im häuslichen Umfeld« im Schnitt 37 Stunden pro Woche in Anspruch, also etwa noch einmal so viel wie eine Vollzeit-Arbeitsstelle. 1,5 Millionen Pflegebedürftige, die im häuslichen Umfeld gepflegt werden, das bedeutet: Es gibt schon heute rund 1,38 Millionen Menschen, die Mütter, Väter, Ehemänner oder andere Verwandte zu Hause pflegen. Diese Zahl beruht auf einer Schätzung des Marktforschungsinstituts Infratest vor ein paar Jahren, laut der 92 Prozent der Pflegebedürftigen im häuslichen Umfeld von Verwandten gepflegt werden. Ein großer Teil dieser 1,38 Millionen Menschen – laut Schätzungen einer Studie des EU-Projektes Eurofamcare sind es 68 Prozent und damit momentan rund 940.000 Menschen in der Bundesrepublik – ist gleichzeitig berufstätig und möglicherweise sogar hochqualifiziert. Mit anderen Worten: eine Fachkraft, einer derjenigen, die laut Arbeitgeberverbänden und Bundesarbeitsministerium händeringend gesucht werden. Die Zahl der Betroffenen wird, einerseits bedingt durch den demografischen Wandel, andererseits unterstützt durch das Motto der Pflegeversicherung »ambulant vor stationär«, in den kommenden Jahren dramatisch steigen.

Die Tatsache jedoch, dass sich ein Vollzeitjob und der »zweite Vollzeitjob«, die Pflege, kaum unter einen Hut bringen lassen, führt dazu, dass immer mehr auch gut ausgebildete Bundesbürger dem Arbeitsmarkt entzogen werden. Mehrere Studien haben ergeben, dass mehr als die Hälfte der berufstätigen Pflegenden ihre Arbeit deutlich einschränken oder sogar ganz aufgeben. Besonders häufig ist dies bei

Angehörigen der Fall, die Demenzkranke pflegen: Von ihnen ist nur jeder Vierte neben der Pflege berufstätig, während es bei den Angehörigen Pflegebedürftiger ohne Demenz jeder Dritte ist. Ein eindrucksvolles Beispiel für eine typische »Pflegekarriere« stellte im Frühjahr 2012 die ARD-Talkshow »Anne Will« vor: Die bis vor Kurzem hauptberuflich Pflegende Klaudia Güthues erzählte, wie sie vor sechs Jahren die Verantwortung für ihre Mutter und ihren Vater übernahm, »acht bis zehn Stunden am Tag«, wie Güthues berichtete. Damals hatte die Eventmanagerin gerade ein lukratives Jobangebot bekommen, für das sie nach Österreich umziehen wollte. Eigentlich, erzählte Güthues, habe sie den entscheidenden Besuch in ihrem Elternhaus im nordrhein-westfälischen Solingen damals nur gemacht, um sich vor ihrem Umzug zu verabschieden, habe dann aber gemerkt, dass es ohne sie nicht gehe.

> »Als ich sie dann zu Hause erlebt habe, war es ganz anders als früher: Da standen auf einmal die Hausschuhe im Backofen, die Türen standen auf, die Inkontinenzmaterialien standen auf der Heizung. Da waren einfach ganz viele Sachen anders als man sie erlebt, wenn man mit den Eltern auswärts essen geht oder so etwas.«

Güthues schilderte, wie sie gespürt habe, dass sie die Eltern nicht im Stich lassen könne. Den Job in Österreich trat sie nicht an, sondern blieb bei den Eltern. Weil sie jedoch in den folgenden Monaten feststellte, dass ihr neben der Pflege keine Zeit mehr blieb, arbeiten zu gehen, musste sie Hartz IV beantragen. »Das war so ziemlich die bitterste Zeit meines Lebens«, resümierte sie. Sie erzählte auch, dass sie zwar zwei Brüder habe, es aber dennoch nie zur Debatte gestanden habe, dass einer der beiden die Pflege übernehme. Ein offenbar typisches Familiengefüge: Die Befragung des ZQP kam zu dem Ergebnis, dass nur elf Prozent der befragten männlichen Arbeitnehmer sich vorstellen können, für Angehörigenpflege aus dem Beruf auszusteigen.

Obwohl die steigende Zahl der Pflegebedürftigen droht, den Fachkräftemangel in den kommenden Jahren zu verschärfen, reagierte die Industrie auf Ministerin Schröders Entwurf für das Familienpflegegesetz, als sie es 2010 erstmalig vorstellte, reflexartig mit Protest. Arbeitgeberpräsident Dieter Hundt sagte damals, angesichts der anhaltenden Wirtschaftskrise dürfe es keine weiteren Belastungen für Arbeit und Beschäftigung geben. Doch bereits damals waren einige Unternehmen schon längst einen Schritt weiter: Sie unterstützen betroffene Mitarbeiter schon seit Langem auf freiwilliger Basis.

Die Bausparkasse Schwäbisch Hall etwa leistet sich ein betriebseigenes Seniorenwohnstift, in das auch pflegebedürftige Angehörige aufgenommen werden können. Die Deutsche Bank stellt pflegende Mitarbeiter auf Wunsch für bis zu zwei Jahre frei – die derzeitige gesetzliche Vorgabe beträgt lediglich sechs Monate. Und der Autokonzern Ford sowie der Konsumgüterhersteller Henkel bieten in ihren Bereichen »Elder Care« Beratungsnetzwerke für Betroffene an, organisieren Selbsthilfegruppen und Infoabende. »Solche Angebote sind nicht nur wichtig für das Image unseres Unternehmens, sondern nehmen auch wegen des demografischen Wandels steigende Bedeutung an«, sagt Henkel-Personalleiterin Kathrin Menges. Auch einige kleine Unternehmen machen vorbildliche Angebote für Angestellte mit kranken Eltern oder Partnern. Der Mittelständler Anton Schönberger Stahlbau & Metalltechnik aus dem oberpfälzischen Schwarzach etwa führt für seine 28 Angestellten flexible Lebensarbeitszeitkonten. »Unsere Mitarbeiter können unbegrenzt Überstunden und unverbrauchten Urlaub ansammeln«, erklärt Geschäftsführerin Sabine Schönberger. »Das Konto kann man auch negativ belasten. Bei Fehlzeiten werden dann zum Beispiel Bonuszahlungen oder Urlaubstage gegengerechnet.«

## Pflege ist nicht wie Kindererziehung

Die steigende Zahl an pflegenden Mitarbeitern stellt Arbeitgeber vor ganz neue Herausforderungen. Bisher beschränkt sich die Familienfreundlichkeit von Betrieben meist auf Angebote für junge Eltern. Doch die Betreuung von Kranken unterscheidet sich erheblich von der kleiner Kinder: Während die Geburt eines Kindes relativ lange im Voraus bekannt ist und der Arbeitgeber entsprechend planen kann, tritt Pflegebedürftigkeit häufig unangekündigt auf. Zum Beispiel, wenn der Vater einen Schlaganfall hat. Und im Gegensatz zur Ausfallzeit für die Kindererziehung – der Nachwuchs geht in der Regel nach drei Jahren in den Kindergarten – lässt sich das Ende der Pflegezeit nicht absehen. Natürlich gibt es Durchschnittswerte, an denen sich sowohl Politik als auch größere Arbeitgeber bei der Planung von Unterstützungsangeboten für die Mitarbeiter orientieren können: Pflegebedürftige Frauen leben im Schnitt länger als Männer. Nach dem Eintritt in die Pflegebedürftigkeit leben Männer demnach durchschnittlich drei Jahre, Frauen vier. Dem Angehörigen eines Pflegebedürftigen helfen solche Schätzwerte natürlich nicht weiter – und ebenso wenig einem mittelständischen Arbeitgeber, der den Mitarbeiter für die Dauer der Pflegezeit freistellen müsste.

Die Pflegezeit unterscheidet sich noch in einem anderen wesentlichen Faktor von der Kindererziehungszeit. »Dazu kommt, dass Kindererziehung trotz aller Belastung Freude bereitet, während die lange Krankheit eines Angehörigen die Betroffenen seelisch enorm belastet«, sagt Evelyn Freitag von berufundfamilie. Deshalb sei die psychologische und beratende Unterstützung eine wichtige Aufgabe für den Arbeitgeber – unter Umständen sogar wichtiger als finanzielle Hilfen. Denn wer von heute auf morgen einen kranken Elternteil pflegen muss, fühlt sich oft von Fragen wie diesen überfordert: Wo finde ich einen zuverlässigen ambulanten Pflegedienst, der mir bei der Betreuung hilft? Wie bekomme ich den notwendigen Nachweis der Pflegebedürftigkeit?

Die Deutsche Bank stellt diese Fragen ins Zentrum ihres Angebots für pflegende Mitarbeiter. »Wir sind weniger streng als der Gesetzgeber, wenn es um den Nachweis der Pflegebedürftigkeit geht«, sagt Ina Müller-Mack, Spezialistin für Work-Life-Balance in der Personalabteilung des Konzerns. »Anstatt der offiziellen Pflegebescheinigung reicht uns normalerweise eine Bescheinigung des behandelnden Arztes.« Zudem hilft der Konzern bei der Suche nach Pflegediensten. »Unser Familienservice vermittelt den Mitarbeitern qualifiziertes Betreuungspersonal«, sagt Personalerin Veronika Noé. »Das funktioniert im Prinzip wie ein Makler bei der Wohnungssuche, spart den Betroffenen also enorm Arbeit.«

# Schlusswort

Wer hat Schuld daran, dass in einem hochentwickelten Land wie Deutschland, einer der reichsten Nationen der Welt, fast eine Viertelmillion Demenzkranker mit Psychopharmaka ruhiggestellt wird? Wer daran, dass 14.000 Menschen gegen ihren Willen und rechtswidrig an ihre Betten oder Rollstühle gefesselt werden? Wie kann es sein, dass Menschen, die viel Geld für einen Heimplatz bezahlen, dort Hunger und Durst leiden müssen? Und wie, dass die Politik das unangenehme Thema Pflege immer wieder in eine ungewisse Zukunft schiebt, obwohl sie weiß, dass eine riesige Welle von Pflegefällen auf die Bundesrepublik zurollt, der die nächste Generation der Beitragszahler kaum noch finanziell wird standhalten können?

Nicht eine einzelne Gruppe ist verantwortlich für diese Missstände, sondern ein unheilvolles Gefüge verschiedener Interessengruppen: Da sind zum einen die Heimbetreiber, die unter zunehmendem Gewinndruck stehen, unter einer immer weiter sinkenden Auslastung leiden, und dennoch irgendwie die Hypothekenzinsen an ihre Banken und die Gewinnausschüttungen an die Investoren zahlen müssen. Und die Pflegedienste, die tricksen müssen, um mit den Sätzen von Kranken- und Pflegekassen über die Runden zu kommen. Dann solche Angehörigen, die sich nicht selbst um ihre demenzkranke Mutter kümmern können – oder wollen – und denen es vielleicht sogar ganz recht ist, wenn diese gut mit Medikamenten eingestellt ist, müssen sie sich dann doch keine Gedanken darüber machen, dass die alte Dame zuweilen aus dem Heim wegläuft oder mit ihren Zimmernachbarinnen in Streit gerät. Verantwortlich ist auch das Konstrukt, in dem die staatlichen Aufsichtsbehörden stecken, die tagtäglich die Missstände in Altenheimen erleben und sie dennoch nicht stoppen können, weil ihnen die rechtliche Grundlage dafür fehlt oder der politische Rückhalt im Landkreis. Und diejenigen Beamten in diesen Aufsichtsbehörden, die angesichts dieser Hilflosigkeit schon lange resigniert haben. Es haben auch die Krankenkassen mit Schuld, die ihrerseits unter Wettbewerbsdruck stehen, keine Zusatzbeiträge für ihre Versicherten erheben wollen und als Konsequenz daraus stets die billigsten anstatt die besten Anbieter im Gesundheitssystem suchen. Dazu eine Phalanx an Pharmafirmen, Hilfsmittelherstellern, Beratern und Managern, die versuchen, aus dem schnell wachsenden Absatzmarkt Pflege Kapital zu schlagen. Die Politiker, die im Gefüge aus Sparzwang und Wahlkampfrhetorik gefangen sind. Und die große Masse an Wählern, die lieber ans Heute denken, Steuersenkungen und Vergünstigungen fordern, anstatt erkennbare Bereitschaft für Investitionen in die Zukunft zu zeigen.

Alle Nöte, alle Zwänge, unter denen die Verantwortlichen stehen, laufen letztendlich auf eines hinaus: Es steckt viel zu wenig Geld im System. Natürlich ist mehr Geld nicht die Lösung für alle Probleme des Pflegesystems. Wir müssen dringend mehr Pfleger für den Beruf gewinnen – und das möglichst schnell. Als ebenso einfach wie sinnvoll erscheint es, solche Pflegehelfer, die schon seit Jahren im Beruf arbeiten und Erfahrung gesammelt haben, unbürokratisch weiterzubilden und ihnen einen Berufsabschluss zu verschaffen. Dasselbe gilt für die Zehntausende von ausländischen Pflegekräften, die faktisch ohnehin schon im Land arbeiten, von den Behörden aber – trotz häufig großem empathischem Talent und ebensolcher Berufserfahrung, von den Behörden nicht geduldet werden.

Bis es so weit ist und genügend Pfleger da sind, um eine menschenwürdige Pflege in jedem Heim, jedem ambulanten Pflegedienst und jeder Alten-WG sicherstellen zu können, brauchen wir dringend bessere Informationen als bisher darüber, wie gut oder schlecht eine Heimkette arbeitet und wie die Zustände in jeder einzelnen Einrichtung tatsächlich sind. Es kann und darf nicht sein, dass die Kinder, Enkel oder Ehepartner eines Pflegebedürftigen ganz allein die Verantwortung dafür schultern müssen, einen halbwegs akzeptablen Pflegeplatz auszusuchen. Wie sollen sie als Laien von außen beurteilen können, ob ein Heim gut ist oder nicht – wenn aus Datenschutzgründen noch nicht einmal Beanstandungen der Kassenkontrolleure über wundgelegene und dehydrierte Bewohner in einer Einrichtung die Heimbewohner erreichen dürfen? Wie soll ein Neuling auf der Suche nach einem Heimplatz wissen, welche Ketten er meiden soll, wenn keine bundesweiten Register über die Vergangenheit der entsprechenden Unternehmen existieren? Pflegebedürftige und ihre Angehörigen dürfen nicht in die Position gedrängt werden, sich selbst durch den Dschungel an Anbietern kämpfen und die schwarzen Schafe selbst erkennen zu müssen. Sie müssen sich darauf verlassen können, dass jedes Heim gut genug ist, um einen Angehörigen dort guten Gewissens unterbringen zu können.

Trotz all dieser Stellschrauben – mehr Transparenz, bessere Ausbildung – liegt der Kern des Problems darin, dass nicht genug Geld da ist. Wir Beitragszahler lassen uns die Versorgung der hilfebedürftigen Alten zu wenig kosten. Liegt das vielleicht daran, dass uns Wählern die Dringlichkeit des Problems nicht bewusst genug ist – oder bewusst genug gemacht wird? Spricht man mit Spitzenfunktionären, mit Bundespolitikern, mit all jenen, die sich auf höchster Ebene mit dem Reizthema Pflege beschäftigen, ist die Rede stets von vier, besser fünf Milliarden Euro, die das System eigentlich dringend bräuchte, und zwar als Soforthilfe. Fünf Milliarden Euro, das entspräche Pi mal Daumen höheren Pflegesätzen von 0,5 Prozentpunkten. Alles, was darunter liegt, ist Stückwerk, so sind sich alle Experten einig, und kann noch nicht einmal die schlimmsten Missstände im System beseitigen. Die Rede ist nicht davon, dass wir im gemeinwesenfinanzierten System nur noch Einzelzimmer bauen sollen, mit 60 Quadratmetern Platz für jeden Heimbewohner und 5-Sterne-Menüs in den Heimrestaurants. Es geht lediglich darum, eine menschenwürdige Pflege zu finanzieren, das heißt: ohne ruhigstellende Medikamente, ohne aus der Not geborene Fixierungsmaßnahmen und ohne ausgebrannte, völlig überlastete Pfleger.

Wohlgemerkt, der dringende Bedarf einer Anhebung um 0,5 Prozentpunkte gilt nur für den Stand heute. Eine Lösung für die gealterte Republik in 20, 30 oder 40 Jahren böte auch eine solch kräftige Anhebung noch nicht. Denn das Verhältnis von Beitragszahlern zu Pflegebedürftigen wird sich in den kommenden Jahrzehnten sukzessive immer weiter verschlechtern. Allein deshalb gilt noch eine weitere Wahrheit in weiten Teilen der Branche als unstrittig: Ohne eine private, kapitalgedeckte Zusatzvorsorge wird das System in ein paar Jahrzehnten nicht mehr funktionieren können.

Laut sagen mag beides aber niemand. Zu unpopulär ist das politisch, zu wenig mehrheits- und koalitionskonform, zu unsexy für die Wählerschaft. Und genau dieses Schwanzeinziehen in der Politik ist vielleicht das größte Problem des deutschen Pflegesystems.

2013 findet die nächste Bundestagswahl statt. In den Parteien bringt man sich schon jetzt in Stellung für den anstehenden Wahlkampf – auch, was das Thema Pflege betrifft. Die Grünen diskutieren bereits seit Monaten intern darüber, wie sie das Thema Versorgung der Alten im Wahlkampf für sich besetzen und es in ihrem Wahlkampfprogramm möglichst prominent unterbringen können. Sie wollen im Wahlkampf mit den Forderungen punkten, mehr Geld ins System zu stecken und endlich die Umsetzung des neuen Pflegebedürftigkeitsbegriffs zu wuchten. Die SPD hat schon ein fertiges Positionspapier erarbeitet, das die Grundlage für den Wahlkampf mit der Pflege bilden soll. Darin steht das, was die Sozialdemokraten in den vergangenen Jahren stets forderten: die Pflegebedürftigen in die Mitte der Gesellschaft integrieren, indem sie häufiger in ihren Wohnungen ambulant versorgt, anstatt in Pflegeheime abgeschoben werden. Sie wollen mehr in die dafür nötige Infrastruktur investieren –

also: mehr Geld in die Pflege. Und Union und FDP? Werden sich wahrscheinlich in den Wahlkampfmonaten mit Versprechungen zur Pflege zurückhalten. Zu viel Angriffsfläche bietet das Thema, nachdem in dieser Legislaturperiode nur ein Bruchteil der Versprechungen umgesetzt wurde. Allerdings haben auch die Pflegeexperten in den Parteien der Opposition wenig Hoffnung, dass man mit einem derart unattraktiven Thema wie Altenpflege im Wahlkampf gegen die Dauerbrenner Eurokrise und Energiewende ankommen wird. Um die Versorgung der Alten zum großen Wahlkampfthema zu machen und wirklich etwas zu ändern, sagt ein Politstratege in Berlin, bräuchte es ein erschütterndes Großereignis, ein »Fukushima der Pflege«.

Uns fehlt ein Anstoß. Und wir brauchen einen ehrlicheren Umgang der Politik mit dem Tabu-Thema Pflege. Die lapidare, aber ehrliche Aussage der Politik ans Volk muss lauten: Wir müssen uns die Pflege ganz einfach viel mehr kosten lassen. Nur so lassen sich mehr junge Leute und mehr qualifizierte Zuwanderer dazu bewegen, in die Altenpflege zu gehen; nur so lassen sich effektive Kontrollen organisieren; nur so lohnt sich gute Pflege für die ambulanten Dienste und die Heimbetreiber.

Irgendwann lässt sich das Problem nicht mehr an den Rand des Bewusstseins drängen, hin zu Oma, Großtante, Schwiegervater. In ein paar Jahren sind wir selbst es, die jeden Tag von Pflegern die Kompressionsstrümpfe angelegt bekommen, ohne Hilfe nicht mehr in die Badewanne einsteigen können, fünf verschiedene Pillen am Tag schlucken müssen und nachts mit hochgezogenem Bettgitter schlafen. Die Frage ist: Werden wir uns als Pflegebedürftige damit zufrieden geben, wenn morgens ein Fremder für ein paar Minuten in unsere Wohnung schaut, uns den Trainingsanzug überzieht und uns dann mit dem Rollstuhl an den Wohnzimmertisch schiebt – wo wir bis zum Mittag ohne Beschäftigung sitzen gelassen werden? Bestenfalls mit einem Roboter an der Seite, dessen blecherne Stimme alle halbe Stunde fragt, ob wir noch etwas trinken möchten – uns aber gleichzeitig nicht zur Toilette schieben kann? Werden wir Verständnis zeigen, wenn überlastete Pflegerinnen uns Beruhigungspillen schlucken lassen, anstatt mit uns spazieren zu fahren? Wenn uns am Abend der Pflegeroboter ins Bett hebt, werden wir dann denken: Es geht eben nicht anders, es ist ja kein Geld für die Pflege da?

# Dank

Um für ein Buch wie »Endstation Altenheim« recherchieren zu können, braucht man die Hilfe und die Entschlossenheit vieler couragierter und engagierter Menschen, die es wagen, solche Dinge auszusprechen, die die Verantwortlichen lieber unter Verschluss halten würden: Altenpfleger, die sich trotz drohendem Arbeitsplatzverlust gegen ihre Arbeitgeber wenden. Angehörige, die über die teils schlimmen Lebensbedingungen ihrer Mütter, Väter oder Ehemänner sprechen und dabei die Gefahr in Kauf nehmen, dass diese noch schlechter behandelt werden als zuvor, sollte herauskommen, dass die Kinder mit der Presse sprechen. Die Mitarbeiter von Aufsichtsbehörden, die ihren Job riskieren, indem sie sensible Ermittlungsdetails an eine Journalistin weitergeben.

Dank gebührt auch all jenen, die sich in Selbsthilfegruppen engagieren, vielfach Kontakte hergestellt haben und mich in den vergangenen Monaten unermüdlich auf immer weitere Missstände im System hingewiesen haben, bei denen es sich lohnen würde, tiefer nachzubohren.

Nicht möglich gewesen wäre dieses Buch auch ohne die Unterstützung meiner Familie, die in den vergangenen Monaten manches Mal zurückstecken musste, und von den Kollegen in der Redaktion der WELT Gruppe, die mir während der Recherchen stets den Rücken gestärkt haben.

# Quellennachweise

*Vorwort*

Institut für Demoskopie Allensbach (2011): »MLP Gesundheitsreport 2011«, 23.11.2011

*Teil I*

Afentakis, A., Maier, T. (Statistisches Bundesamt): »Projektion des Personalbedarfs und -angebots in Pflegeberufen bis 2025«, erschienen in: Statistisches Bundesamt, *Wirtschaft und Statistik*, S. 990–1002, Wiesbaden, 11/2010

ALZheimer-ETHik gemeinnütziger e.V., Hrsg.: »Erfahrungsberichte«, http://www.alzheimer-ethik.de/alzheimer_ueber-uns.html, Sachsenheim, 2011

Augurzky, Boris u. a., Rheinisch-Westfälisches Institut für Wirtschaftsforschung (RWI): »Pflegeheim Rating Report 2011 – Boom ohne Arbeitskräfte?«, Essen, 4.7.2011

Bendrich, Katrin: »Nicht der Mensch mit Demenz ist verrückt, sondern die Situation, in der er lebt«, erschienen in: *Der Pflegebrief*, Ausgabe 04/2011, Hannover, 10.11.2011

Blogger »hockeystick«: »Interessenkonflikte: Kollektive Amnesie bei Demenz Leitlinie«, erschienen in: http://gesundheit.blogger.de/stories/1714551/, 18.10.2010

Breitscheidel, Markus: *Abgezockt und totgepflegt: Alltag in deutschen Pflegeheimen*, Ullstein Verlag, Berlin, 2007

Bundesministerium der Justiz, Hrsg.: »Betreuungsrecht – mit ausführlichen Informationen zur Vorsorgevollmacht«, Berlin, November 2009

Care Invest, Hrsg.: »Casa Reha-Götz weist Welt am Sonntag-Vorwürfe als falsch zurück«, erschienen in: *Care Invest*, Hannover, 7.10.2011

CB Richard Ellis GmbH, Hrsg.: »Special Report Pflegeimmobilienmarkt Deutschland«, http://www.cbre.eu/de_de/research/research_ publications/research_publikation_content/research_publikationen_ leftcolumn/CBRE_Pflegeimmobilienmarkt_Deutschland_%20 SR_2011.pdf, Frankfurt am Main, 2011

Crolly, Hannelore: »Pfleger sollen Patienten zu Tode misshandelt haben«, erschienen in: *Die Welt*, Berlin, 21.06.2012

Deutsches Institut für Wirtschaftsforschung (DIW), Hrsg.: »Starker Anstieg der Pflegebedürftigkeit zu erwarten, Vorausschätzungen bis 2020 mit Ausblick auf 2050«, erschienen in: *Wochenbericht*, Berlin, Mai 2001

Dowideit, Anette: »Wer soll die vielen alten Menschen pflegen?«, erschienen in: *Die Welt*, Berlin, 06.07.2011

Dowideit, Anette (2): »Das Geschäft mit den Alten«, erschienen in: *Welt am Sonntag*, Berlin, 02.10.2011

Dowideit, Anette (3): »Bessere Versorgung kostet uns auch mehr«, erschienen in: *Die Welt*, Berlin, 09.11.2011

Dowideit, Anette (4): »Wenn Pillen die Pflege ersetzen«, erschienen in: *Welt am Sonntag*, Berlin, 25.03.2012

Efinger, M.: »Nächstenliebe gehört nicht zum Berufsbild«, erschienen in: *zeit.de*, http://www.zeit.de/gesellschaft/2012-06/leserartikel-pflegekraefte-pflege-liebevoll-zuneigung-knopfdruck, Hamburg, 2012

Franke, Konrad: *Gut leben im Heim – unsere Alten- und Pflegeheime sind viel besser als ihr Ruf*, Piper Verlag, München, Oktober 2008

Fricke, Anno: »Viele soziale Mängel: UN rügt Deutschland«, erschienen in: *Ärzte Zeitung online*, Köln, 06.07.2011

Fuest, Benedikt: »So finden Sie das richtige Pflegeheim für Angehörige«, erschienen in: *Die Welt*, Berlin, 15.01.2012

Fussek, Claus und Loerzer, Sven: *Alt und abgeschoben: Der Pflegenotstand und die Würde des Menschen*, Herder Verlag, Freiburg, März 2007

Gangl, Karin (F.A.Z.-Institut für Management-, Markt- und Medieninformation GmbH): »Älterwerden in Deutschland«, erschienen in der Reihe: *Themenkompass*, Frankfurt am Main, November 2011

Geraedts, Max u a.: »Beurteilungskriterien für die Auswahl einer Pflegeeinrichtung«, erschienen in: *Gesundheitsmonitor 2011, hrsg. von* der Bertelsmann-Stiftung, Gütersloh, 08.12.2011

Glaeske, Gerd: *Gesundheitsökonomische Aspekte der Pflege bei Demenz,* Zentrum für Sozialpolitik Universität Bremen, Bremen, 2011

Geisler, Bob: »Klinikgründer Marseille tritt zurück«, erschienen in: *Hamburger Abendblatt,* Hamburg, 21.7.2011

Görgen, Thomas: »Viktimisierung von Senioren – empirische Daten und Schlussfolgerungen für eine alternde Gesellschaft«, erschienen in: B. Frevel & R. Bredthauer (Hrsg.): *Empirische Polizeiforschung XII: Demografischer Wandel und Polizei* (S. 123–147), Verlag für Polizeiwissenschaft, Frankfurt am Main, 2010

Hackmann, Tobias, Moog, Stefan und Raffelhüschen, Bernd: »Ehrbarer Staat? Eine Generationenbilanz. Update 2011: Was die Pflegereform bringen könnte – und was sie bringen sollte«, erschienen in: *Stiftung Marktwirtschaft – Argumente zu Marktwirtschaft und Politik,* Berlin, Oktober 2011

Handler, Nils (Stern): »Pfleger made for Germany«, erschienen in: *stern.de,* Hamburg, 02.08.2011

Holt, S. u. a.: »Potentiell inadäquate Medikation für ältere Menschen: Die PRISCUS-Liste«, erschienen in: *Deutsches Ärzteblatt,* Deutscher Ärzte-Verlag, Köln, 2010

Jönsson, Anna u. a. (Universität Linköping, Schweden): »Drug-related morbidity and mortality: Pharmacoepidemiological aspects«, erschienen in: *British Journal of Pharmacology,* London, 2007

Just, Tobias (Deutsche Bank Research): »Mehr Pflegeimmobilien für eine alternde Gesellschaft«, erschienen in: *Aktuelle Themen 334,* Frankfurt am Main, 4.10.2005

Klemperer, D. (Hochschule Regensburg): »Interessenkonflikte der Selbsthilfe durch Pharma-Sponsoring«, erschienen in: *Bundesgesundheitsblatt – Gesundheitsforschung – Gesundheitsschutz,* Springer-Verlag, Berlin, Heidelberg, New York, 2009

Klie, Thomas und Pfundstein, Thomas (Evangelische Hochschule Freiburg): *Freiheitsentziehende Maßnahmen in Münchener Pflegeheimen,* Endbericht, Freiburg, 2002

Lennartz, Peter und Kersel, Hans (Ernst & Young): *Stationärer Pflegemarkt im Wandel – Gewinner und Verlierer 2020*, Eschborn, 2011

Liersch, Alfred: »Sachmittelausstattung in der stationären und ambulanten Altenpflege«, erschienen in: *BGW-Forschung* 01/2006, Hamburg 2006

Marseille Kliniken AG, Hrsg.: »Geschäftsbericht 2010/2011«, Berlin, 10.2011

Medizinischer Dienst des Spitzenverbandes Bund der Krankenkassen e.V. (MDS), Hrsg.: »3. Bericht des MDS nach § 114a Abs. 6 SGB 11 – Qualität in der ambulanten und stationären Pflege«, S. 52–56 und S.80-81, http://www.mds-ev.de/media/pdf/MDS_Dritter_Pflege_Qualitaetsbericht_Endfassung.pdf, Essen, 2012

Medizinischer Dienst des Spitzenverbandes Bund der Krankenkassen e.V. (MDS), Hrsg. (2): »Gewalt gegen ältere Pflegebedürftige Menschen: MDS veröffentlicht Broschüre zur Prävention«, http://www.mds-ev.de/3937.htm, Essen, 2012

Meier, Rolf (Chefredaktion): »Verschiedene Angehörigentypen und wie Sie ihnen begegnen sollten«, erschienen in: *Praxishandbuch Sozial Management*, Verlag PPM, Bonn, 2012

Pfaff, Heiko (Statistisches Bundesamt): »Pflegestatistik 2009 – Pflege im Rahmen der Pflegeversicherung Deutschlandergebnisse«, Wiesbaden, Februar 2011

Regierungspräsidium Gießen, Hrsg.: »Hessische Heimaufsicht – Bericht über die Tätigkeit der Heimaufsicht im Jahr 2010«, http://www.hessen.de/irj/RPGIE_Internet?cid=f1d01189887c7f3eed131029d5d07545, Gießen, 2011

Schmitz, Klaus und Schnabel, Eckart (Universität Dortmund): »Staatliche Heimaufsicht und Qualität in der stationären Pflege« erschienen in: *socialnet Materialien*, http://www.socialnet.de/materialien/54.php, 2006

Schnettler, Inge: »Zu viele Pillen für Senioren«, erschienen in: *Rheinische Post*, Düsseldorf, 29.03.2012

Schwabe, U. und Paffrath, D., Hrsg.: *Arzneiverordnungs-Report 2011*, Springer-Verlag, Berlin, Heidelberg, New York, 2011

Statistisches Bundesamt, Hrsg.: »Bevölkerung Deutschlands bis 2050 – 11. koordinierte Bevölkerungsvorausberechnung«, https://www.destatis.de/DE/PresseService/Presse/Pressekonferenzen/2006/

Bevoelkerungsentwicklung/bevoelkerungsprojektion2050.pdf?__
blob=publicationFile, Wiesbaden, 2006

Statistisches Bundesamt, Hrsg. (2): »Statistik der Sozialhilfe«, Wiesbaden,
Januar 2012

Von Stösser, Adelheid: »Mutter muss hier raus«, Bericht für Pflege-SHV, St.
Katharinen, 03.08.2011

Techniker Krankenkasse, Hrsg.: »Gesundheitsreport 2011 –
Veröffentlichungen zum betrieblichen Gesundheitsmanagement der TK,
Band 26«, Hamburg, 2011

Terranus-Gruppe, Hrsg.: »Pflege-Report 2012«, Terranus-Gruppe, Köln,
2012

Transparency International, Hrsg.: »Transparenzmängel, Korruption und
Betrug im deutschen Gesundheitswesen – Kontrolle und Prävention als
gesellschaftliche Aufgabe«, Berlin, 2004

Truscheit, Karin: »Ans Bett gefesselt«, erschienen in: *Frankfurter Allgemeine
Zeitung*, 06.02.2012

U.S. Food and Drug Administration (FDA), Hrsg.:
»Information for Healthcare Professionals: Conventional
Antipsychotics«, http://www.fda.gov/drugs/drugsafety/
postmarketdrugsafetyinformationforpatientsandproviders/ucm124830.
htm, Silver Spring (MD), 16.06.2008

Wick-Urban, Bettina: »Frühzeitiger Tod durch Neuroleptika«, erschienen in:
*Pharmazeutische Zeitung*, Ausgabe 27/2007, Eschborn, 2007


## Teil II


Dowideit, Anette: »Pflege ohne Gebrauchsanweisung«, erschienen in: *Welt
am Sonntag*, Berlin, 23.05.2010

Dowideit, Anette (2): »Illegale für die Alten«, erschienen in: *Welt am
Sonntag*, Berlin, 12.12.2010

Dowideit, Anette (3): »Alleingelassen unter der Atemmaske«, erschienen in:
*Die Welt*, Berlin, 03.04.2012

Große Halbuer, Andreas: »Die Pflege-Connection«, erschienen in: *Financial
Times Deutschland*, Hamburg, 17.11.2011

von Hardenberg, Christiane und Pache, Timo: »Bahr will Zuzug ausländischer Altenpfleger erleichtern«, erschienen in: *Financial Times Deutschland*, 24.04.2012

Hummel, Katrin: »Die gepflegte Abzocke«, erschienen in: *Frankfurter Allgemeine Sonntagszeitung*, Frankfurt am Main, 04.03.2012

Institut für Demoskopie Allensbach, Hrsg.: »Monitor Familienleben 2010 – Einstellungen und Lebensverhältnisse von Familien. Ergebnisse einer Repräsentativbefragung – Berichtsband«, Allensbach, 08.07.2010

Pfaff, Heiko (Statistisches Bundesamt): »Pflegestatistik 2009 – Pflege im Rahmen der Pflegeversicherung Deutschlandergebnisse«, Wiesbaden, Februar 2011

Rothgang, Heinz u. a.: »Barmer GEK Pflegereport 2011«, erschienen in: *Schriftenreihe zur Gesundheitsanalyse,* Band 11, Schwäbisch Gmünd, November 2011

Schober, Gottlob: »Die Tricks der mobilen Pflegedienste«, gesendet in: *Report Mainz* (ARD), 14.08.2006


## Teil III

Amrhein, Marie: »Das Jahr der Pflege als Rohrkrepierer«, erschienen in: *Cicero*, Berlin, 09.11.2011

Binkert, H., Hrsg.: »Insa-Studie 50plus«, Erfurt, 2011

Bohsem, Guido und Frank, Charlotte: »Getarnt als großer Wurf«, erschienen in: *Süddeutsche Zeitung*, München, 09.11.2011

Dowideit, Anette: »Arbeitslos im Altenheim«, erschienen in: *Welt am Sonntag*, Berlin, 14.03.2010

Dowideit, Anette (2): »Familienpflegezeit wird wenig nachgefragt«, erschienen in: *Welt am Sonntag*, Berlin, 22.01.2012

Dowideit, Anette (3): »Firmen fürchten Personalausfall wegen Pflegereform«, erschienen in: *Die Welt*, Berlin, 20.10.2011

Dowideit, Anette und Hildebrand, Jan: »Man muss öfter nein sagen als ja«, erschienen in: *Welt am Sonntag*, Berlin, 25.09.2011

Haarhoff, Heike: »Die Idee ist ein Zukunftsfünfer«, erschienen in: *taz*, Berlin, 18.09.2011

Hackmann, Tobias, Moog, Stefan und Raffelhüschen, Bernd: »Ehrbarer Staat? Eine Generationenbilanz. Update 2011: Was die Pflegereform bringen könnte – und was sie bringen sollte«, erschienen in: *Stiftung Marktwirtschaft – Argumente zu Marktwirtschaft und Politik*, Berlin, Oktober 2011

Hauch-Fleck, Marie-Luise: »Der wahre Pflege-Notstand für alte Leute«, erschienen in: *Die Zeit*, Hamburg, 01.10.2007

KKH-Allianz, Hrsg.: »Kollektiv vorsorgen: Das KKH-Allianz-Modell zur Demografiereserve in der sozialen Pflegeversicherung«, http://www.kkh-allianz.de/fileserver/kkhallianz/files/1614.pdf, 2007

KKH-Allianz, Hrsg. (2): »Solidarausgleich zwischen gesetzlicher und privater Pflegevorsorge: Das PKV-Integrationsmodell zur Pflegeversicherung«, https://www.kkh-allianz.de/fileserver/kkhallianz/files/1608.pdf, 2007

Lenz, Torben (Zentrum für Qualität in der Pflege): »Kind ist wichtiger als Oma«, Pressemitteilung des Zentrums für Qualität in der Pflege, 28.03.2012

Meyer, Martha: »Pflegende Angehörige in Deutschland – Überblick über den derzeitigen Stand und zukünftige Entwicklungen«, Forschungsprojekt EUROFAMCARE, Hamburg, 2006

Neumann, Philipp: »Finanzminister zerpflückt Bahrs Pflegereform«, erschienen in: *Die Welt*, Berlin, 18.02.2012

Rothgang, Heinz u.a.: »Barmer GEK Pflegereport 2011«, erschienen in: *Schriftenreihe zur Gesundheitsanalyse*, Band 11, Schwäbisch Gmünd, November 2011

Schneekloth, Ulrich und Wahl, Hans-Werner: *Selbstständigkeit und Hilfebedarf bei älteren Menschen in Privathaushalten: Pflegearrangements, Demenz, Versorgungsangebote*, W. Kohlhammer Verlag, Stuttgart, 2008

Stoldt, Till-R.: »Neue Wege in der Pflege«, erschienen in: *Welt am Sonntag Regionalausgabe NRW*, Düsseldorf, 01.07.2012

Szent-Ivanyi, Timot: »Schäuble blockt die Pflegereform«, erschienen in: *Frankfurter Rundschau*, Frankfurt am Main, 16.08.2011

# Über die Autorin

 Anette Dowideit, geboren 1978 in Köln, ist Diplom-Volkswirtin und Wirtschaftsjournalistin. Ihre Ausbildung absolvierte sie an der Kölner Journalistenschule für Politik und Wirtschaft und der Universität zu Köln.

Dowideit arbeitet, nach Stationen im Rundfunk und bei Nachrichtenagenturen, seit 2004 bei der Zeitungsgruppe *Die Welt*. Sie war dreieinhalb Jahre lang USA-Korrespondentin mit Sitz in New York. Seit 2011 ist sie Mitglied des Investigativteams der Welt-Gruppe und schreibt seither hauptsächlich über Missstände in den deutschen Sozialsystemen sowie der Herstellung von Nahrungsmitteln. *Endstation Altenheim* ist ihr zweites Buch.

# Stichwortverzeichnis